国家图书馆善本特藏专题目录丛编

国家图书馆藏彝文典籍目录

（附图录）

国家图书馆古籍馆 主编
杨怀珍 编著

中華書局

图书在版编目(CIP)数据

国家图书馆藏彝文典籍目录:附图录/国家图书馆古籍馆主编;杨怀珍编著. —北京:中华书局,2010.6
(国家图书馆善本特藏专题目录丛编)
ISBN 978-7-101-07415-4

Ⅰ.国… Ⅱ.①国…②杨… Ⅲ.彝语-古籍-图书馆目录-中国 Ⅳ.Z838

中国版本图书馆 CIP 数据核字(2010)第 085660 号

书　　名	国家图书馆藏彝文典籍目录(附图录)
主　　编	国家图书馆古籍馆
编 著 者	杨怀珍
丛 书 名	国家图书馆善本特藏专题目录丛编
责任编辑	俞国林
出版发行	中华书局
	(北京市丰台区太平桥西里 38 号　100073)
	http://www.zhbc.com.cn
	E-mail:zhbc@zhbc.com.cn
印　　刷	北京瑞古冠中印刷厂
版　　次	2010 年 6 月北京第 1 版
	2010 年 6 月北京第 1 次印刷
规　　格	开本/880×1230 毫米　1/16
	印张 18½　插页 40　字数 250 千字
印　　数	1-800 册
国际书号	ISBN 978-7-101-07415-4
定　　价	280.00 元

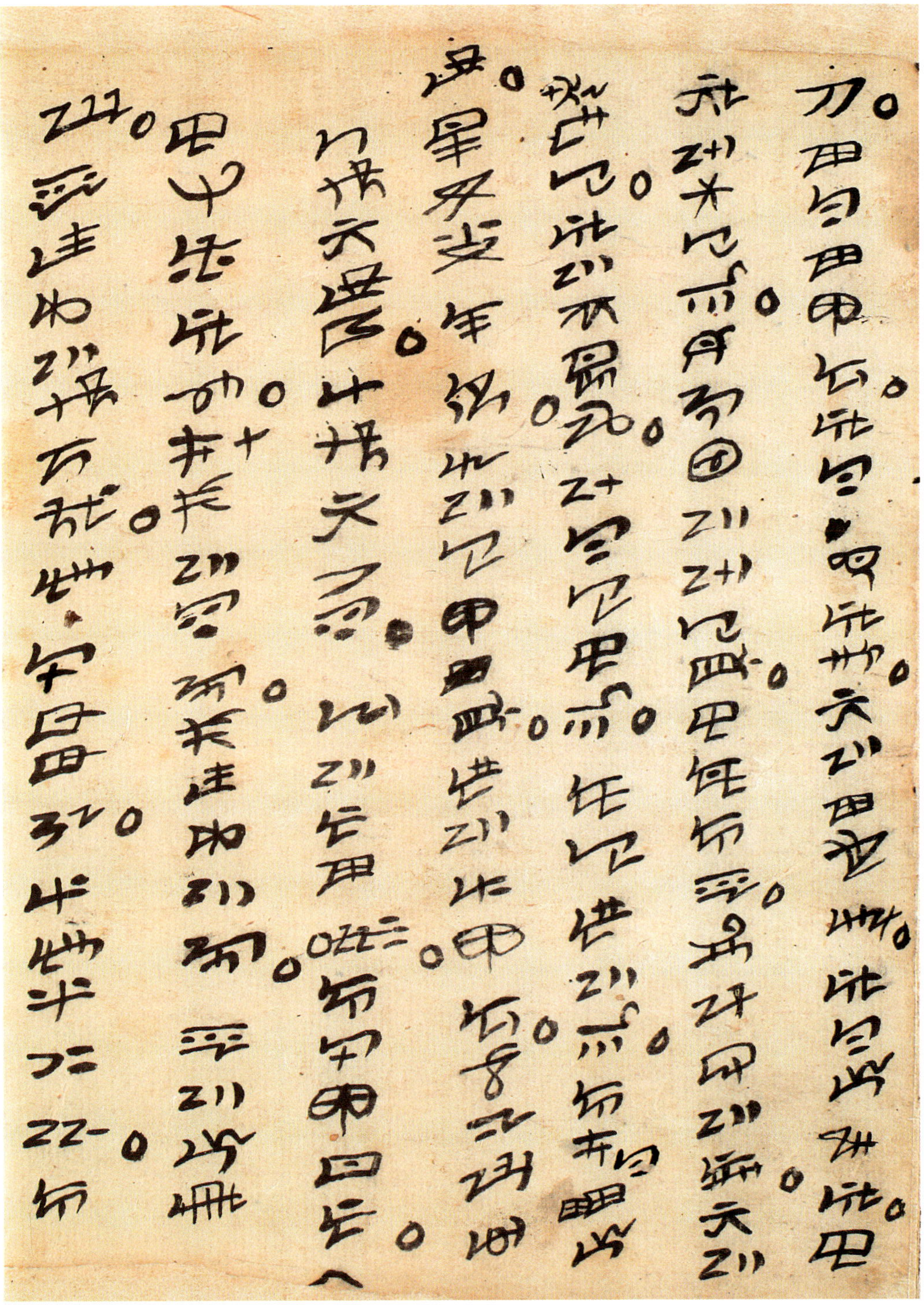

466　阿者乌撒战争记

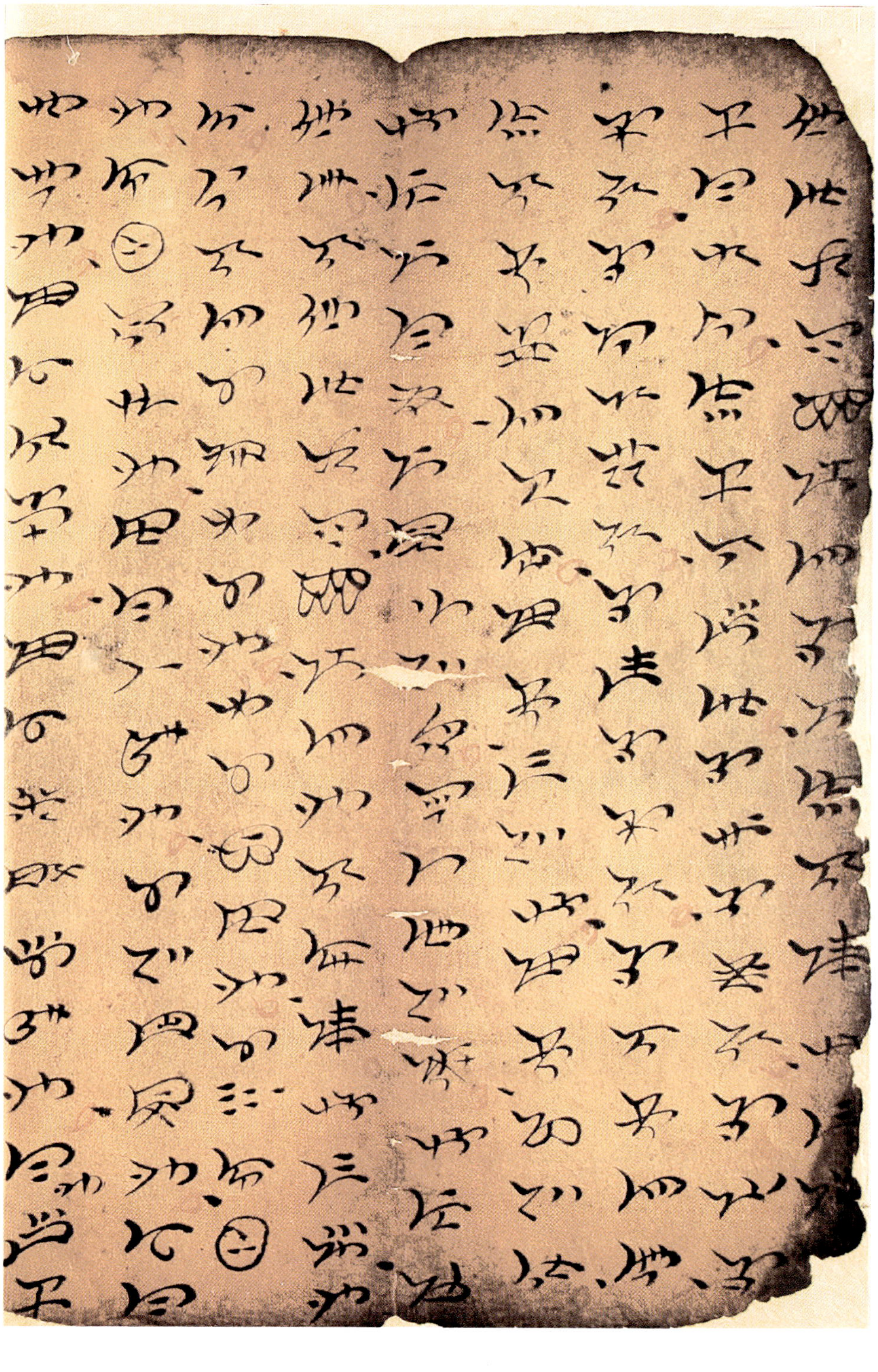

333—1 百解经

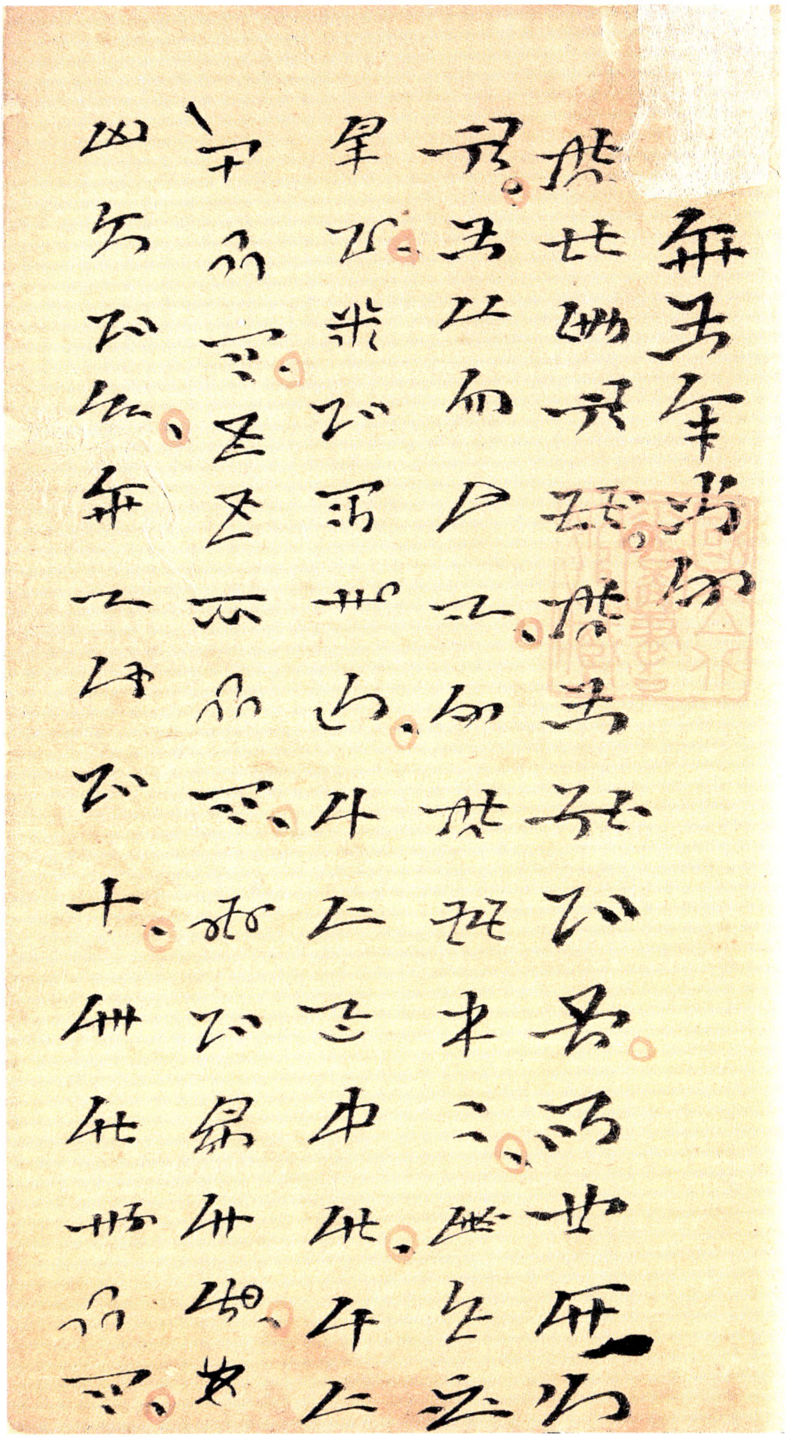

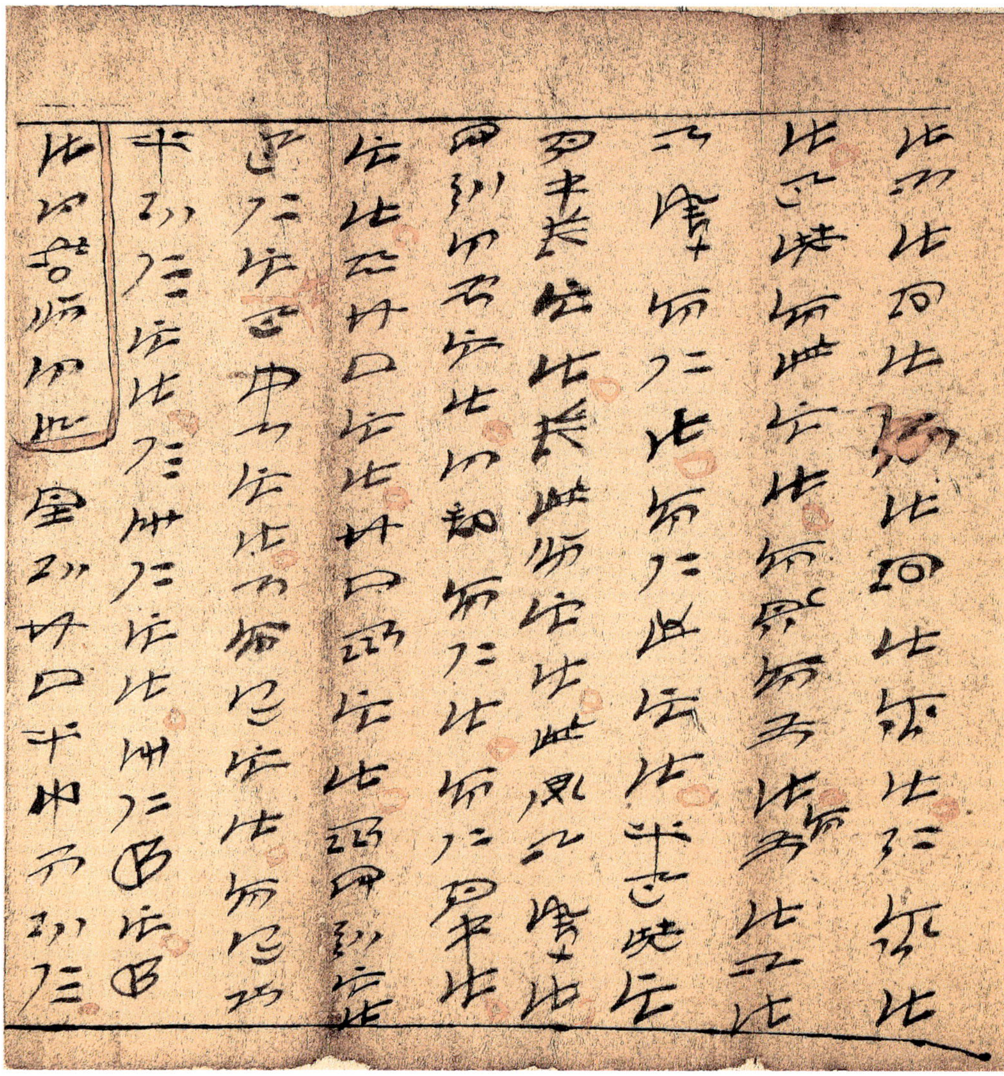

20—2　呗耄世系

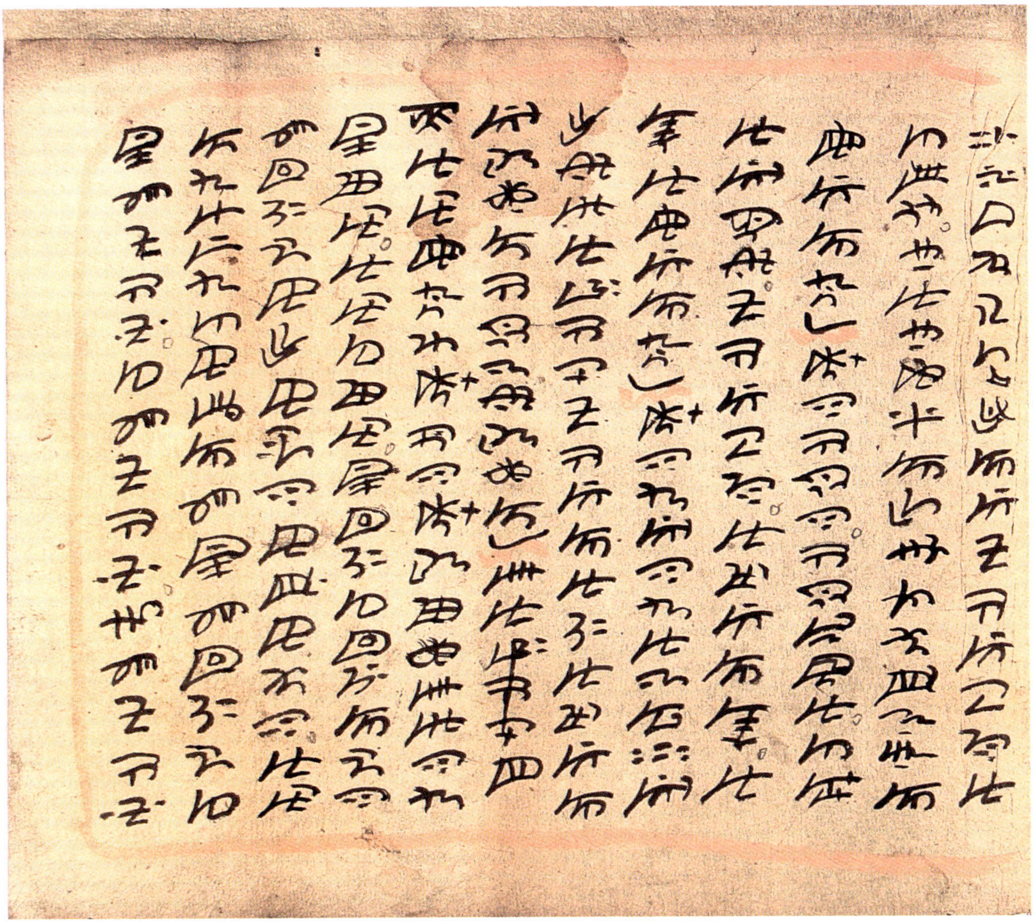

476　超度亡灵颂祖经

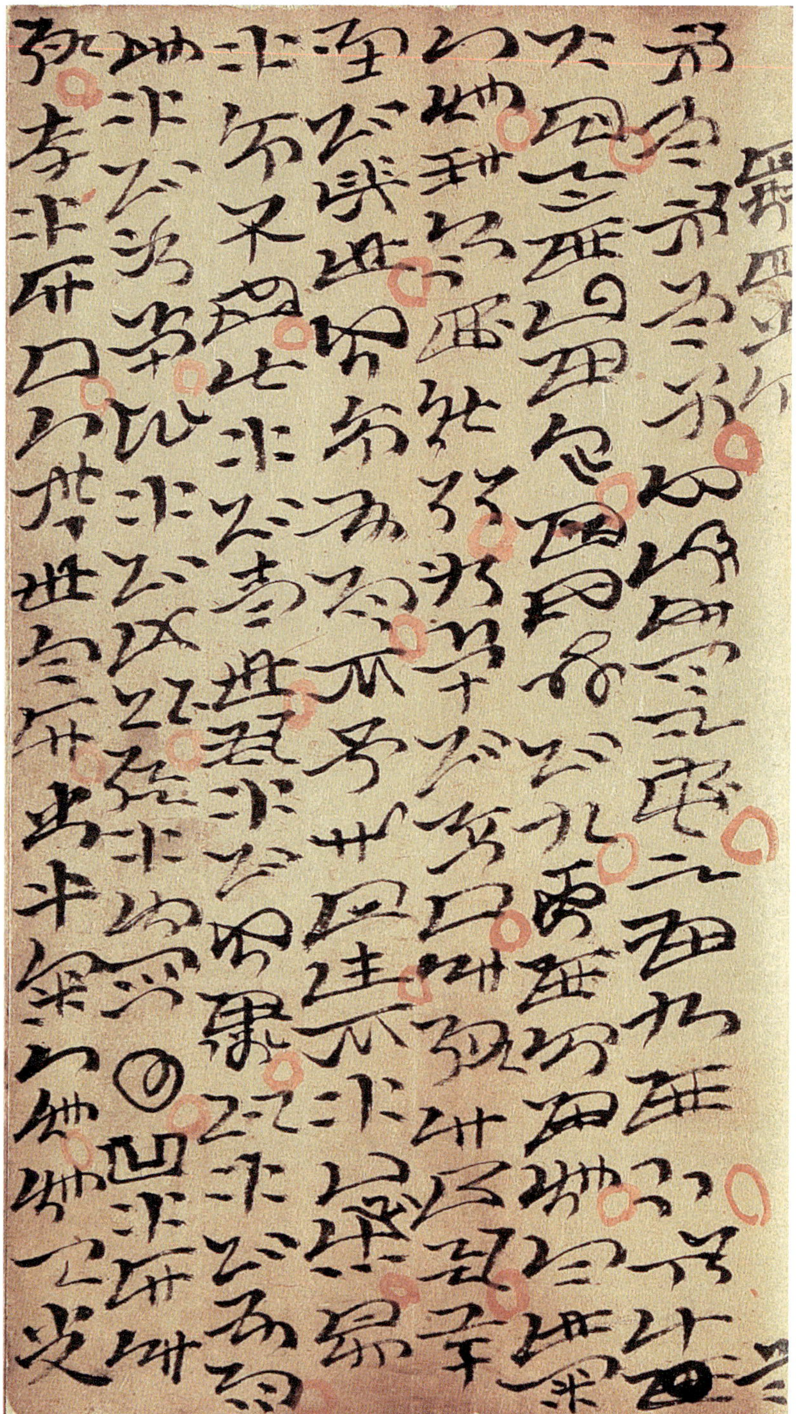

136—2　悼亡拭泪经

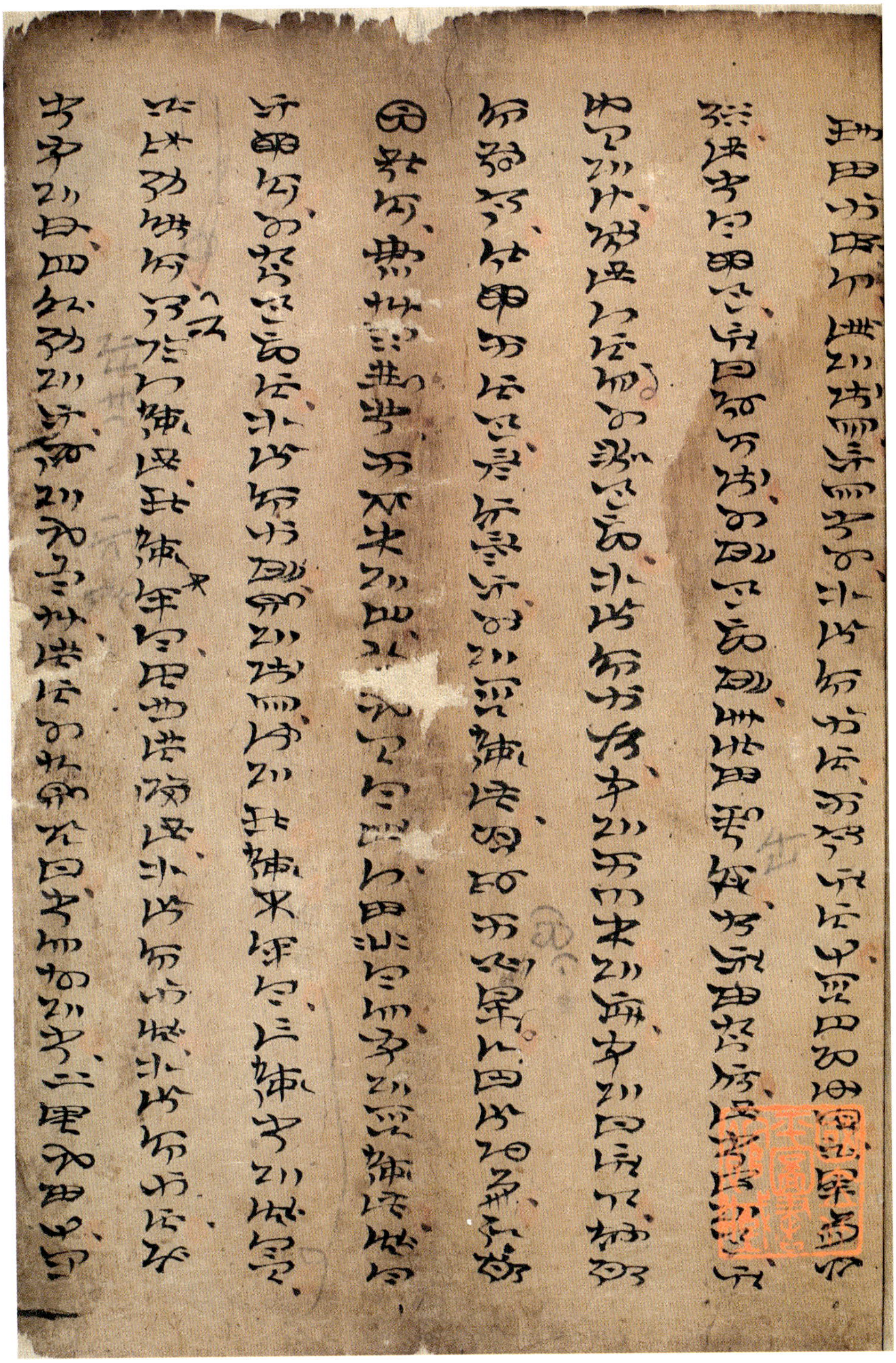

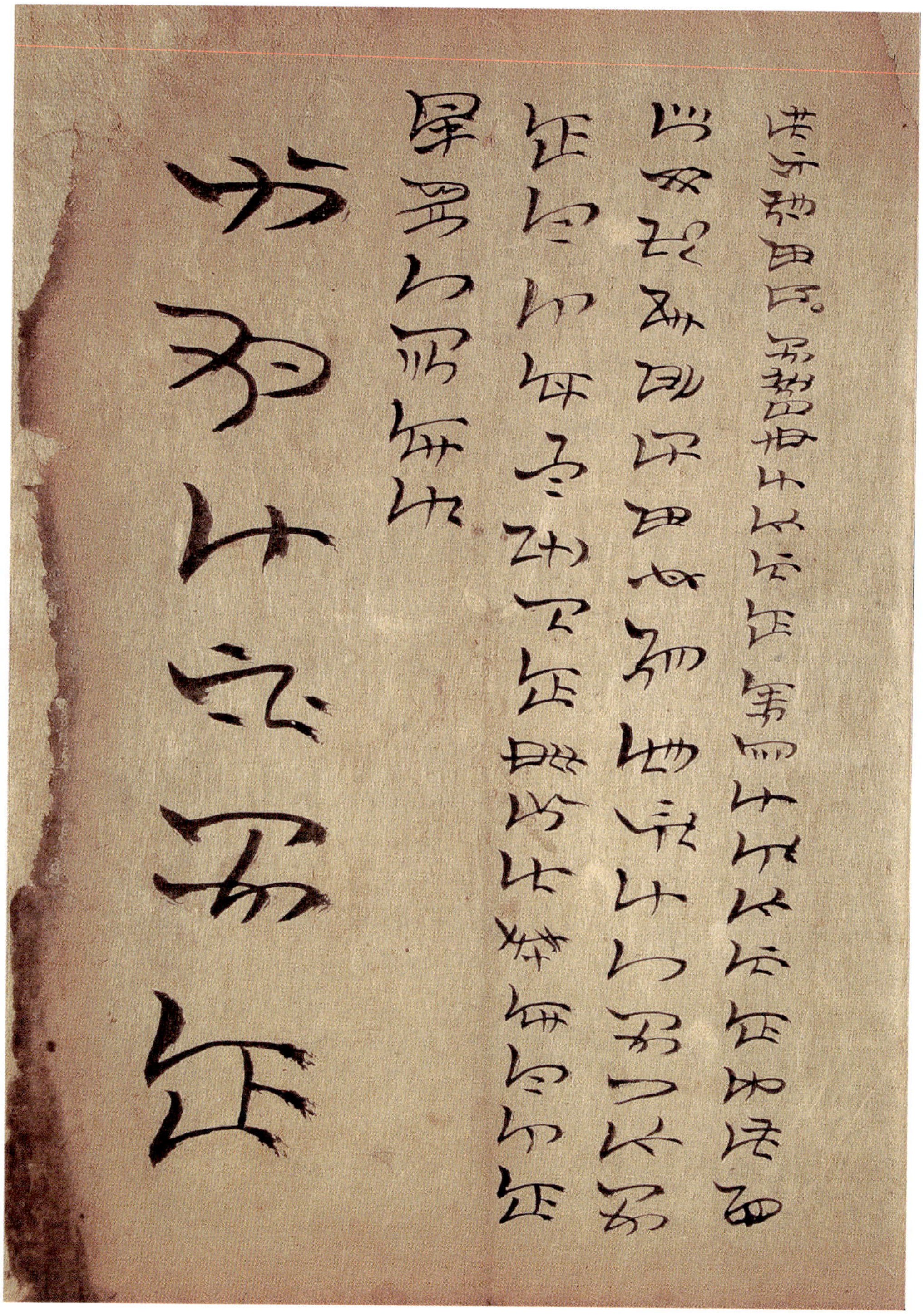

457 德勒教洪传

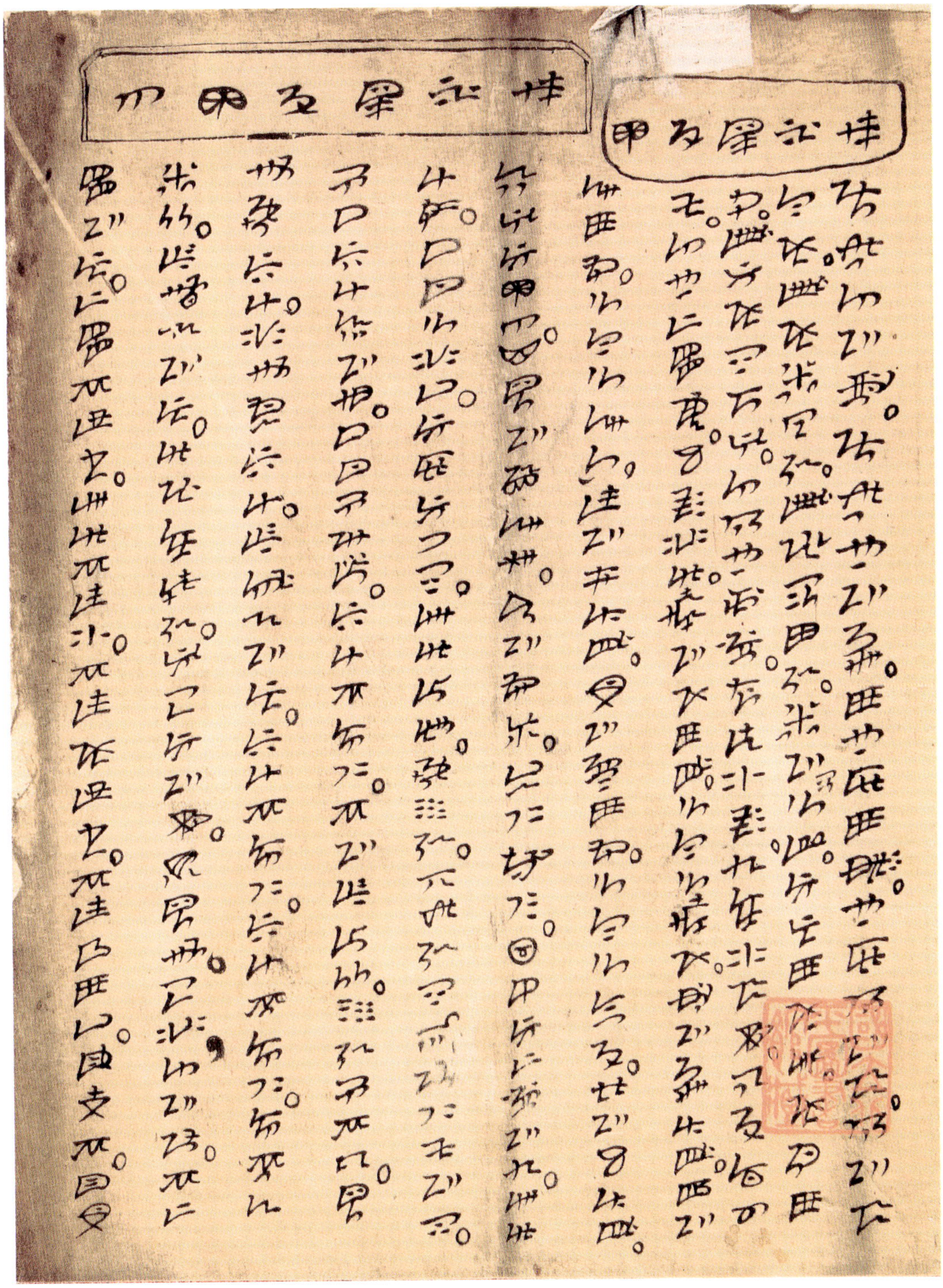

453　德氏族六祖史

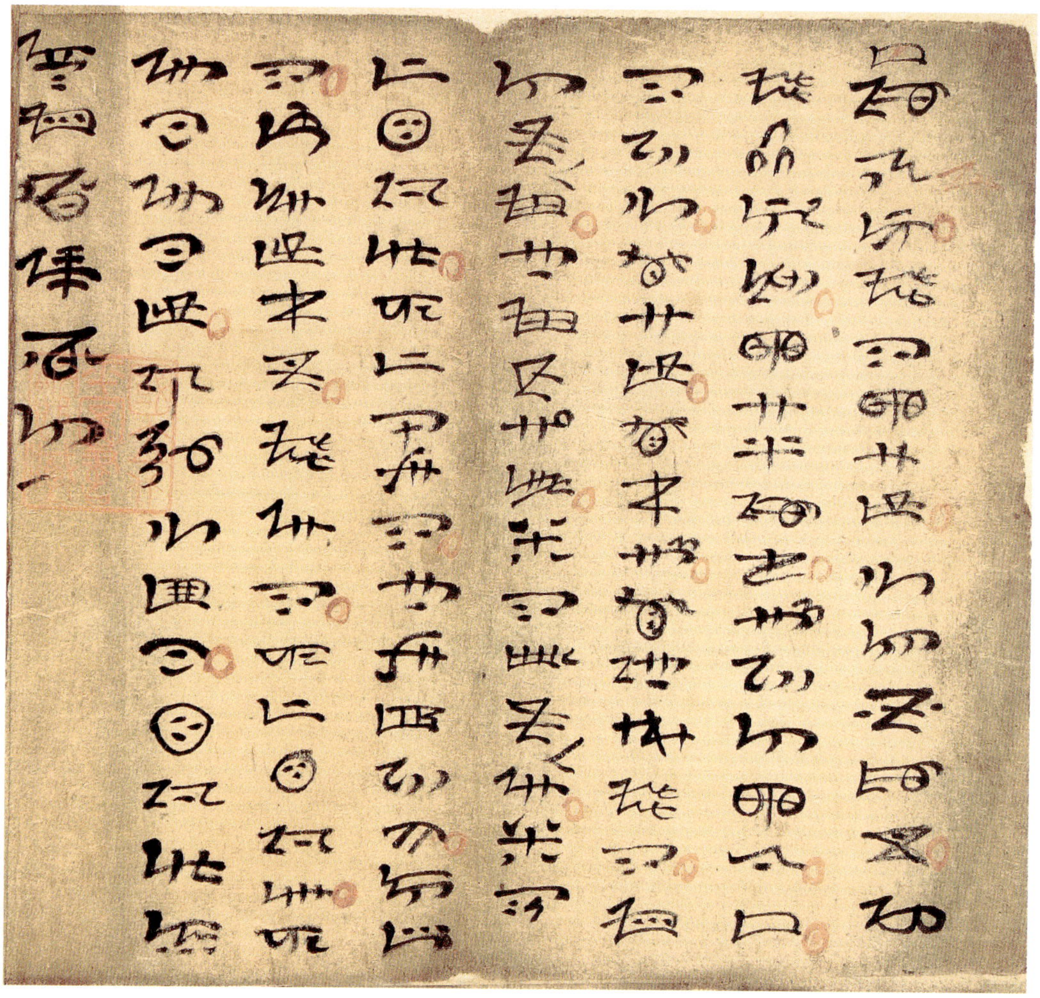

77　供奉氏族祖灵经

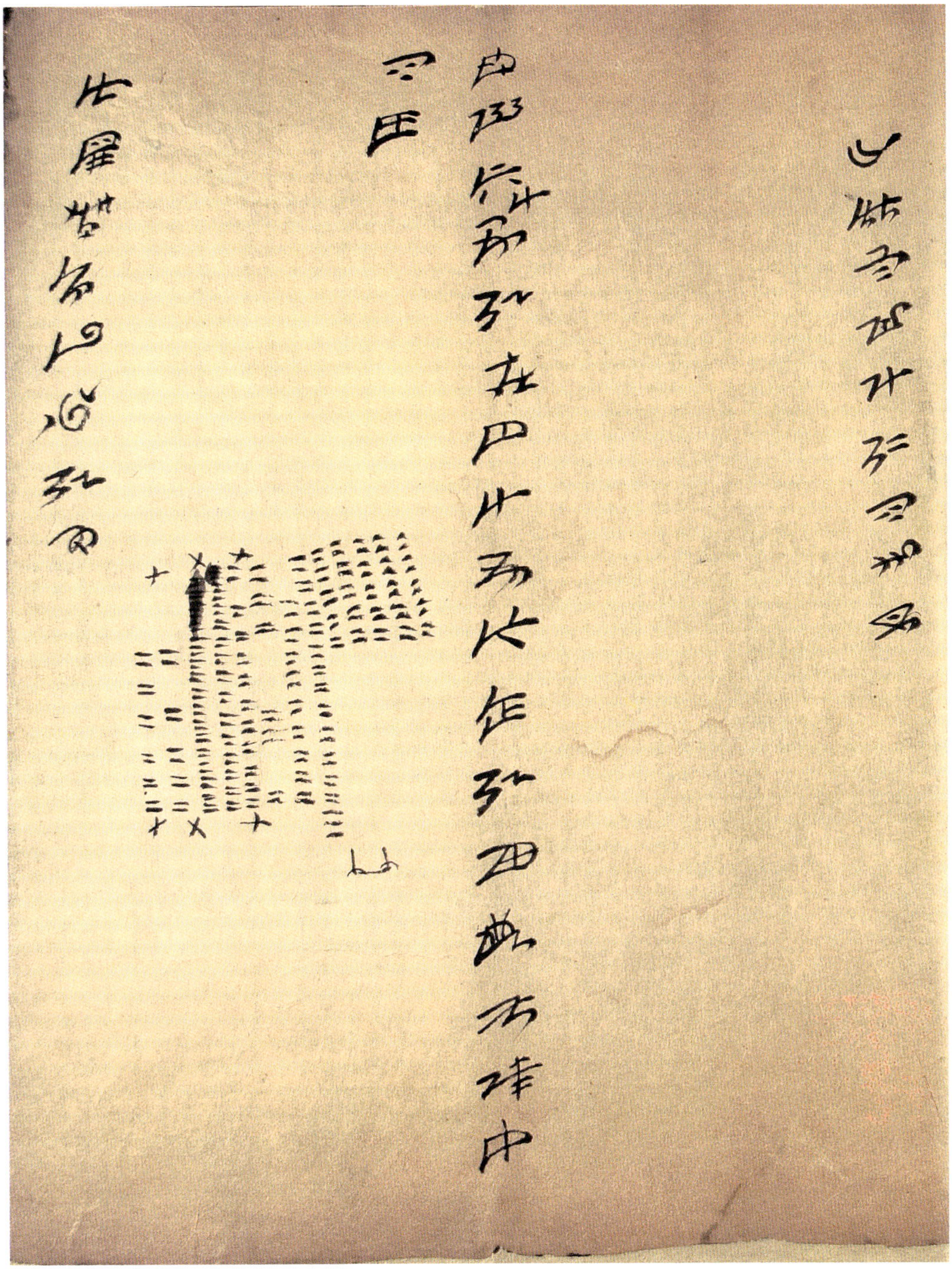

97　供奉祖灵经

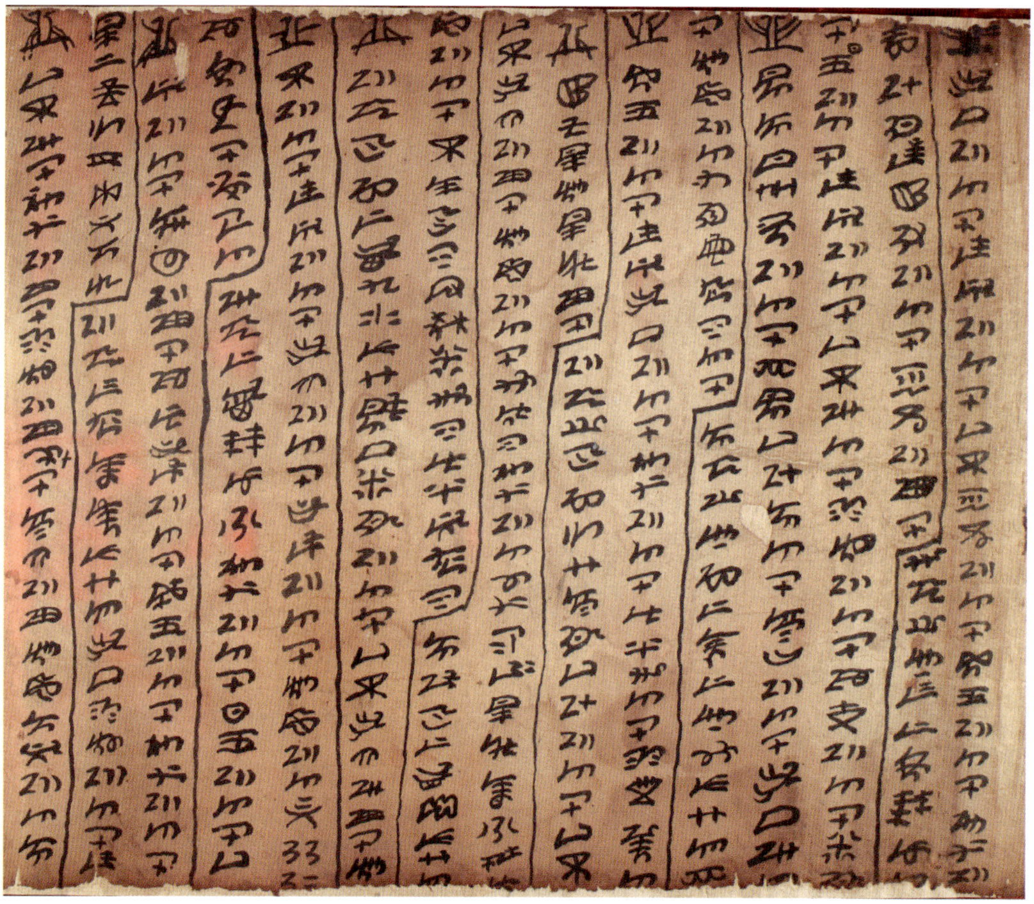

383　鸡股骨卜卦经

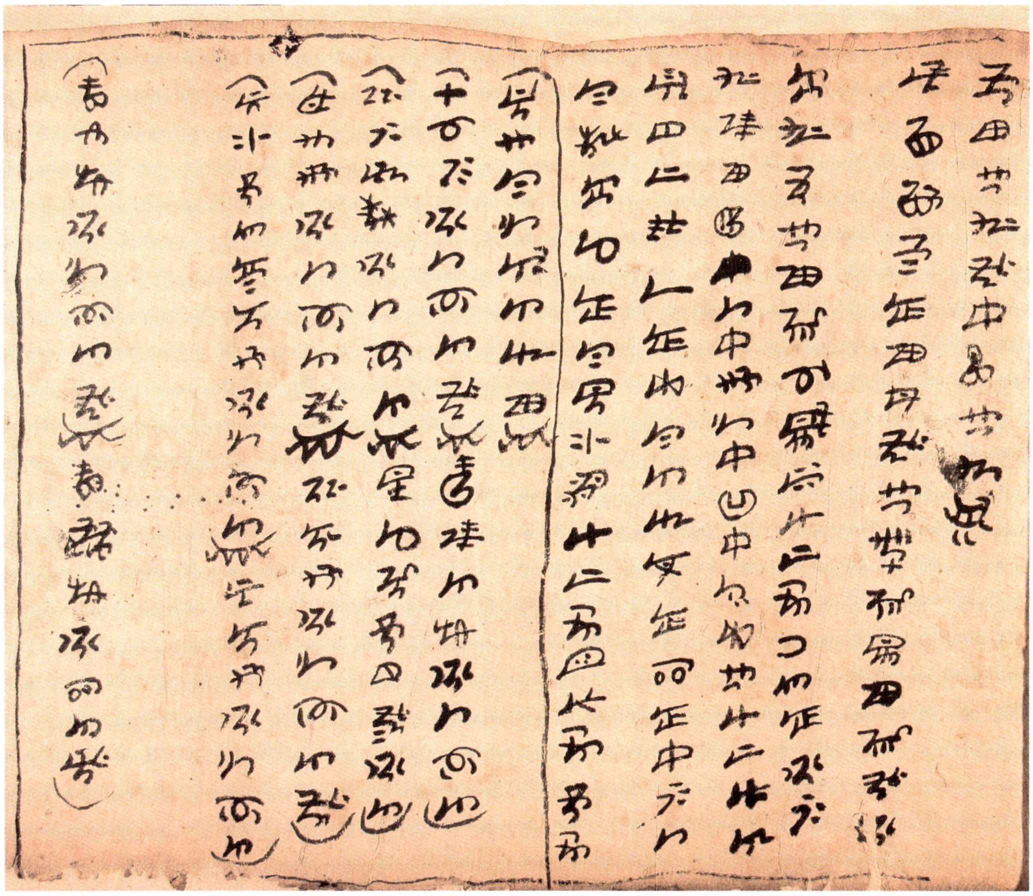

30　汲圣水经

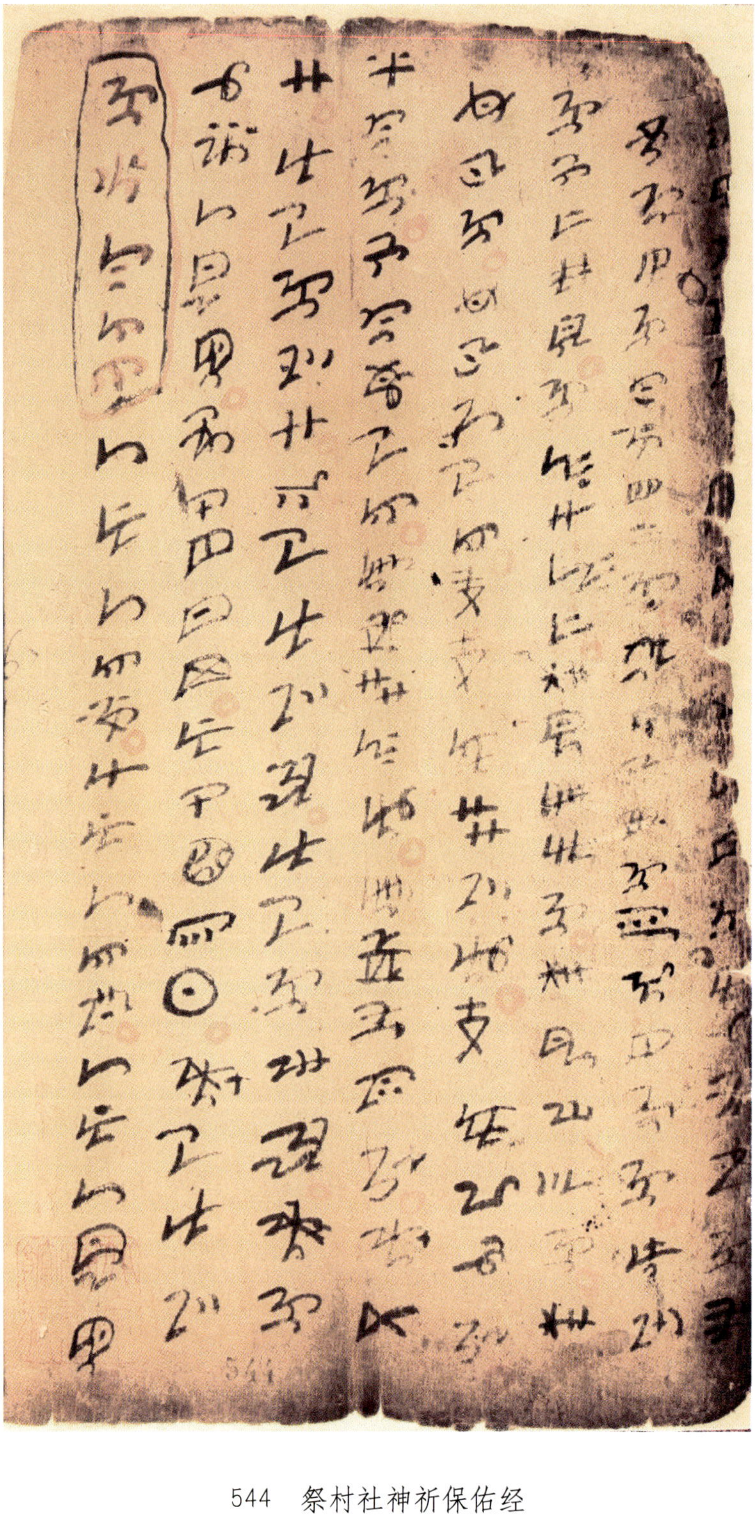

544　祭村社神祈保佑经

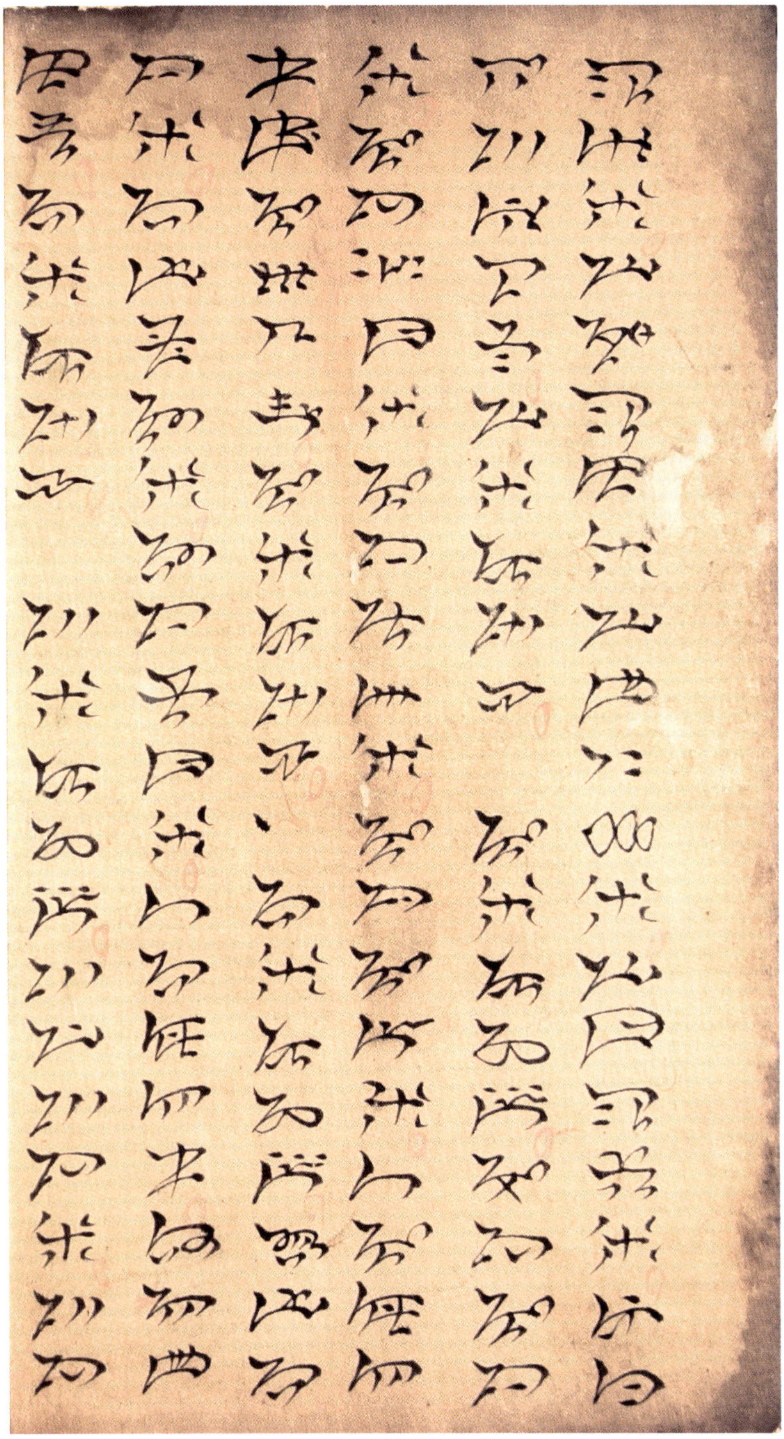

377　祭福禄神经

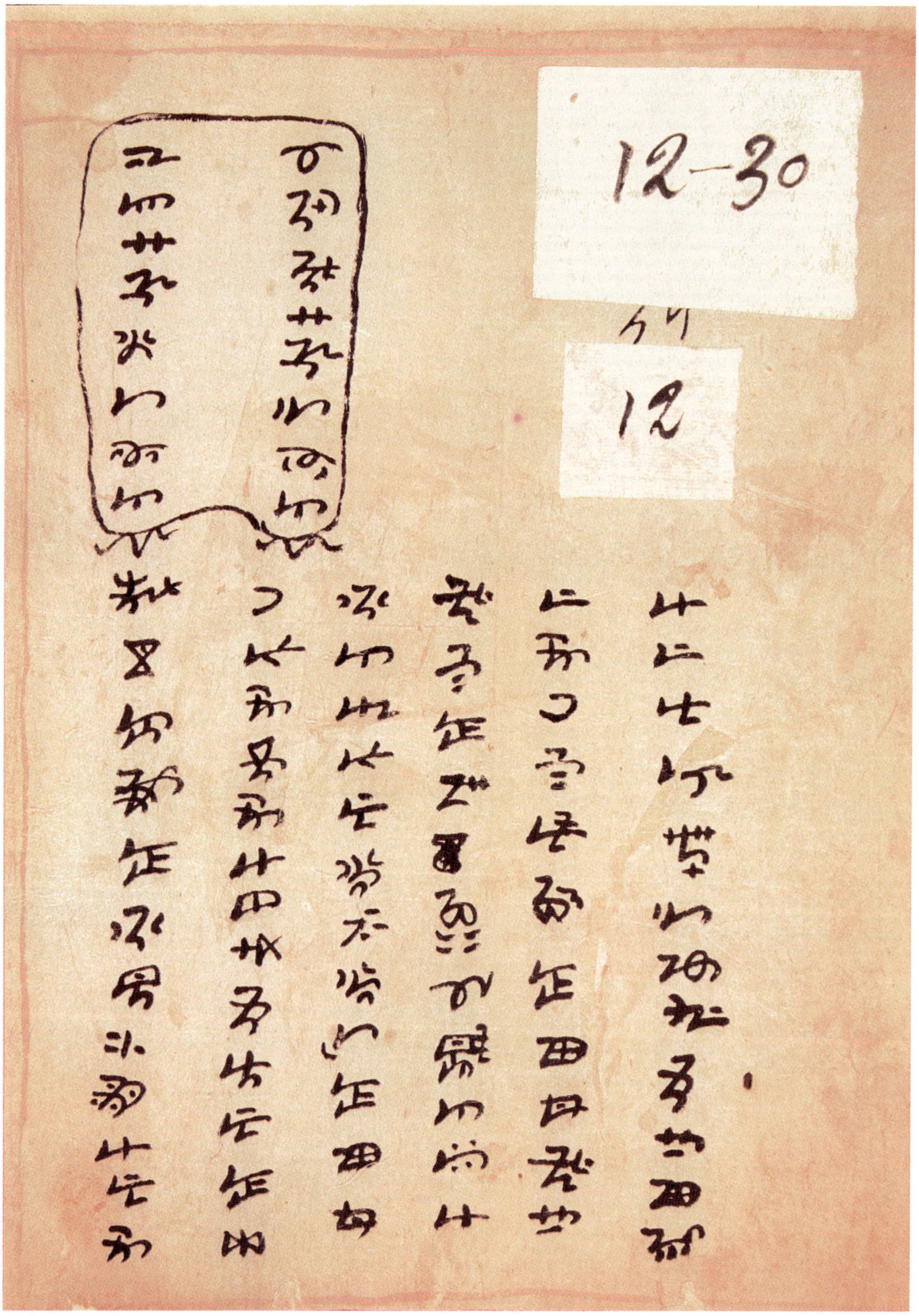

12　祭奠格努神经

170　祭奠亡灵经

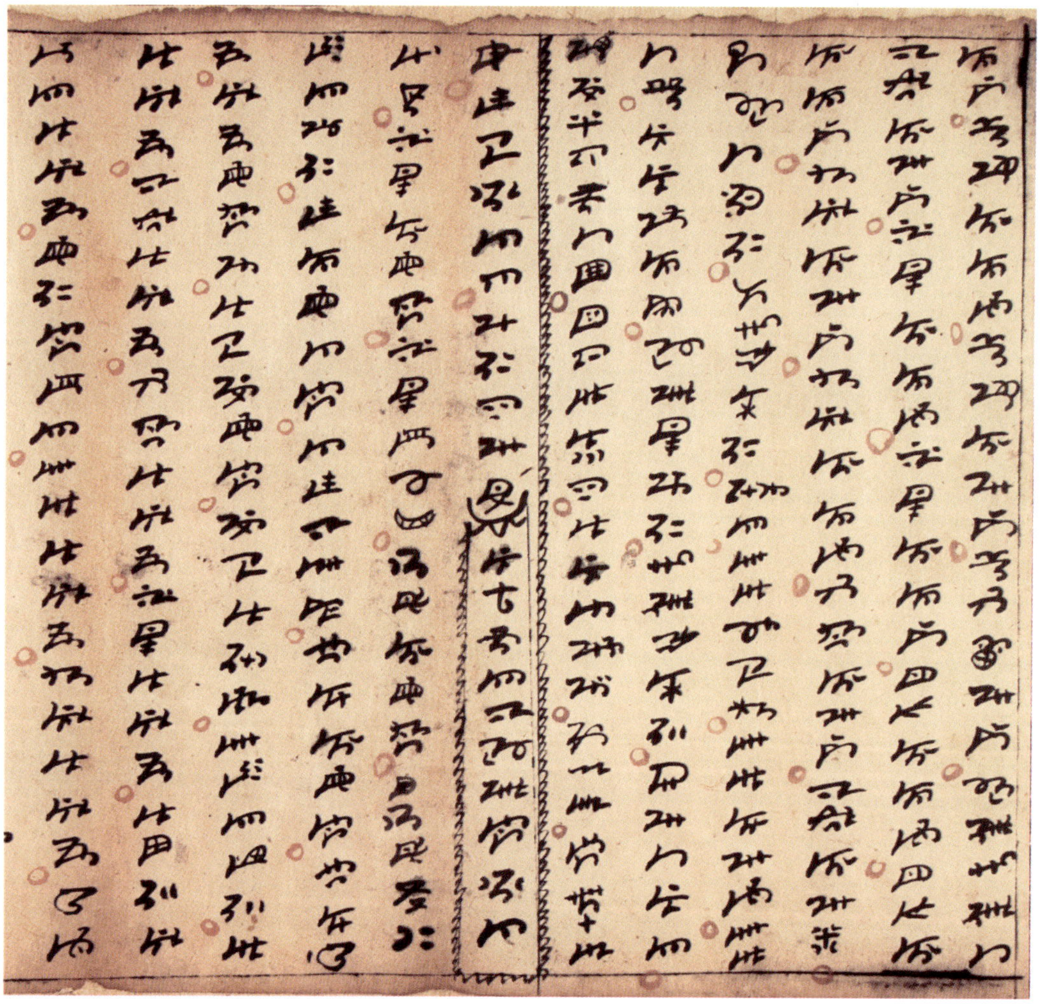

547　祭格努神解淫乱冤愆经

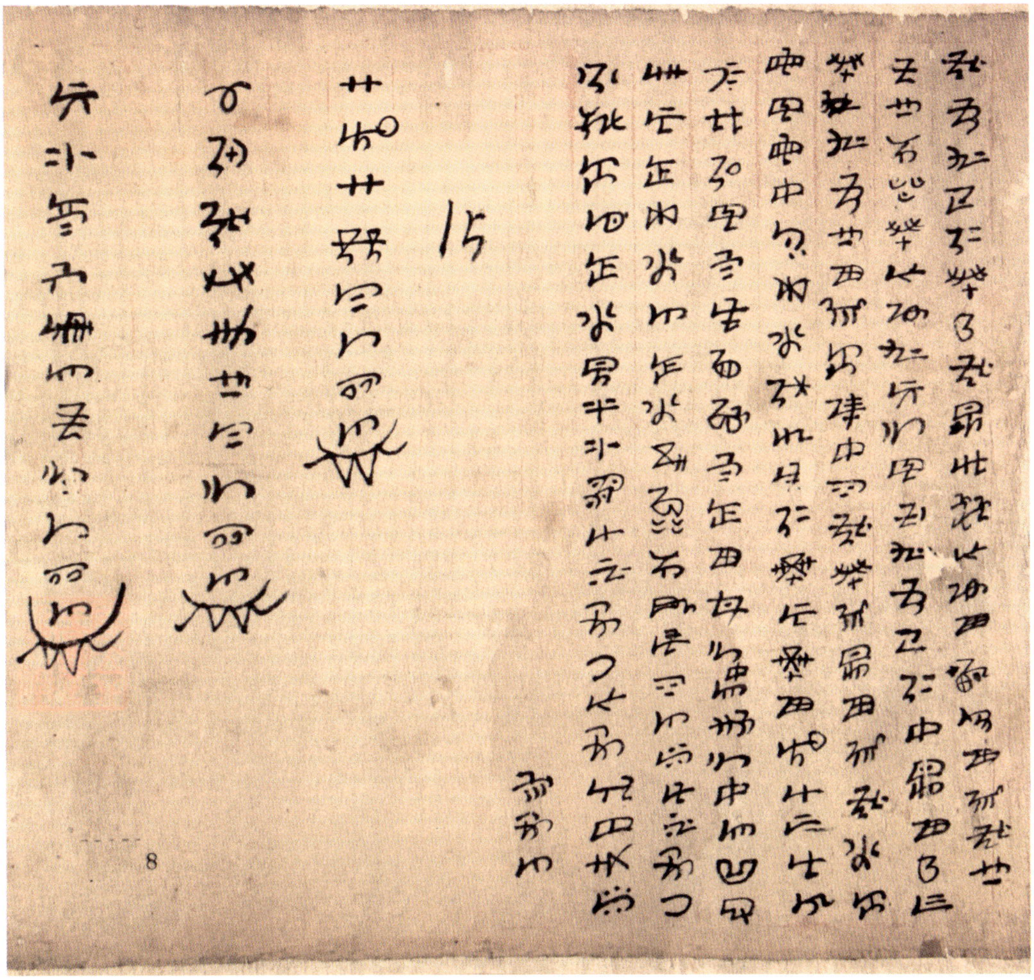

8　祭莫威荣神经

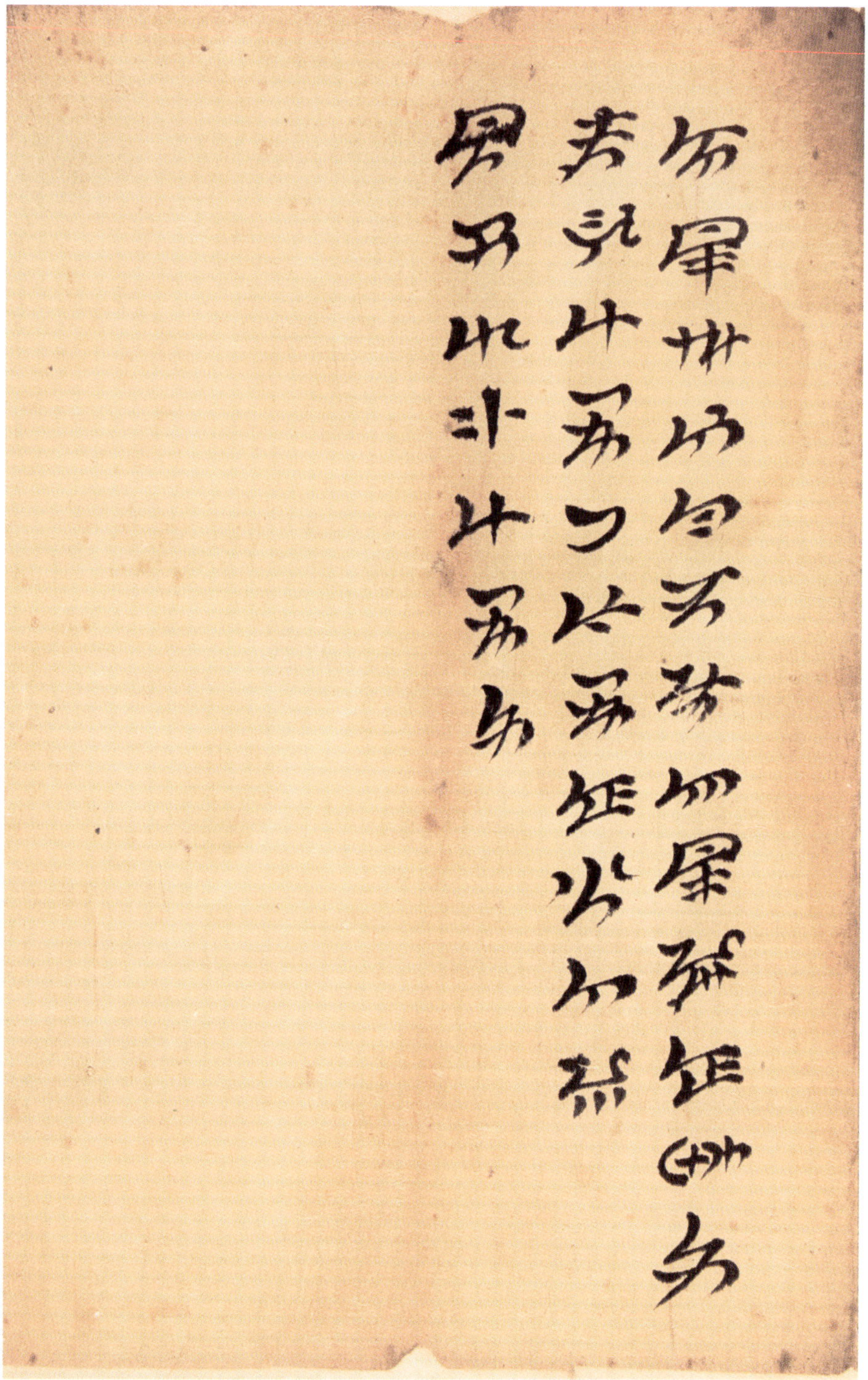

 祭祖妣供牲经

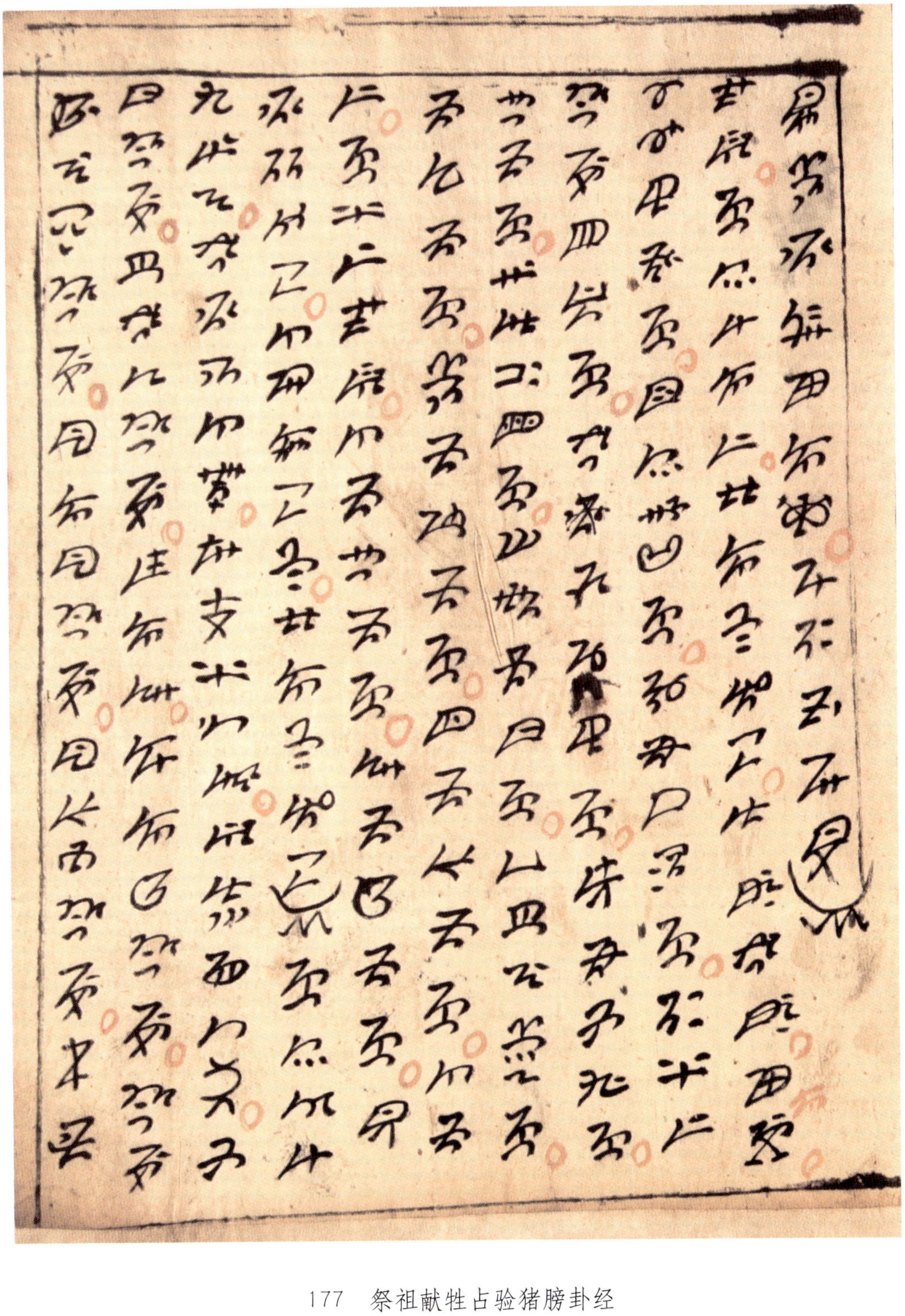

177　祭祖献牲占验猪膀卦经

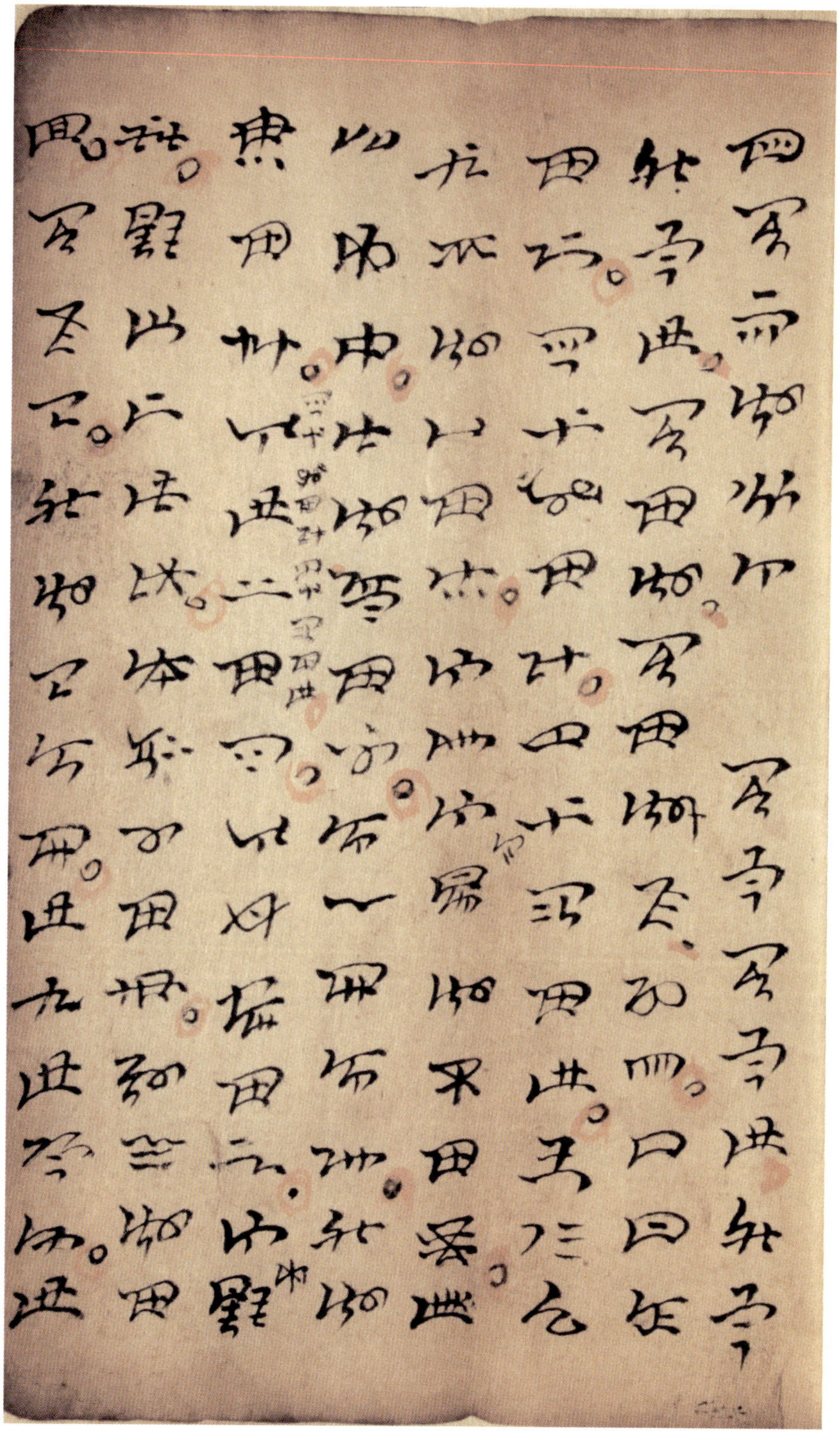

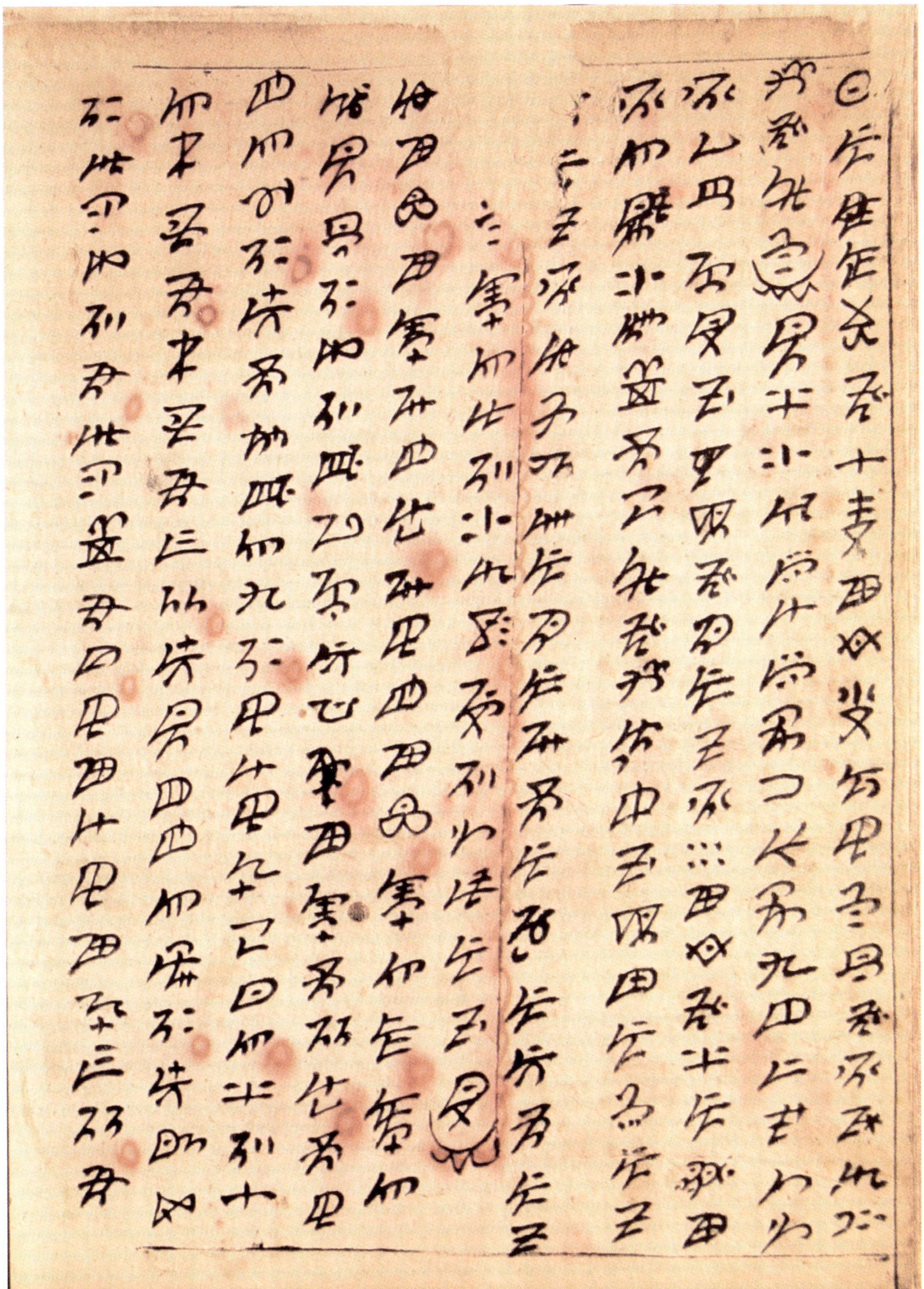

184　开冥路供牲经

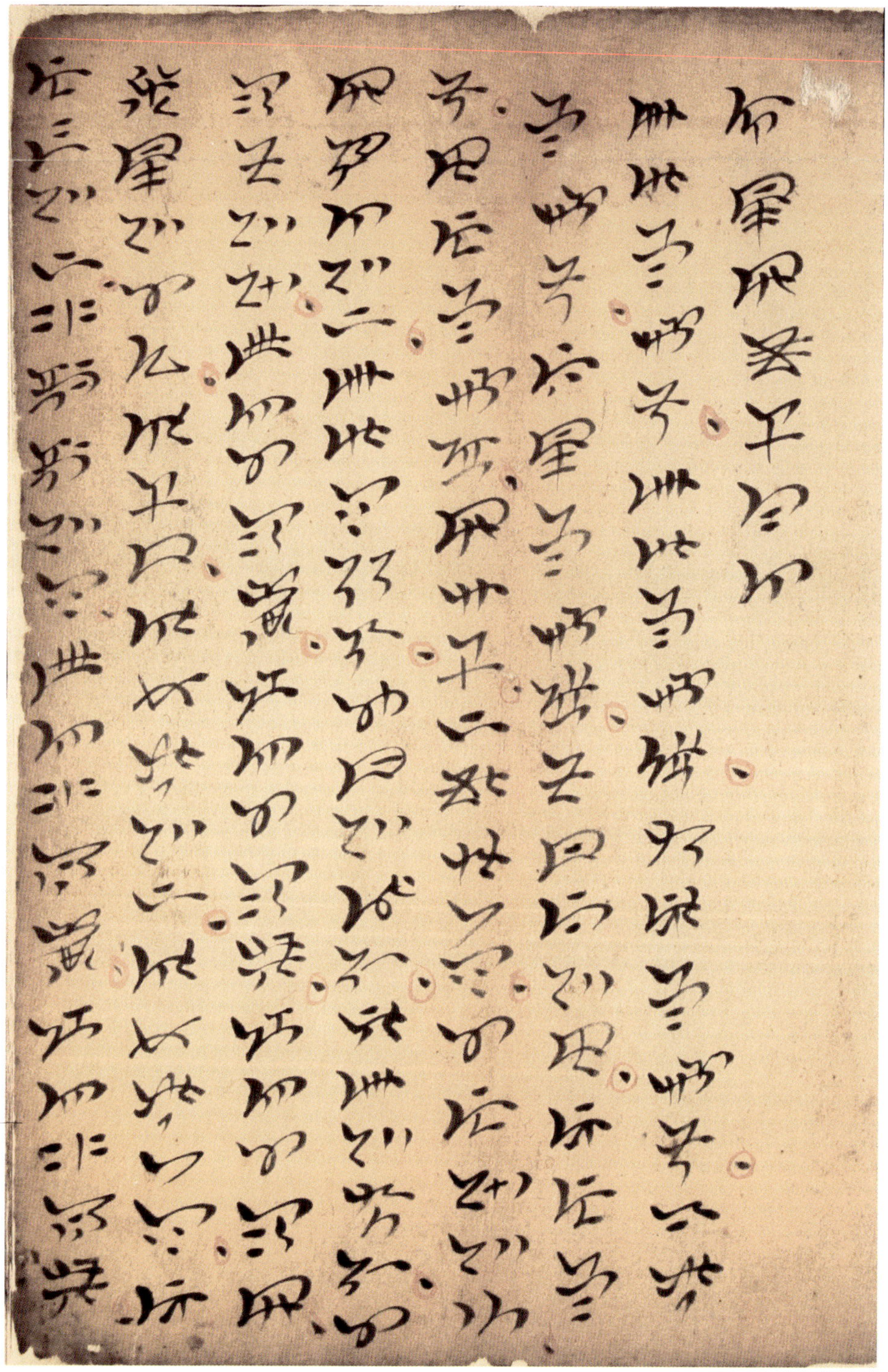

199 联祖录牌经

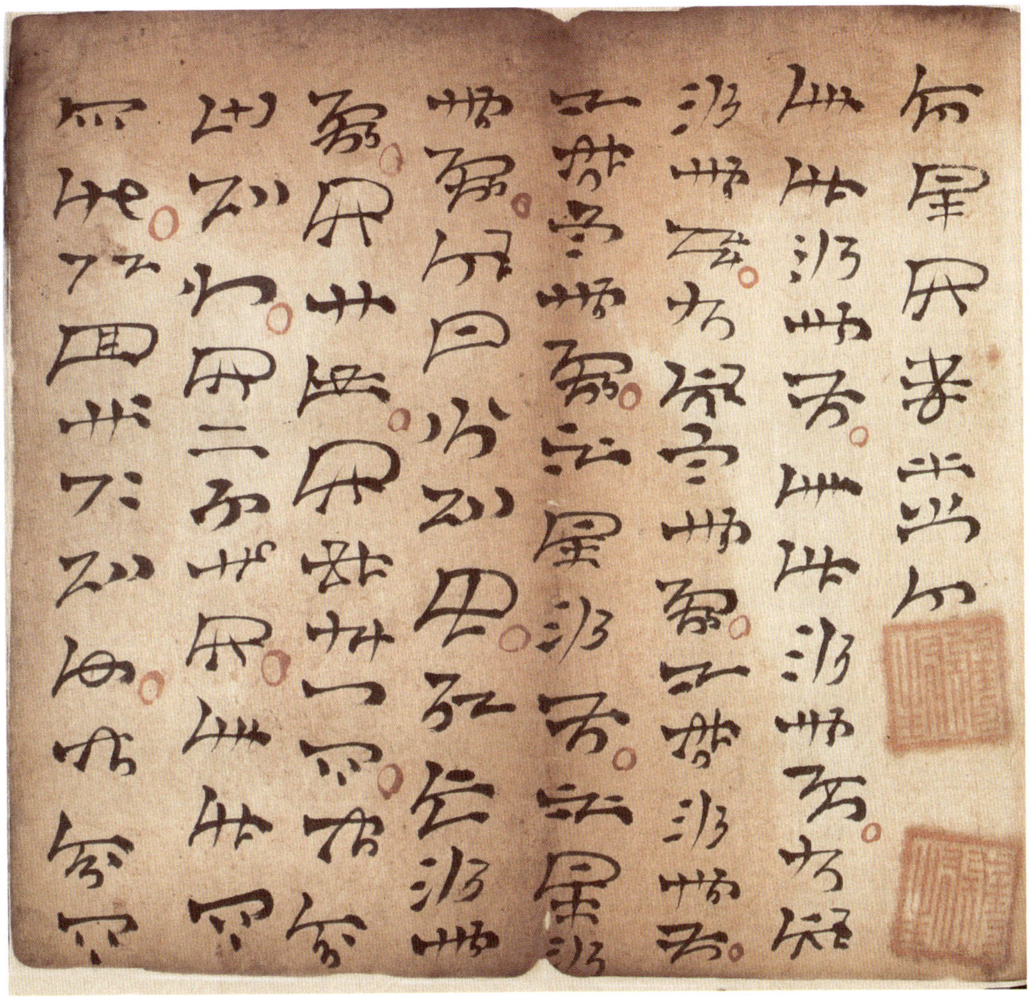

135—2　联祖灵牌经

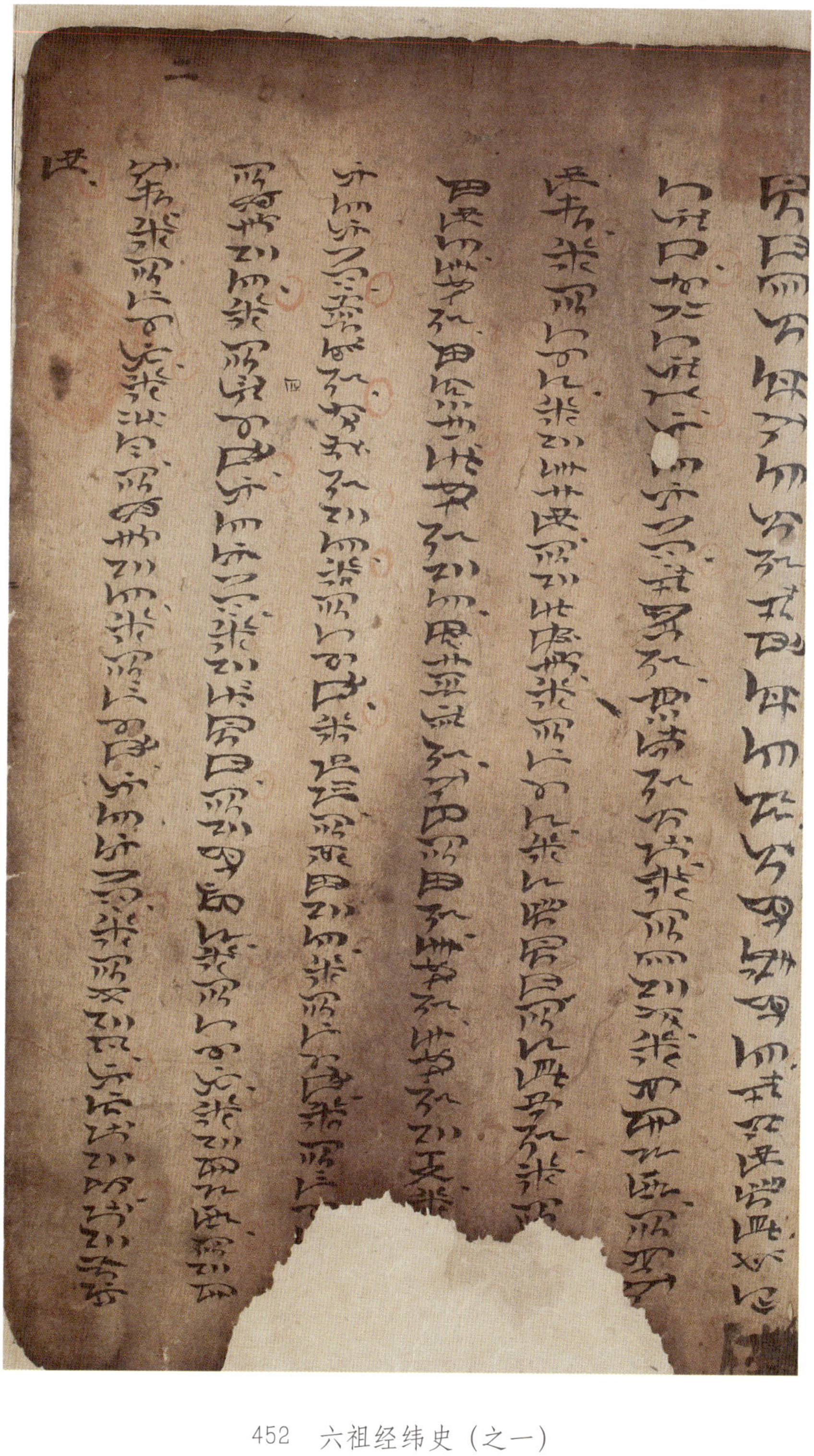

452　六祖经纬史（之一）

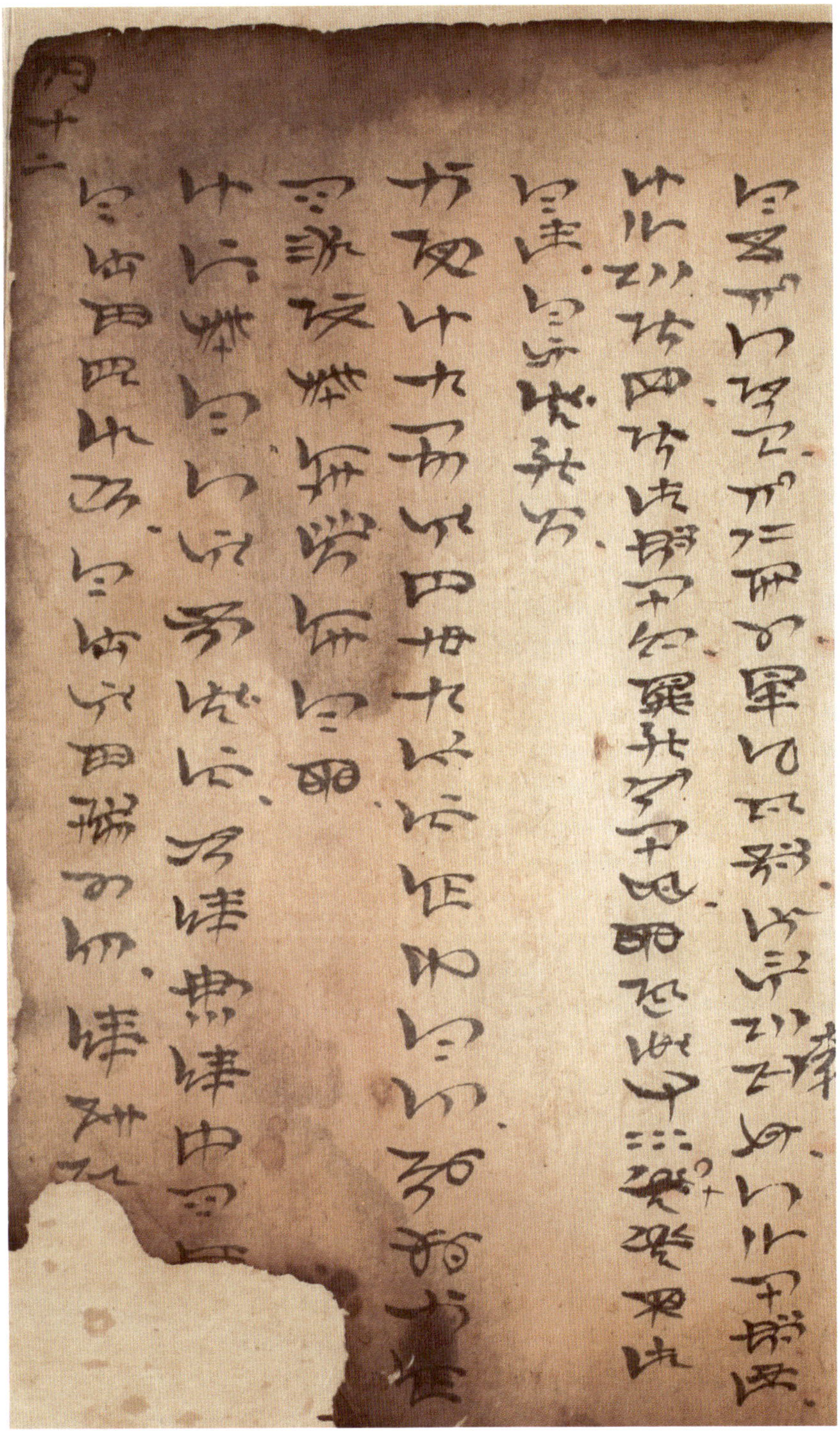

452　六祖经纬史（之二）

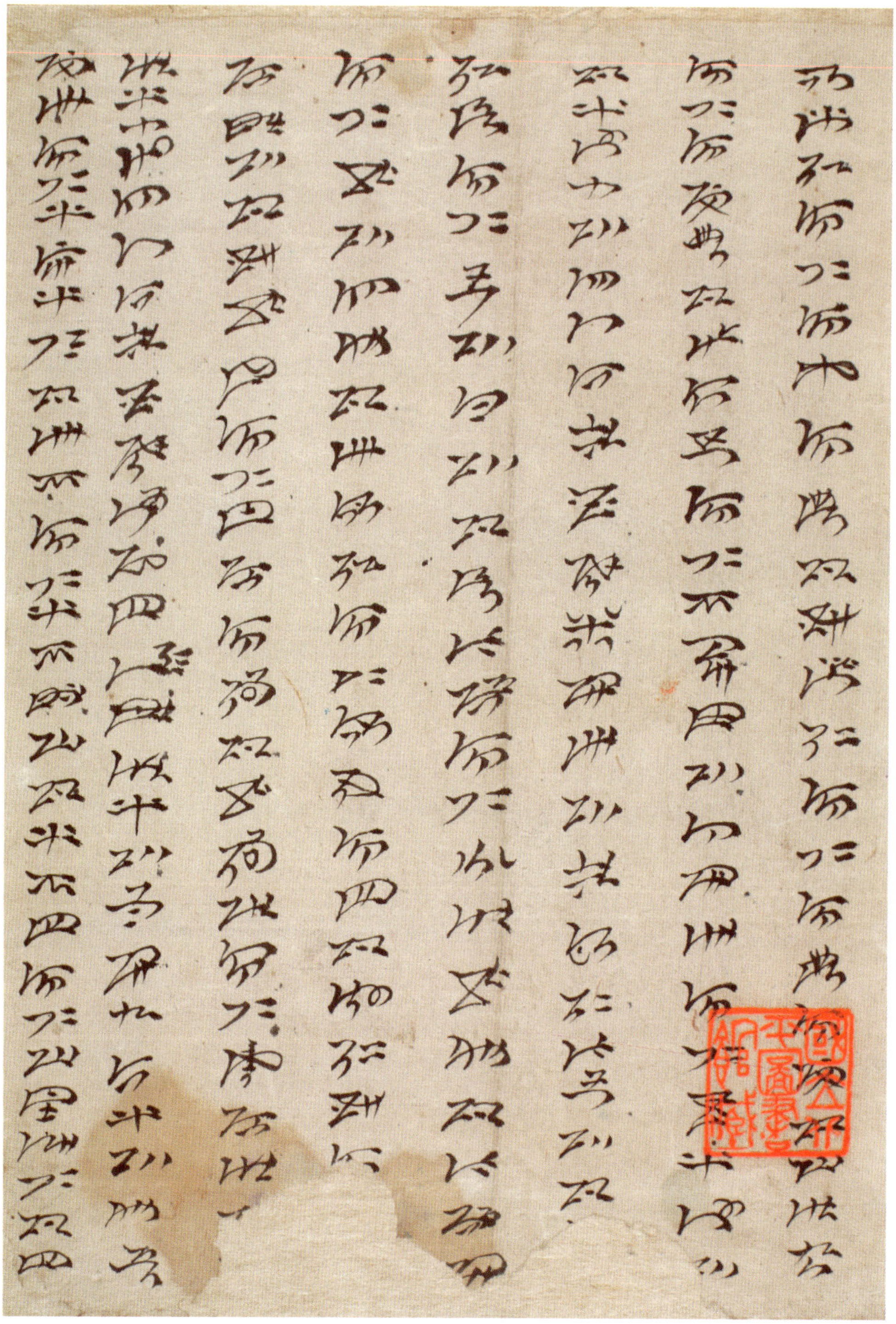

522　罗婺姻亲史

446　尼糯氏族史

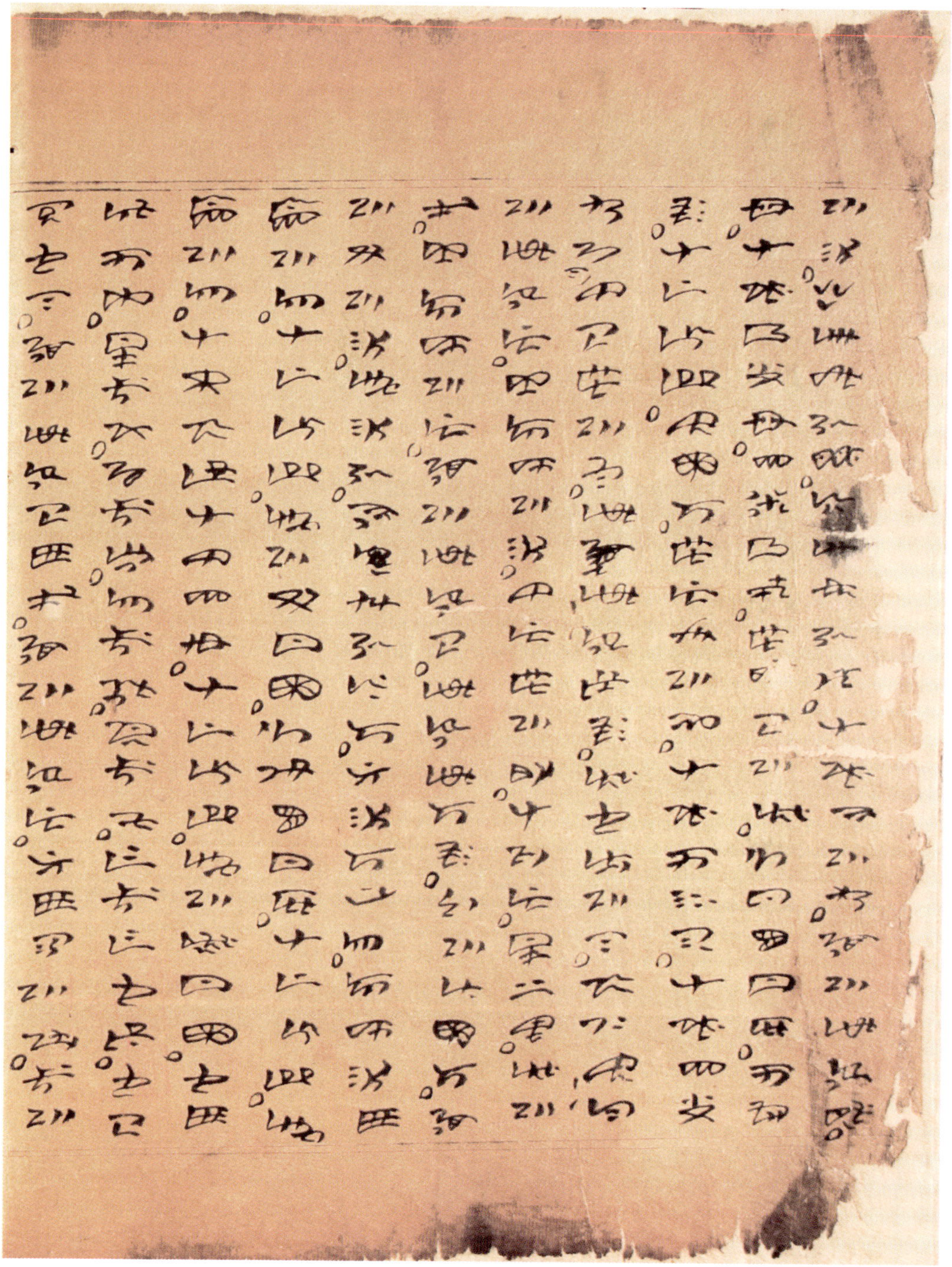

469　尼糯氏族史

463 普曲谿歌事略

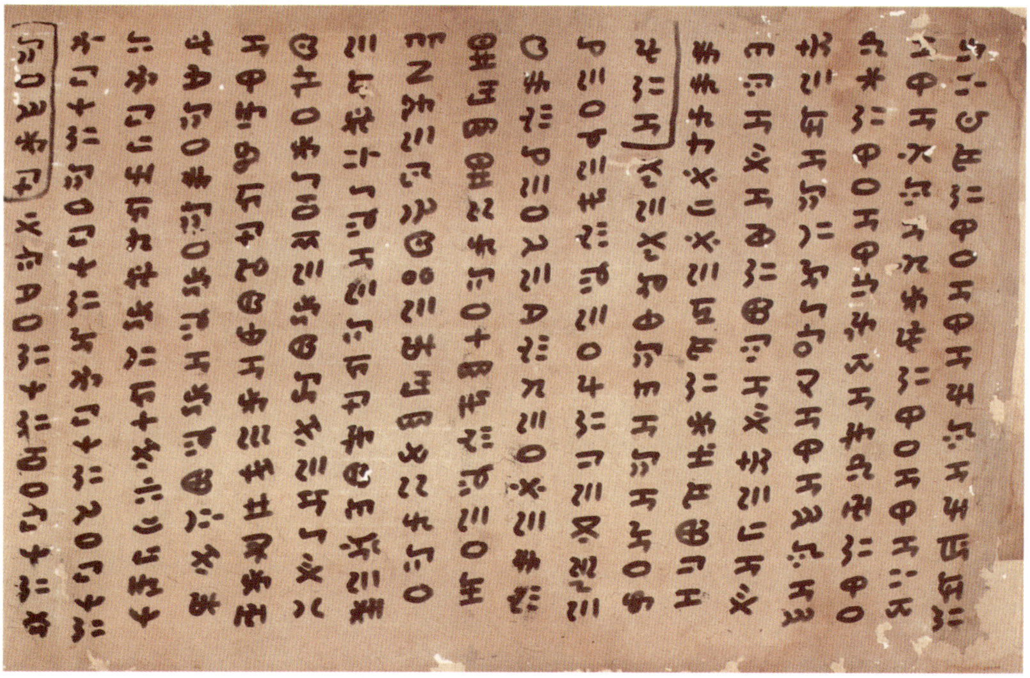

535　驱病经

145　劝哭经

216　劝哭经

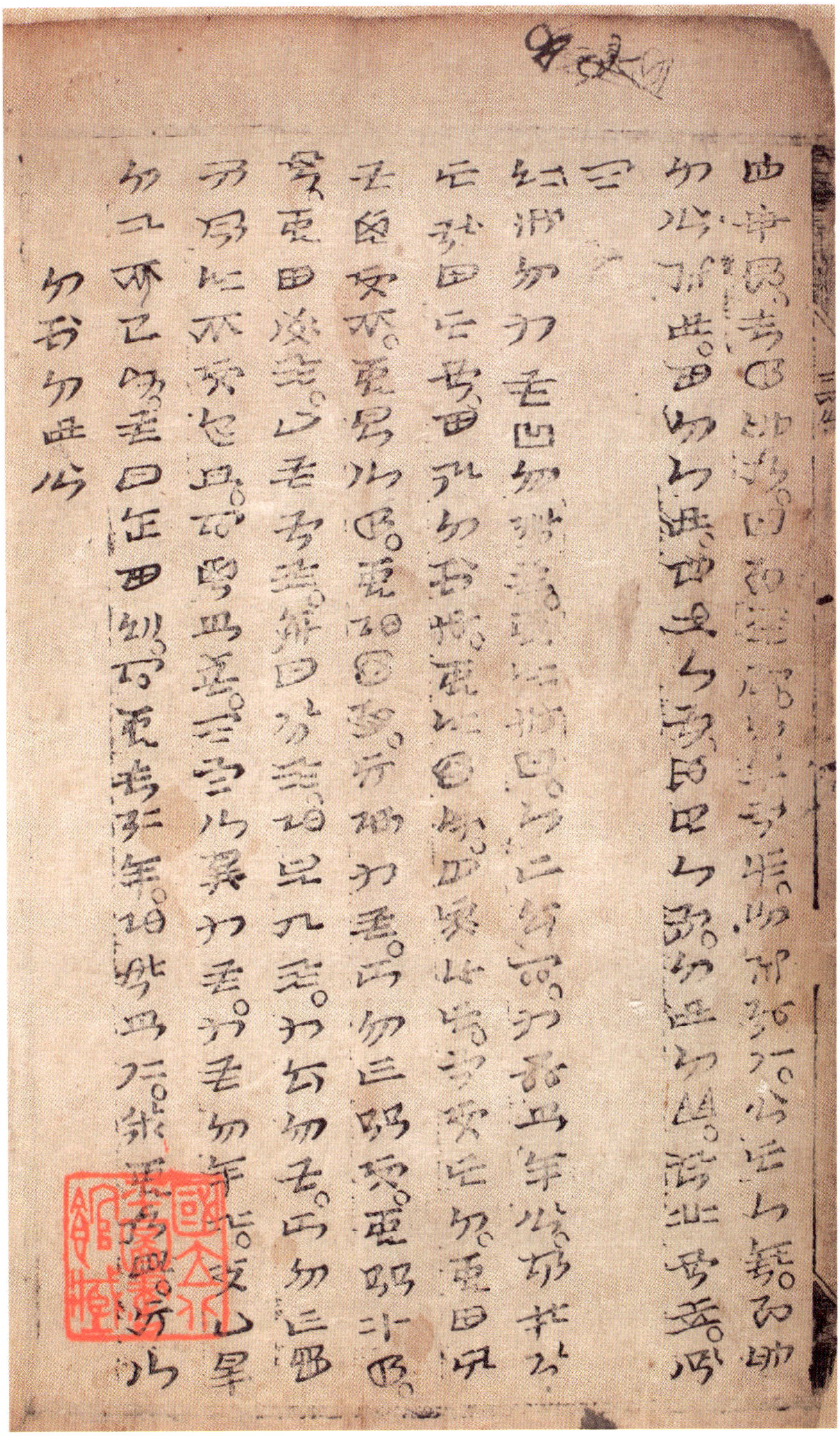

485 劝善经（之一）

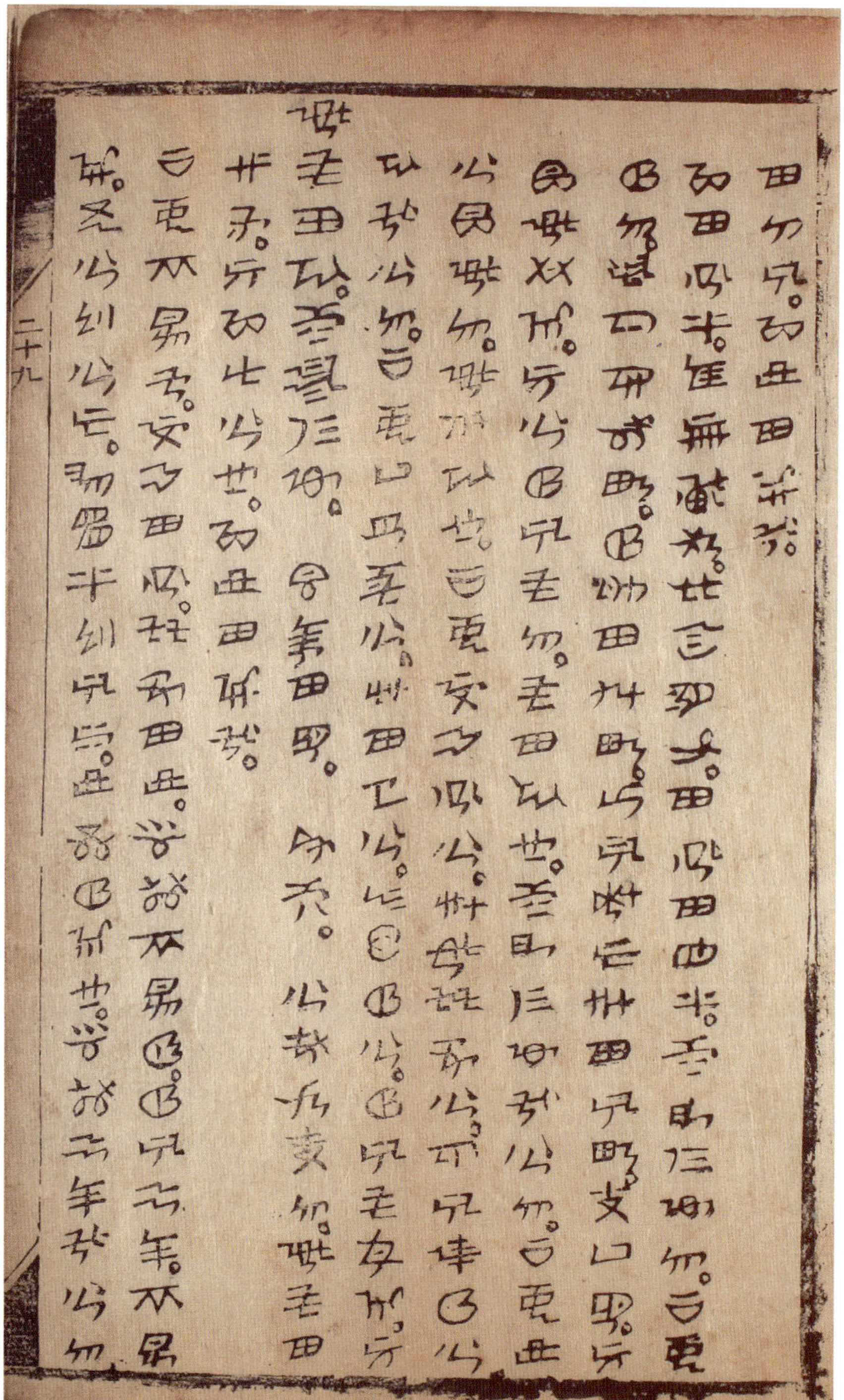

485　劝善经（之二）

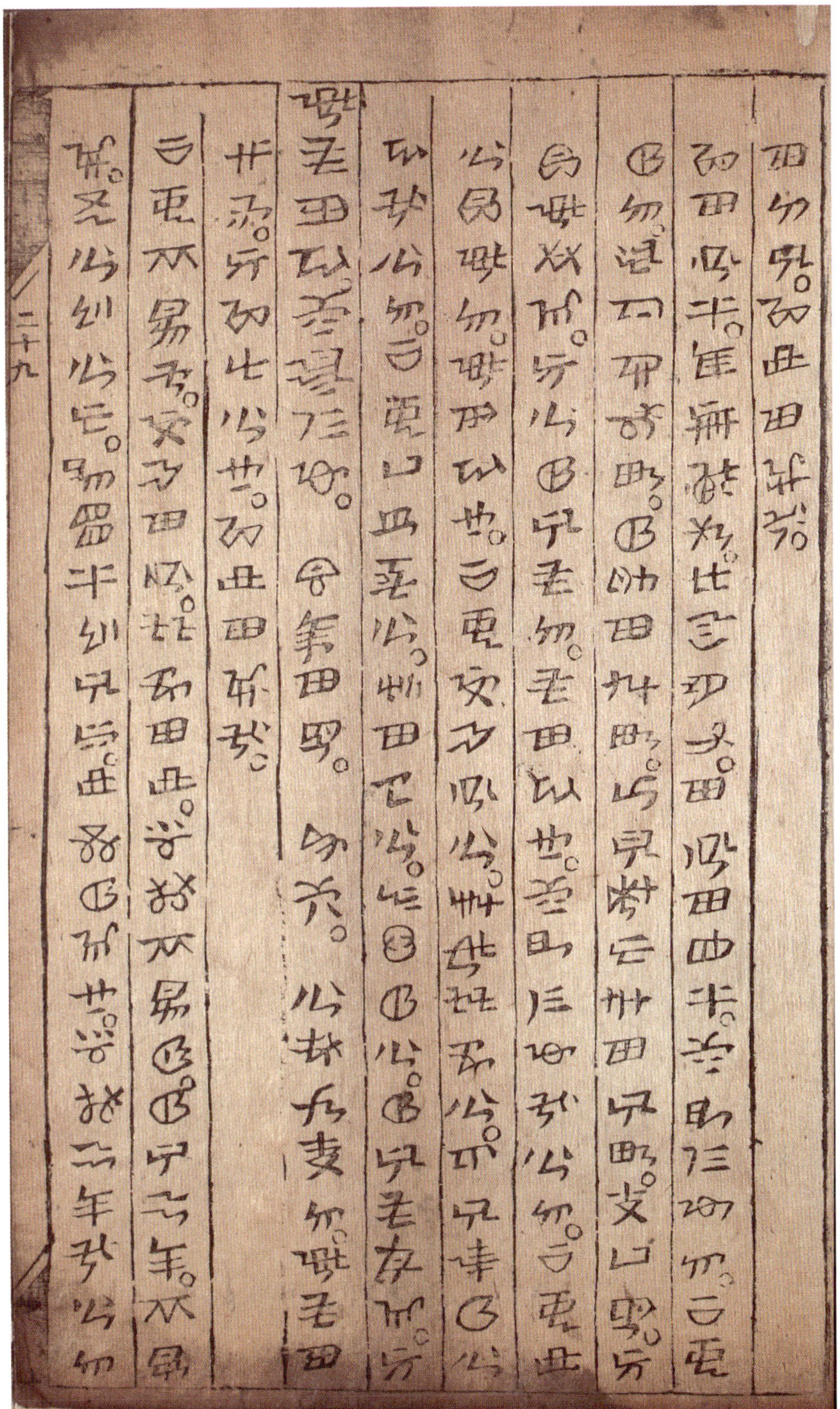

489　劝善经

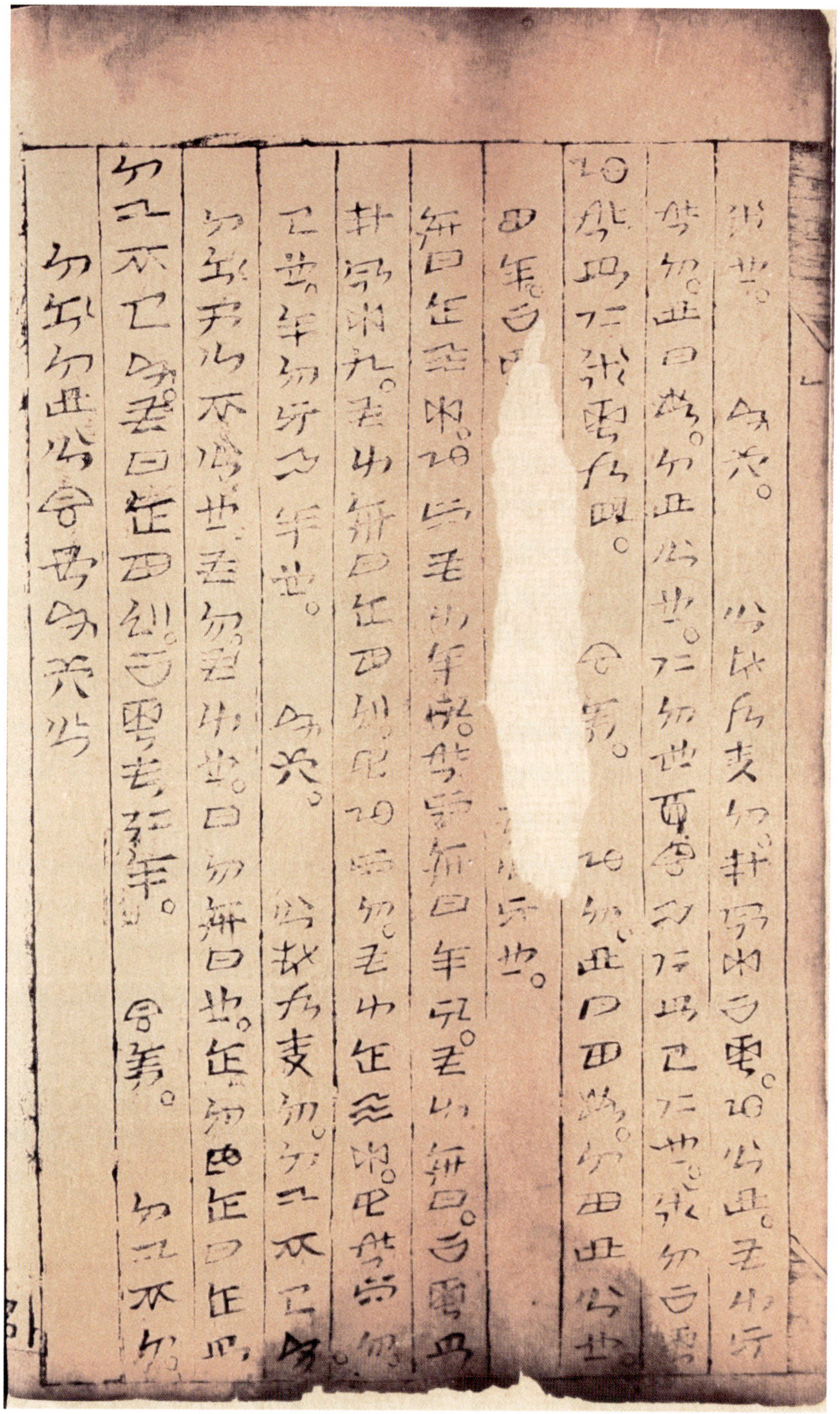

489 劝善经

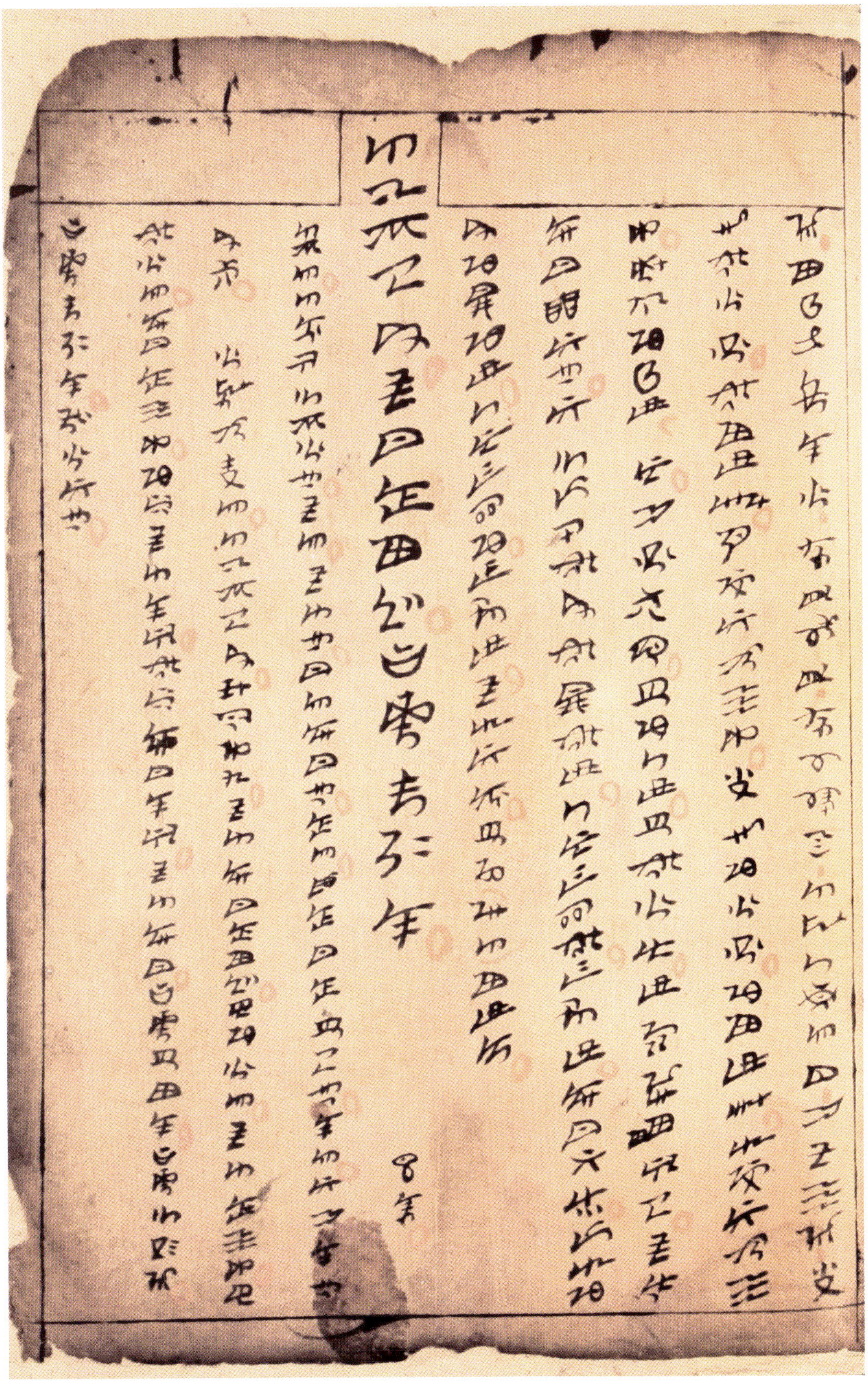

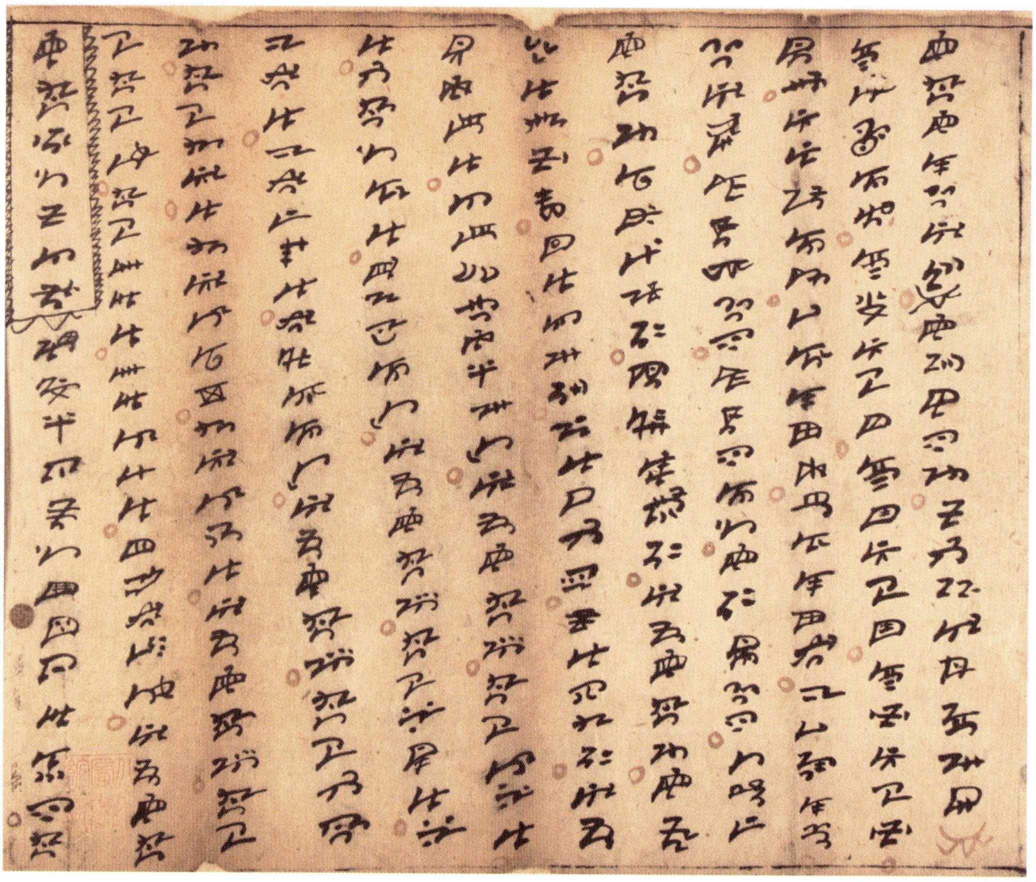

547—1　禳解罪过经

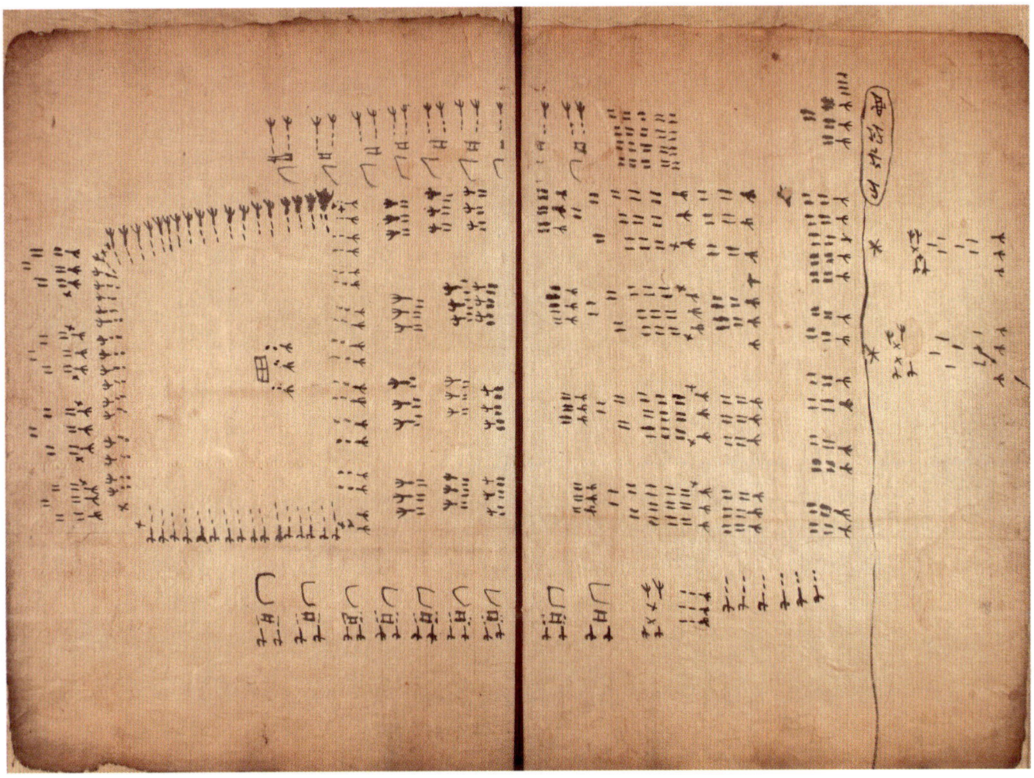

100　神座插枝图录

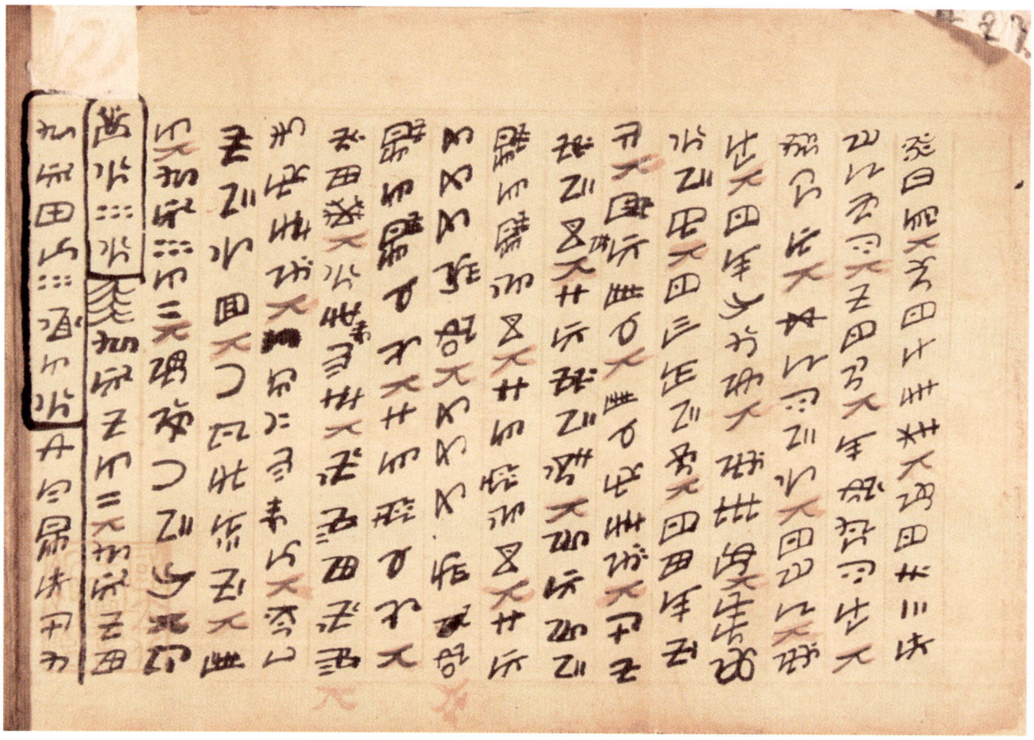

147　实勺祭猴典故

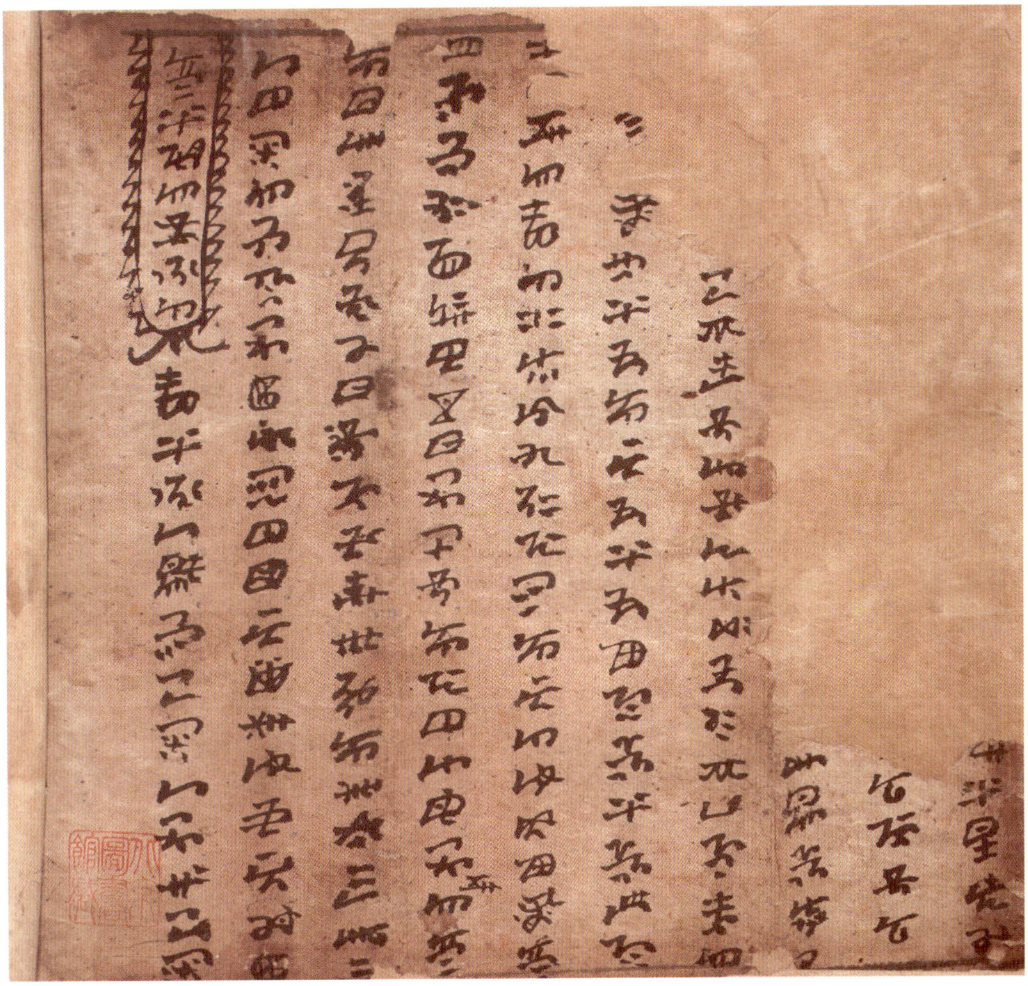

545　氏族祭祖供牲经

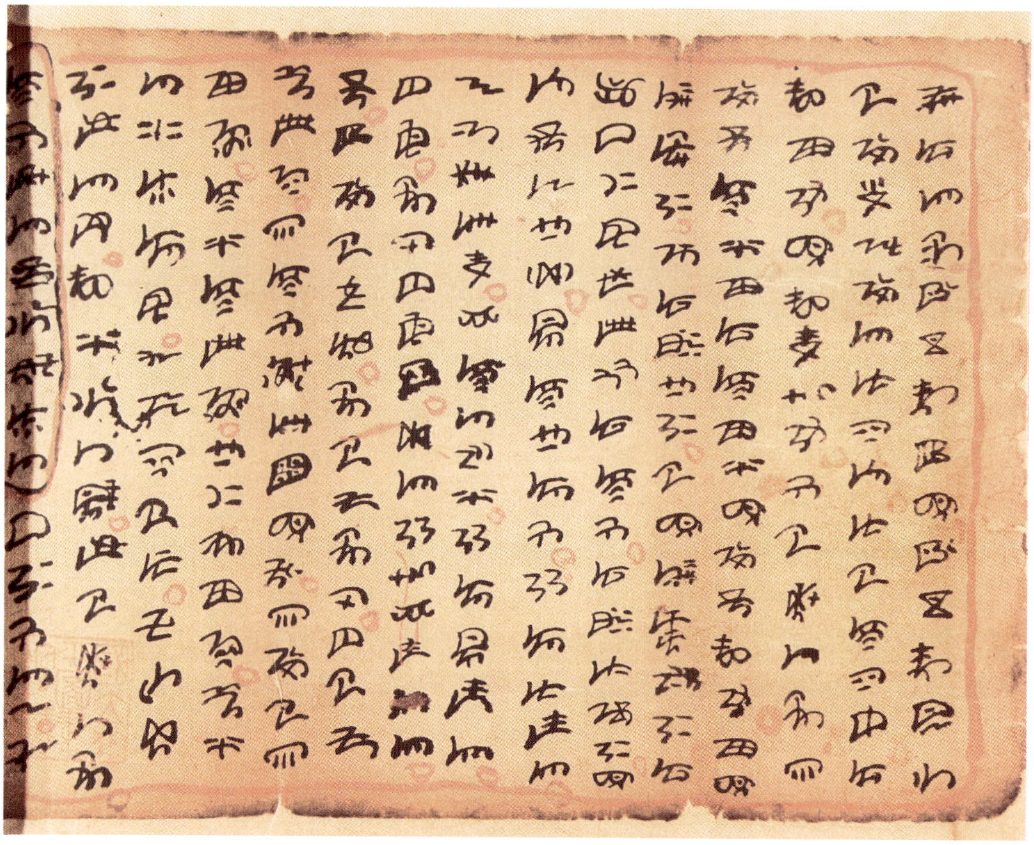

10—1　氏族祭祖供牲祝福经

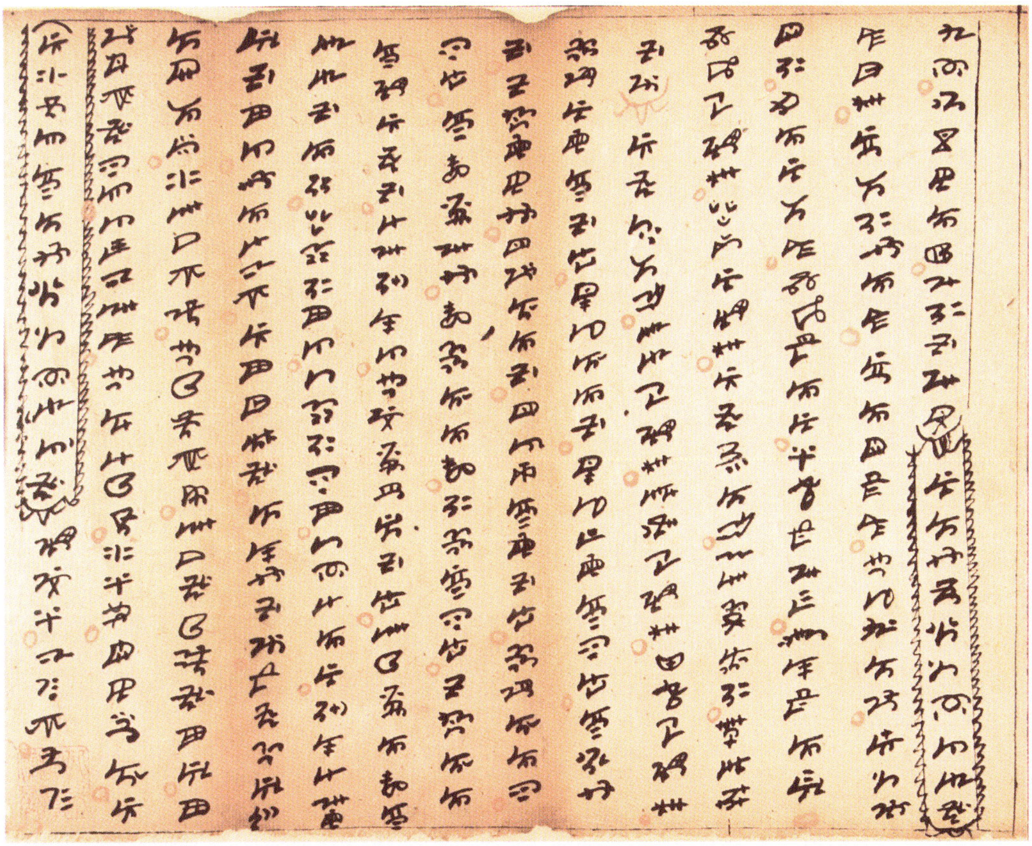

539—1 氏族宗祠御鬼经

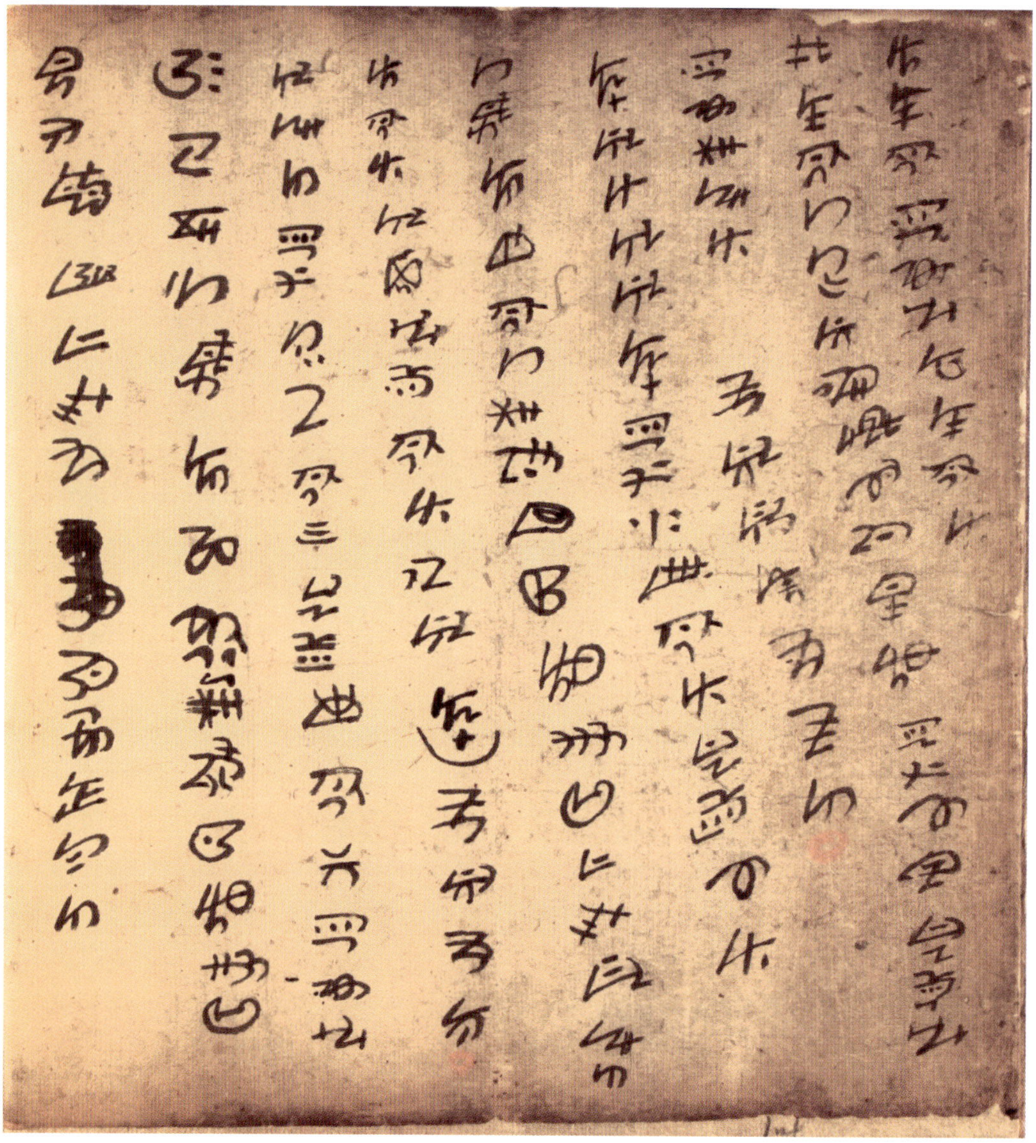

521　田赋账簿

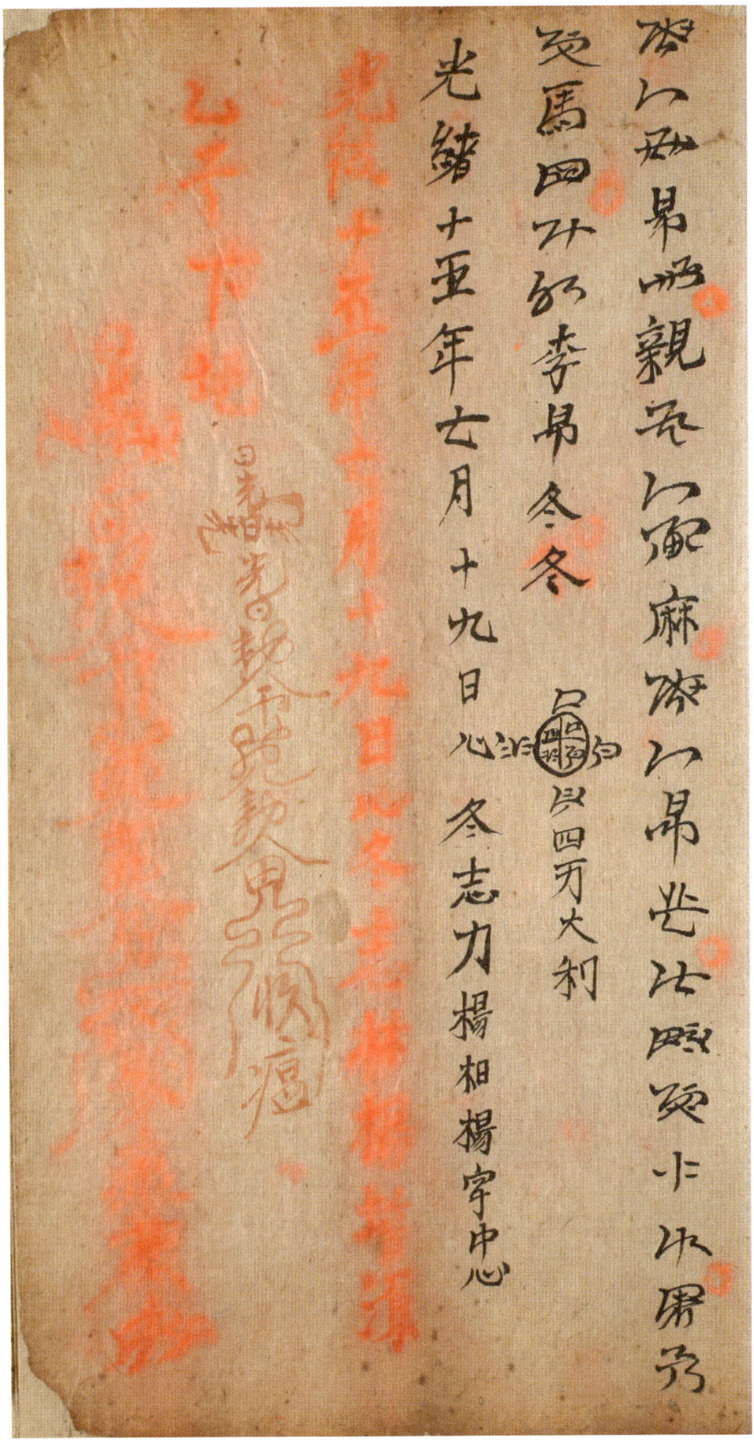

183　喂药经

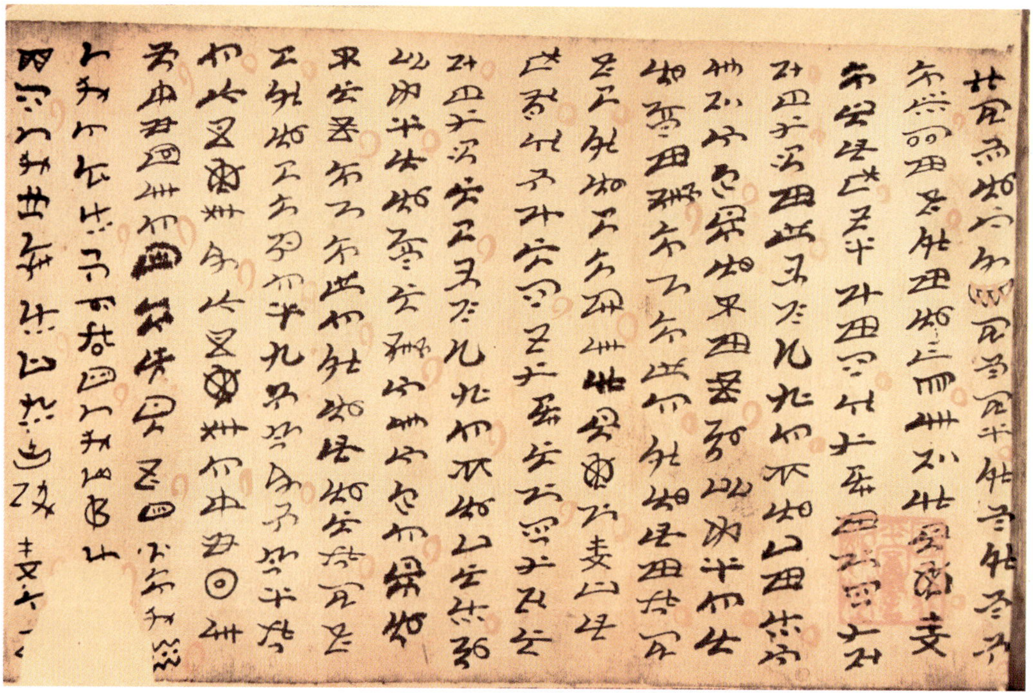

390　献酒茶经

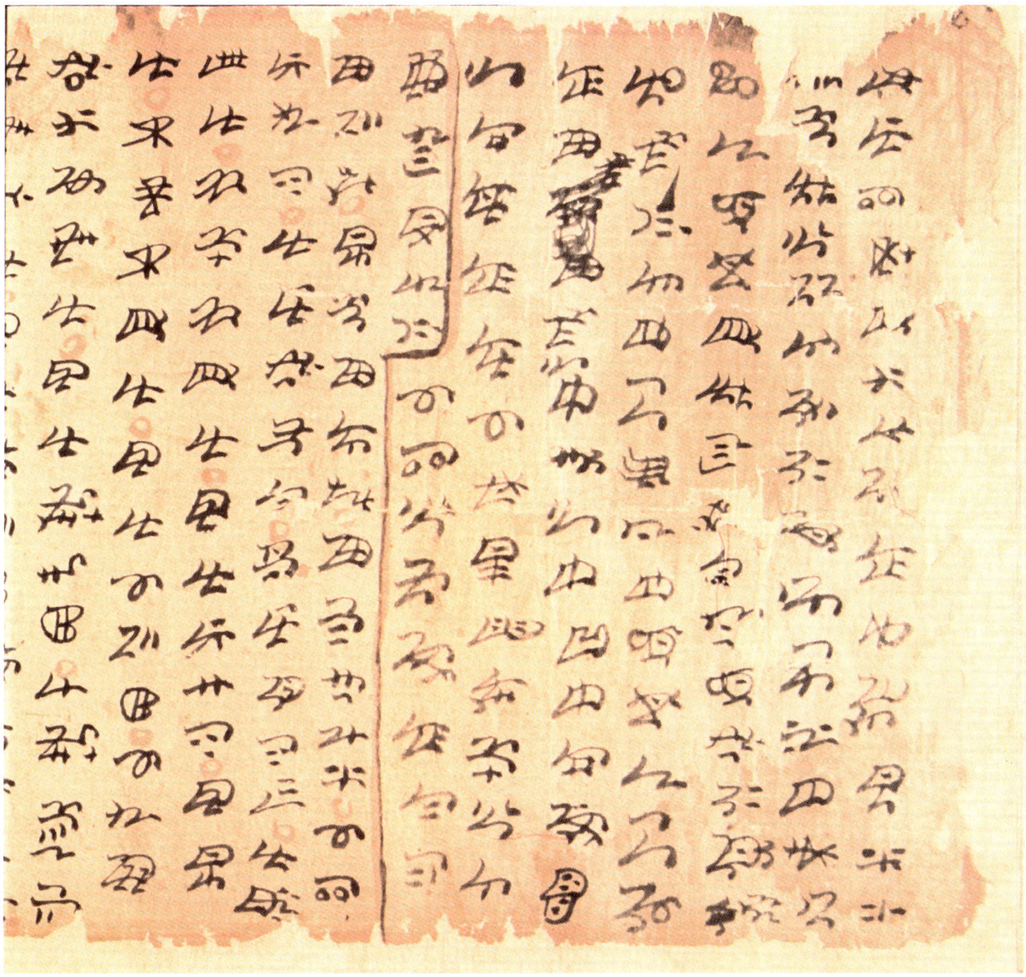

233　献水经

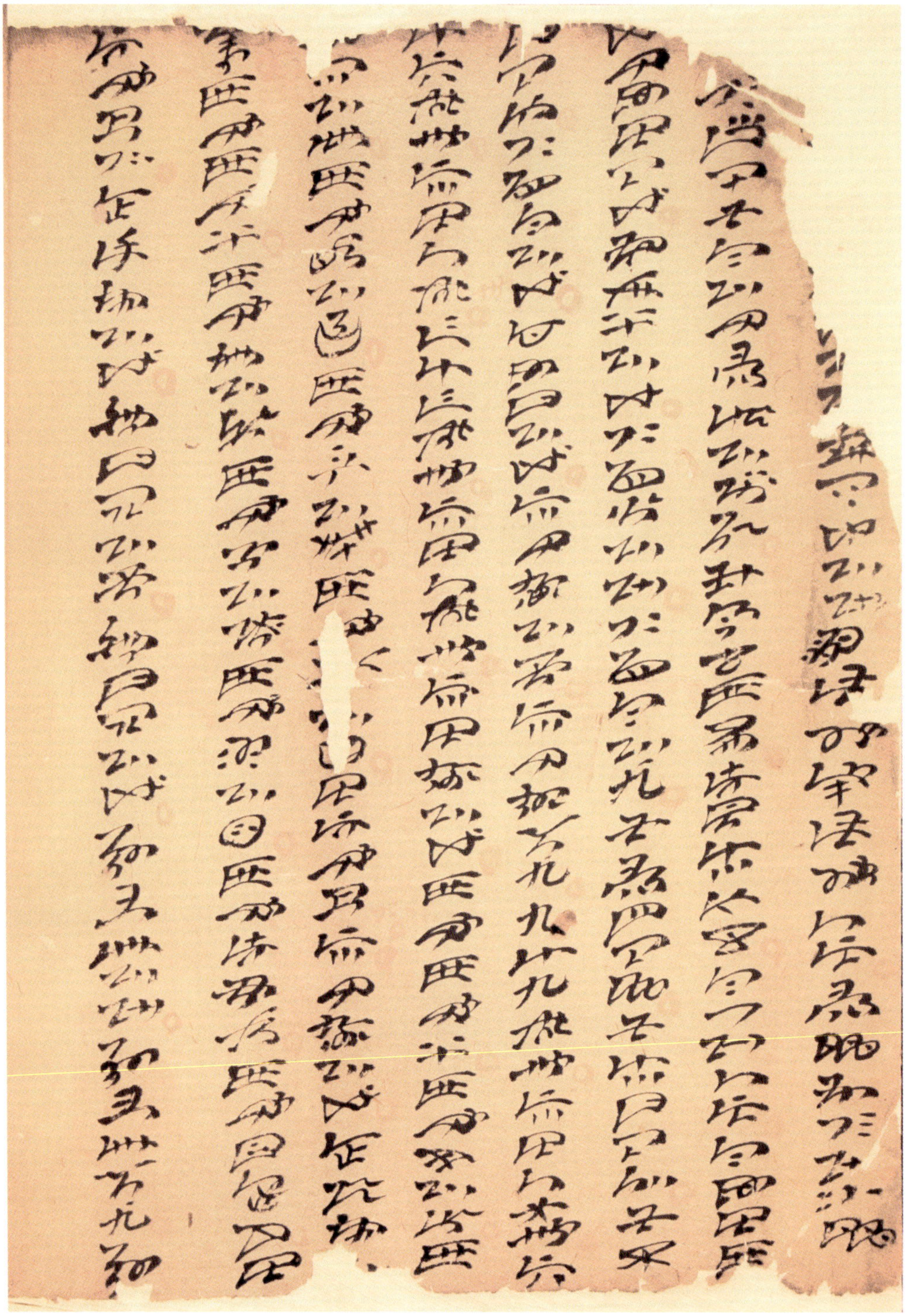

251　献药供牲经

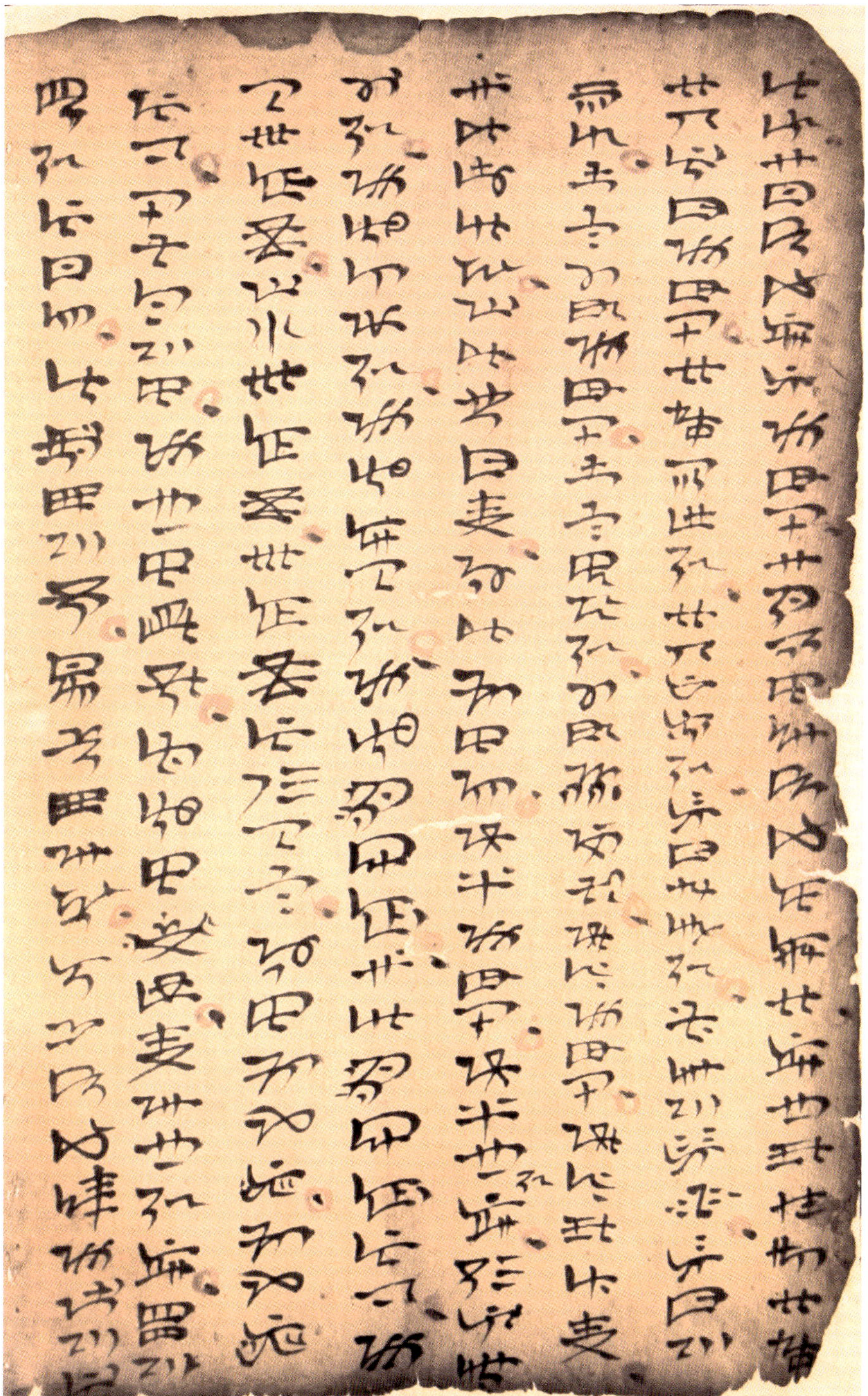

133 献药经

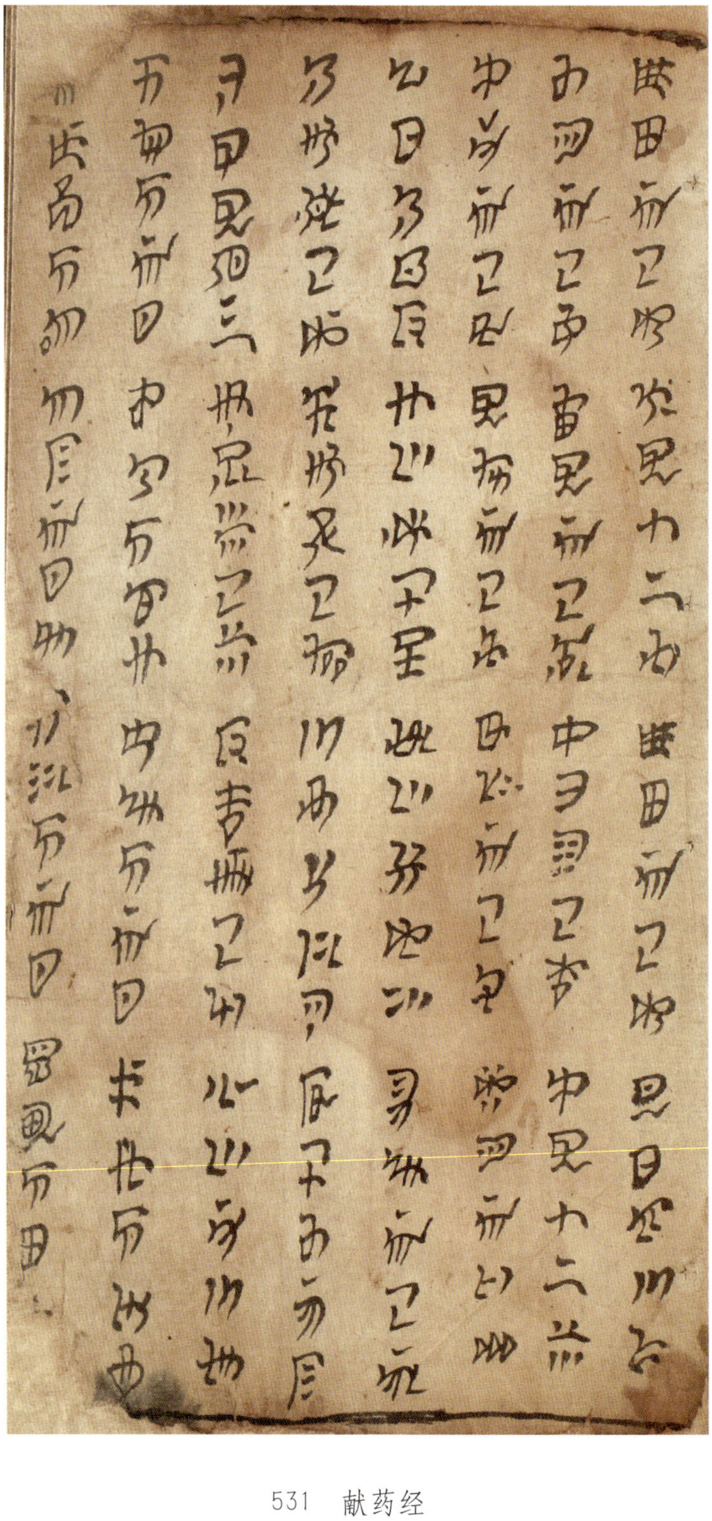

531 献药经

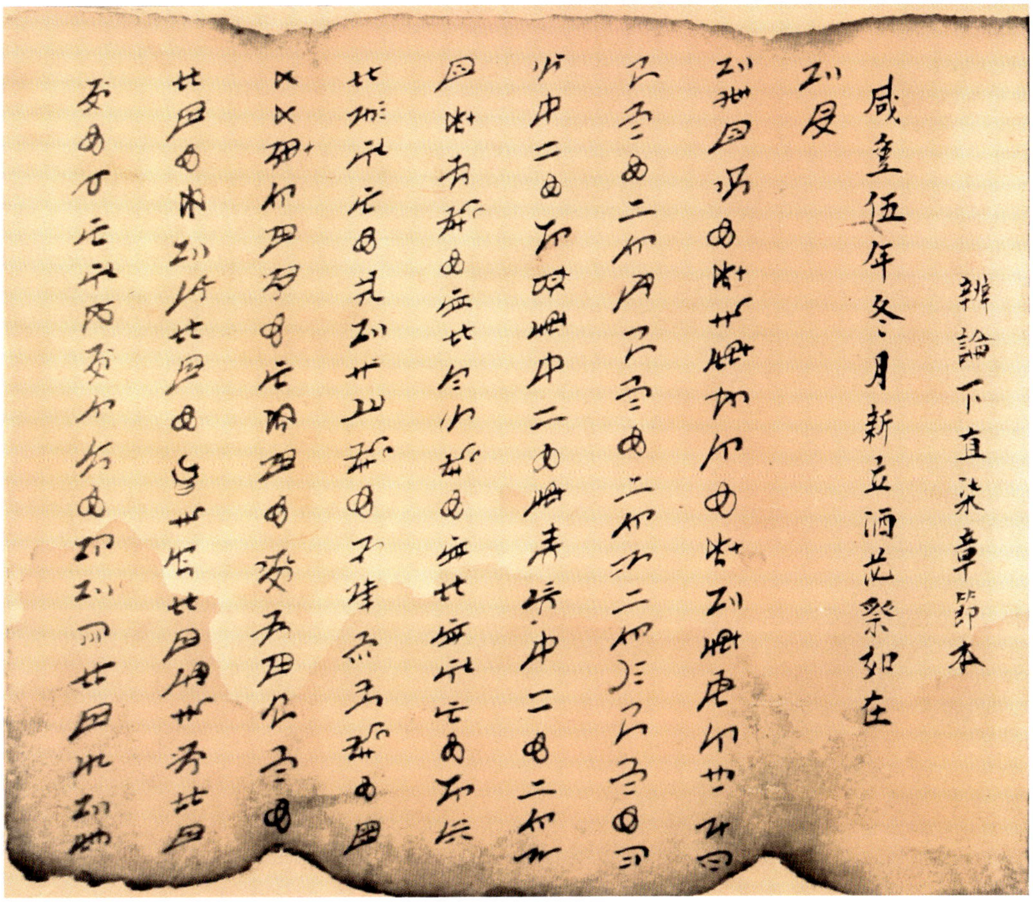

103 献药礼仪经

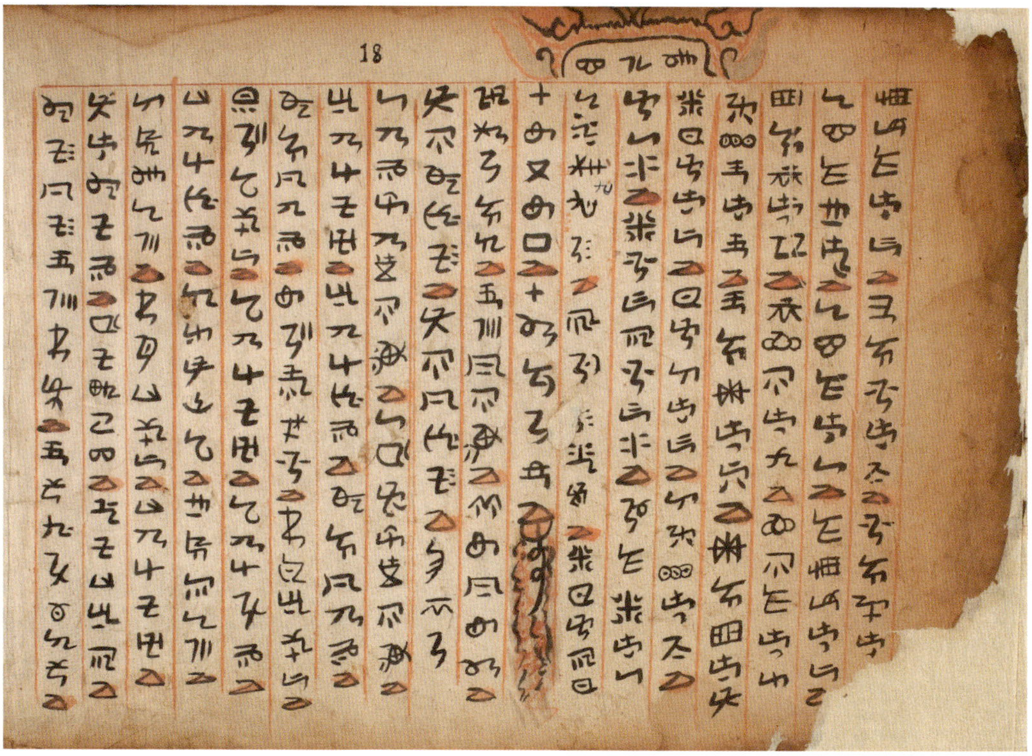

568 叙祖谱

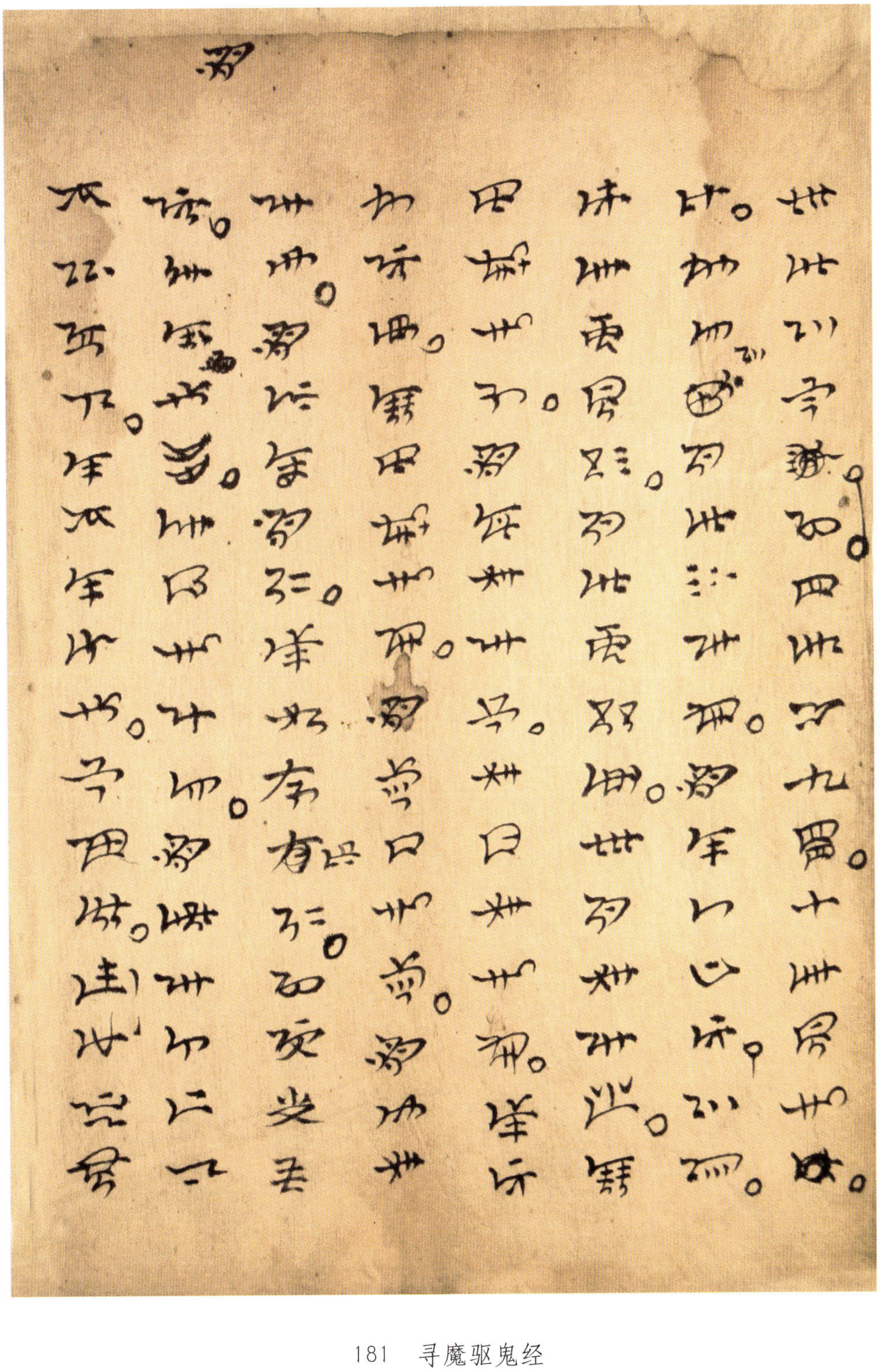

181　寻魔驱鬼经

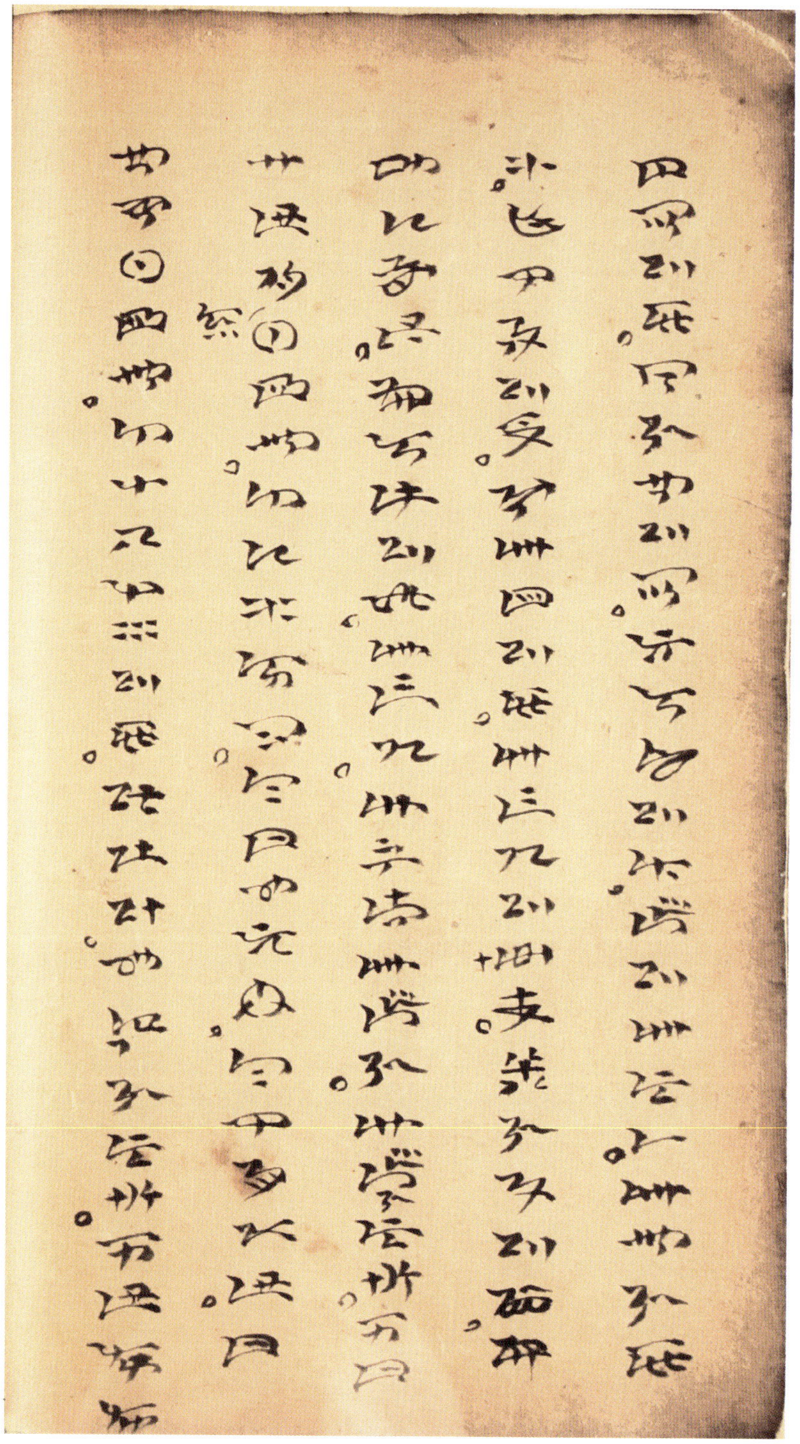

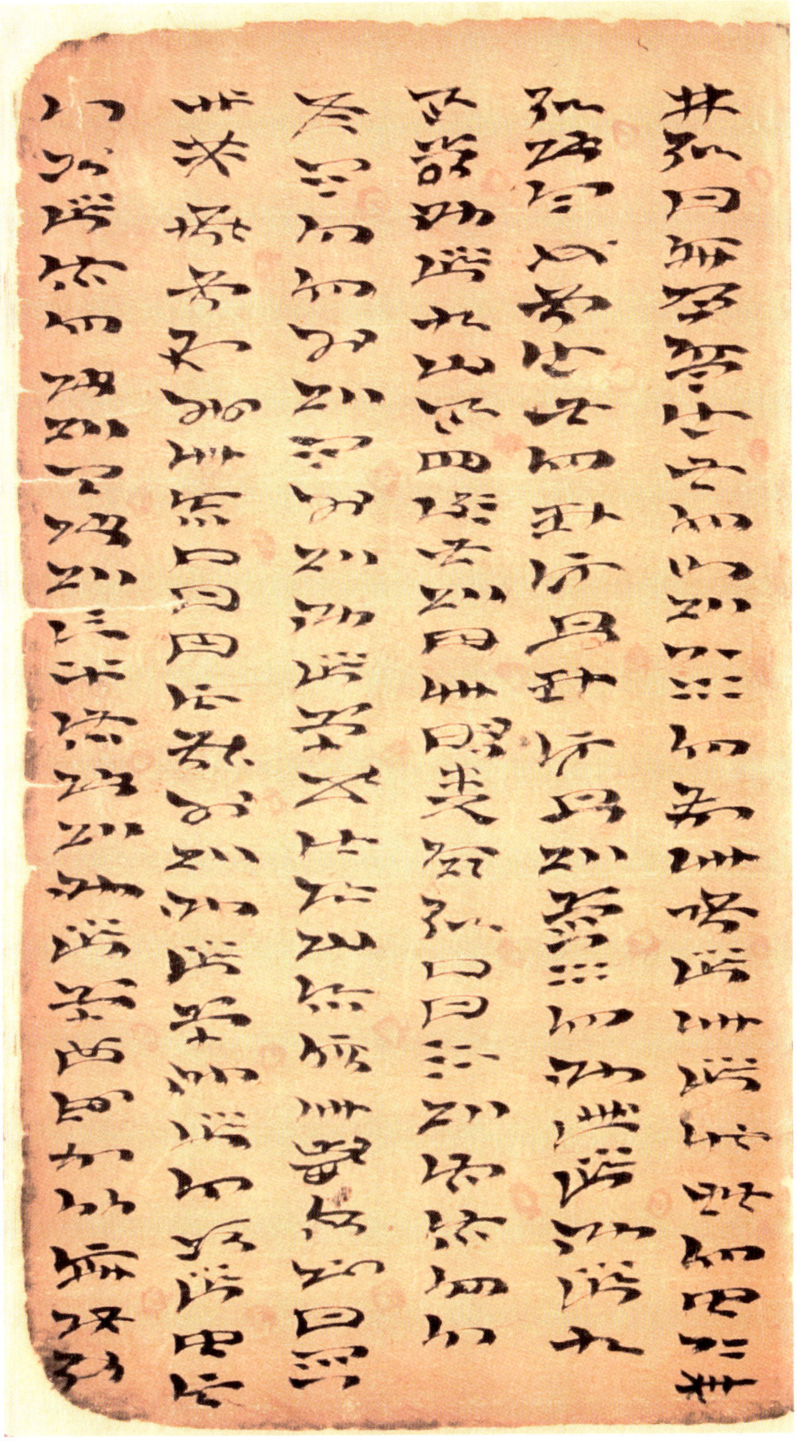

170—1　沿途贿赂鬼神经

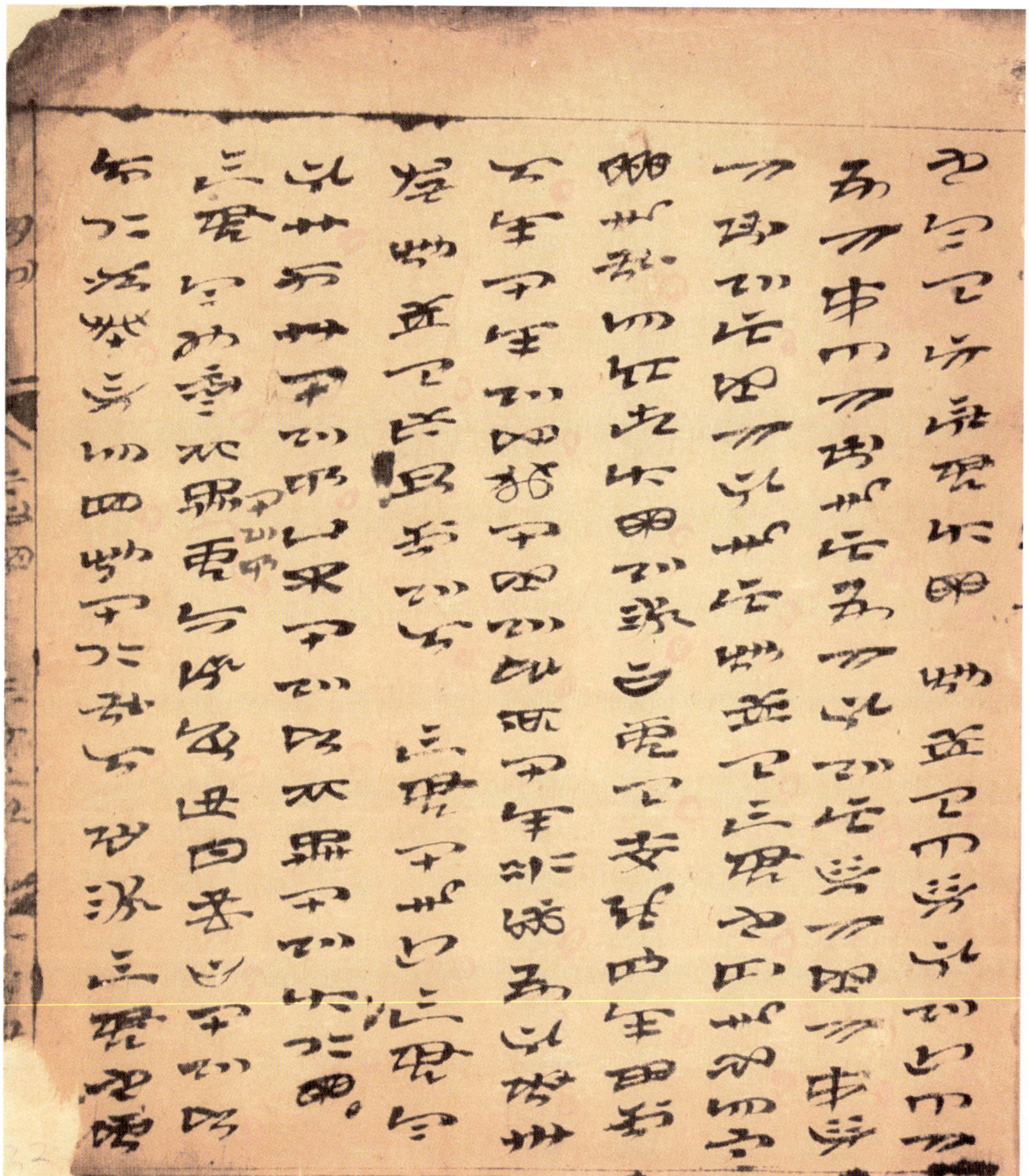

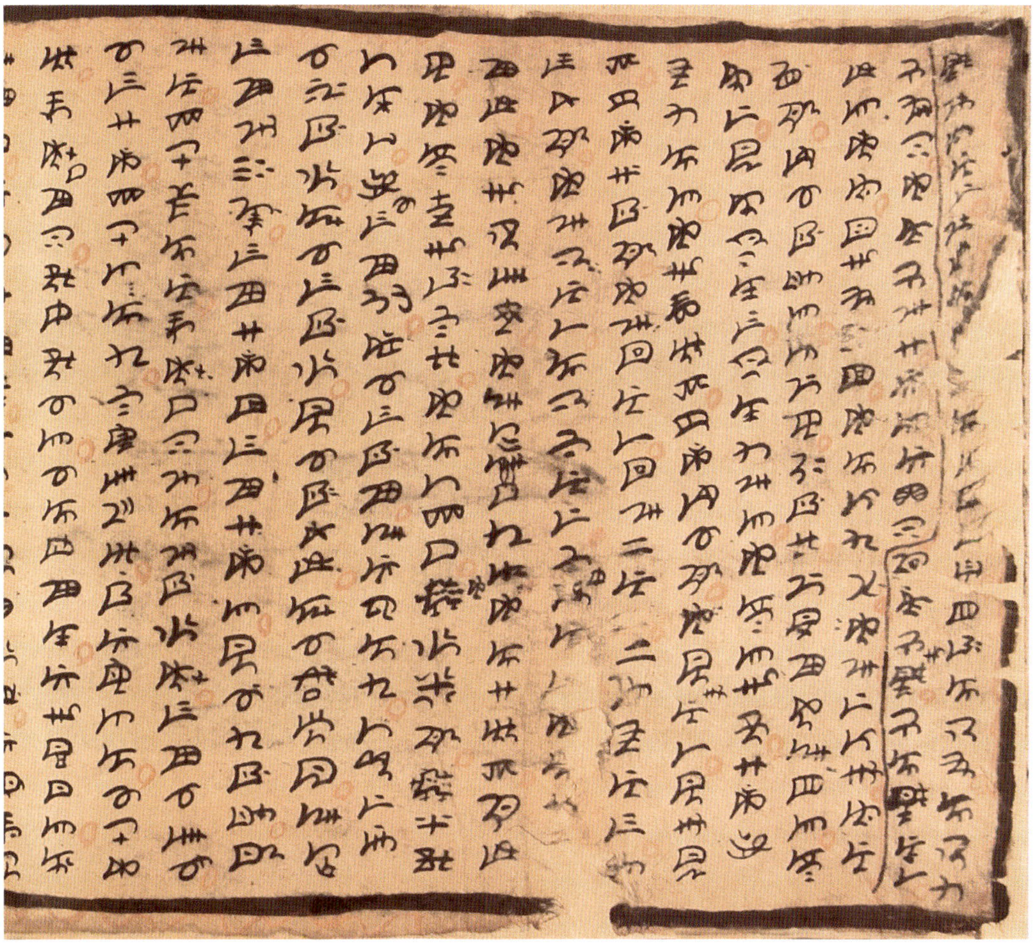

433　益博六祖史

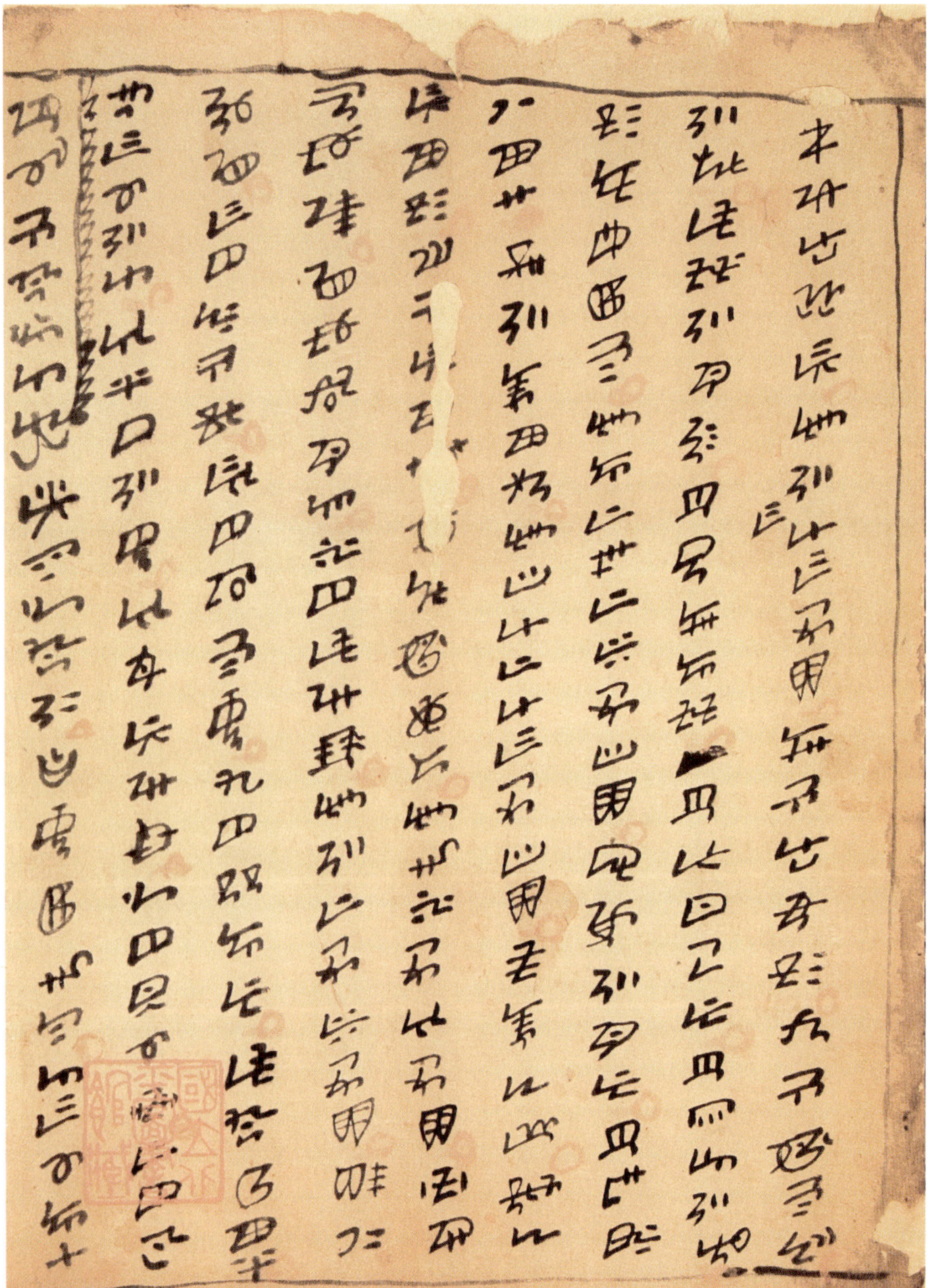

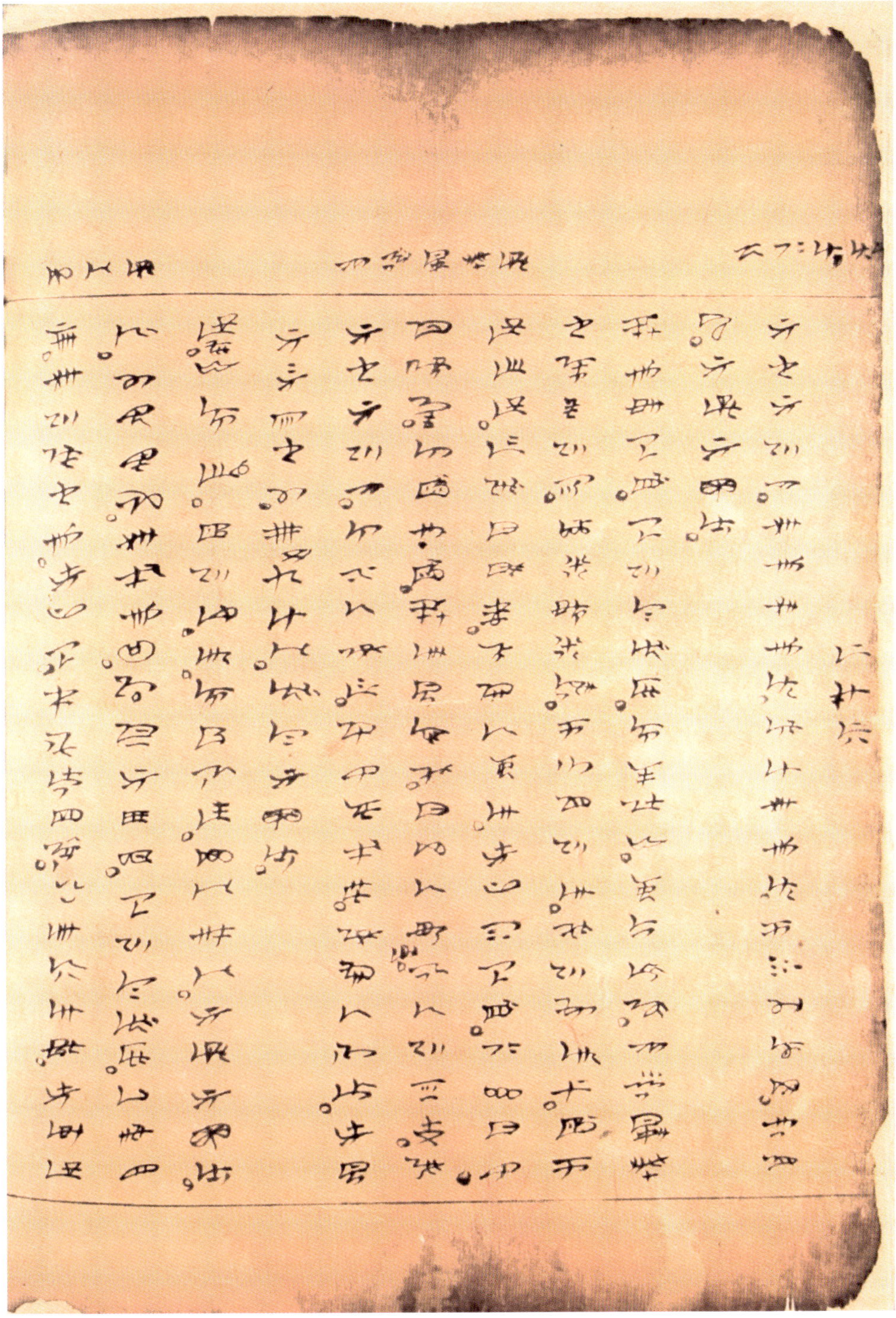

481　彝汉教典

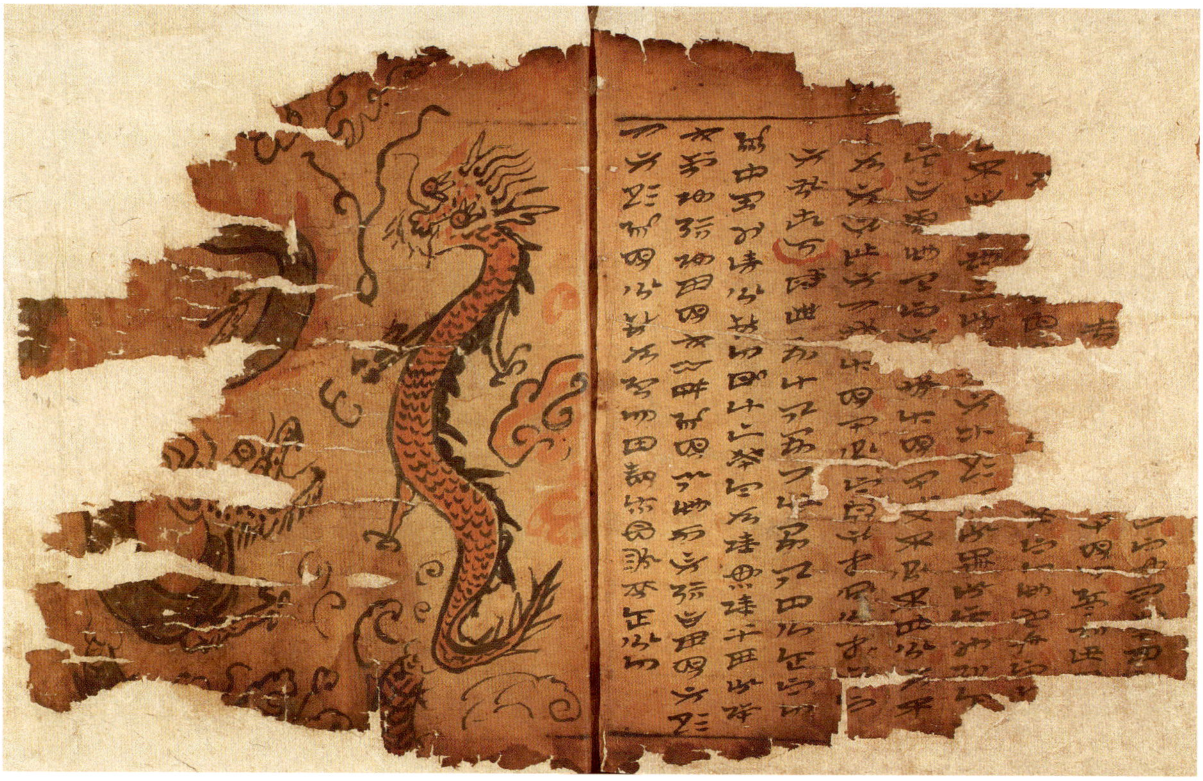

479　彝汉四十九位导师语录

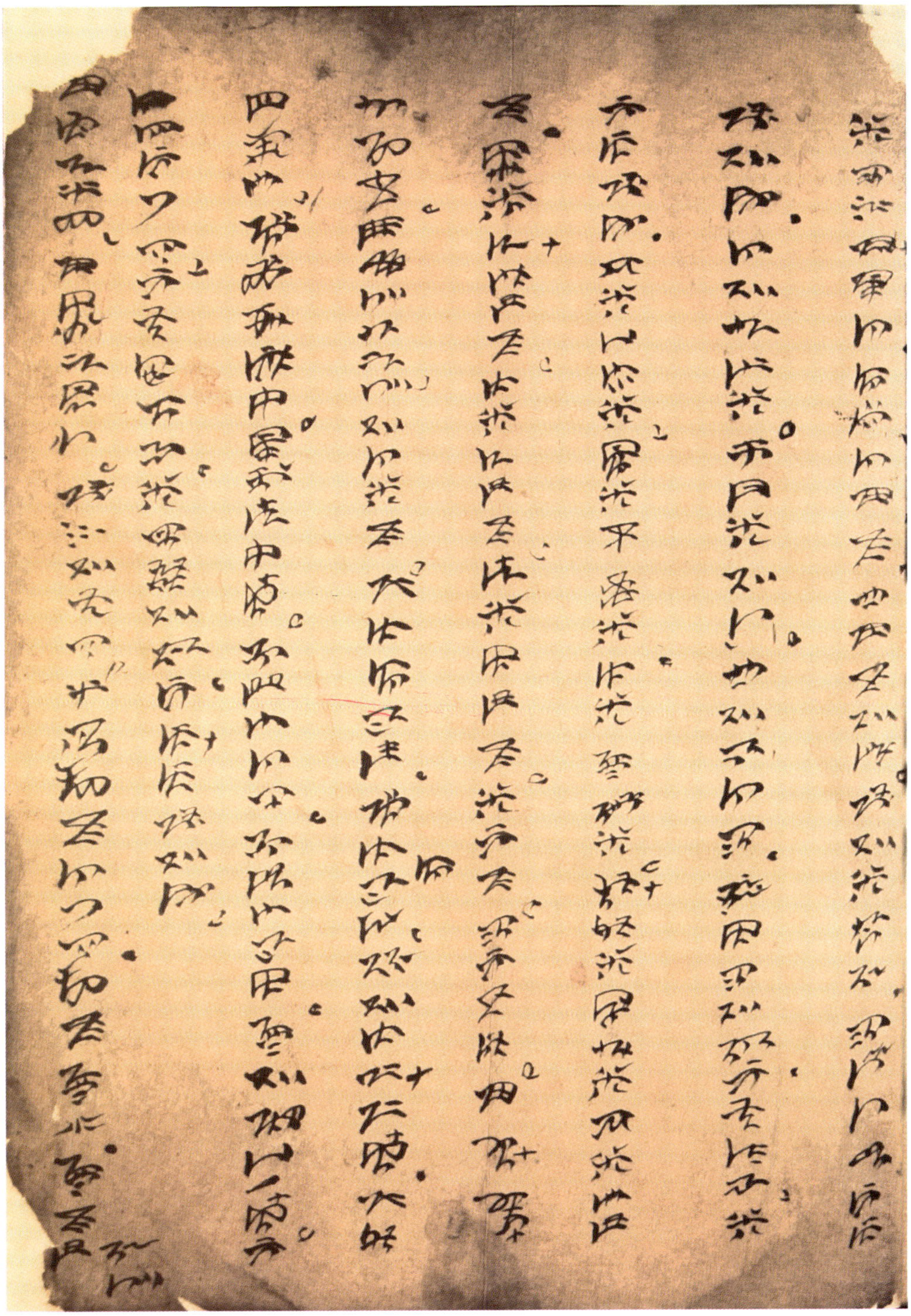

449　益博六祖史

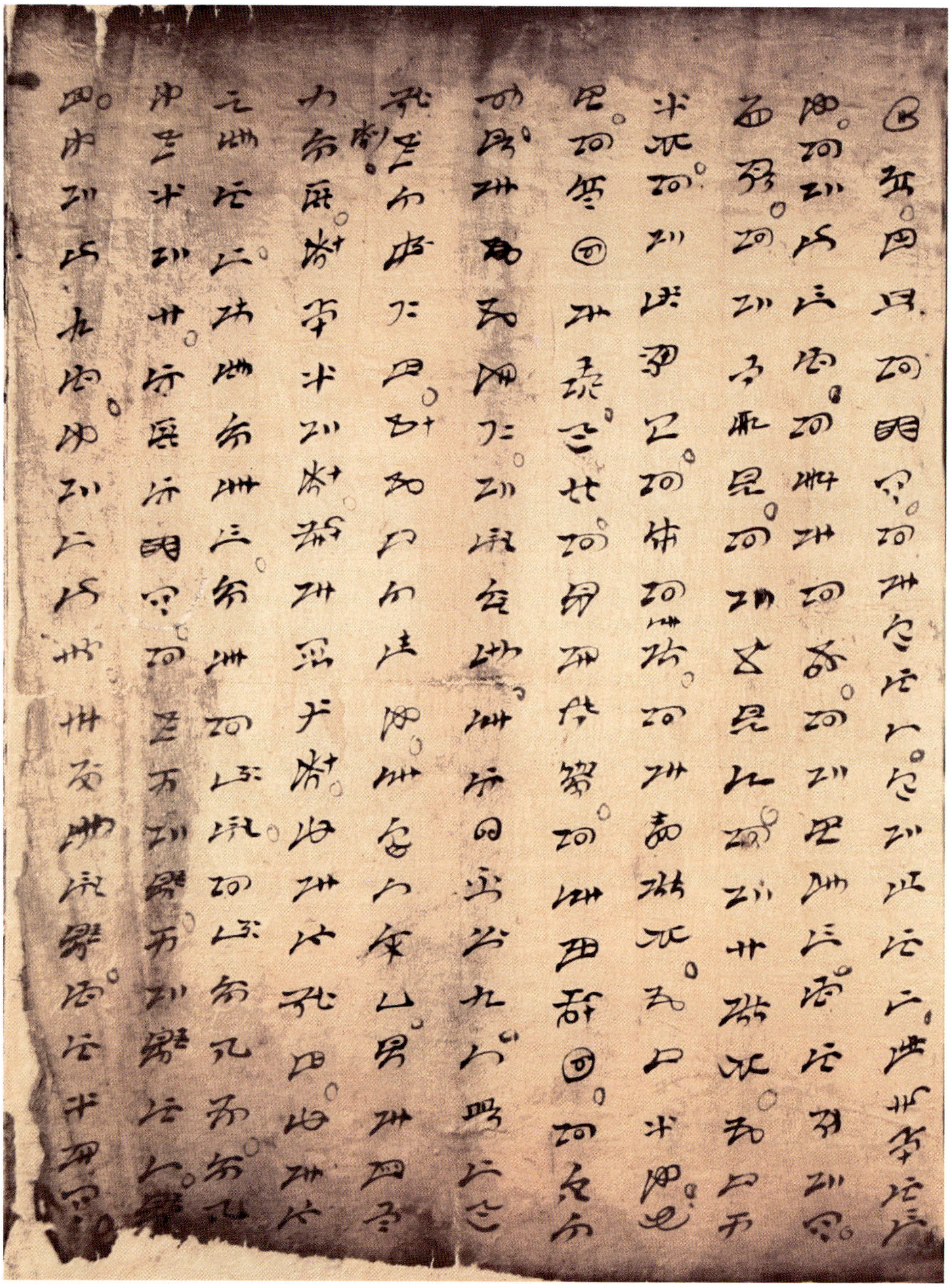

451 益博六祖史

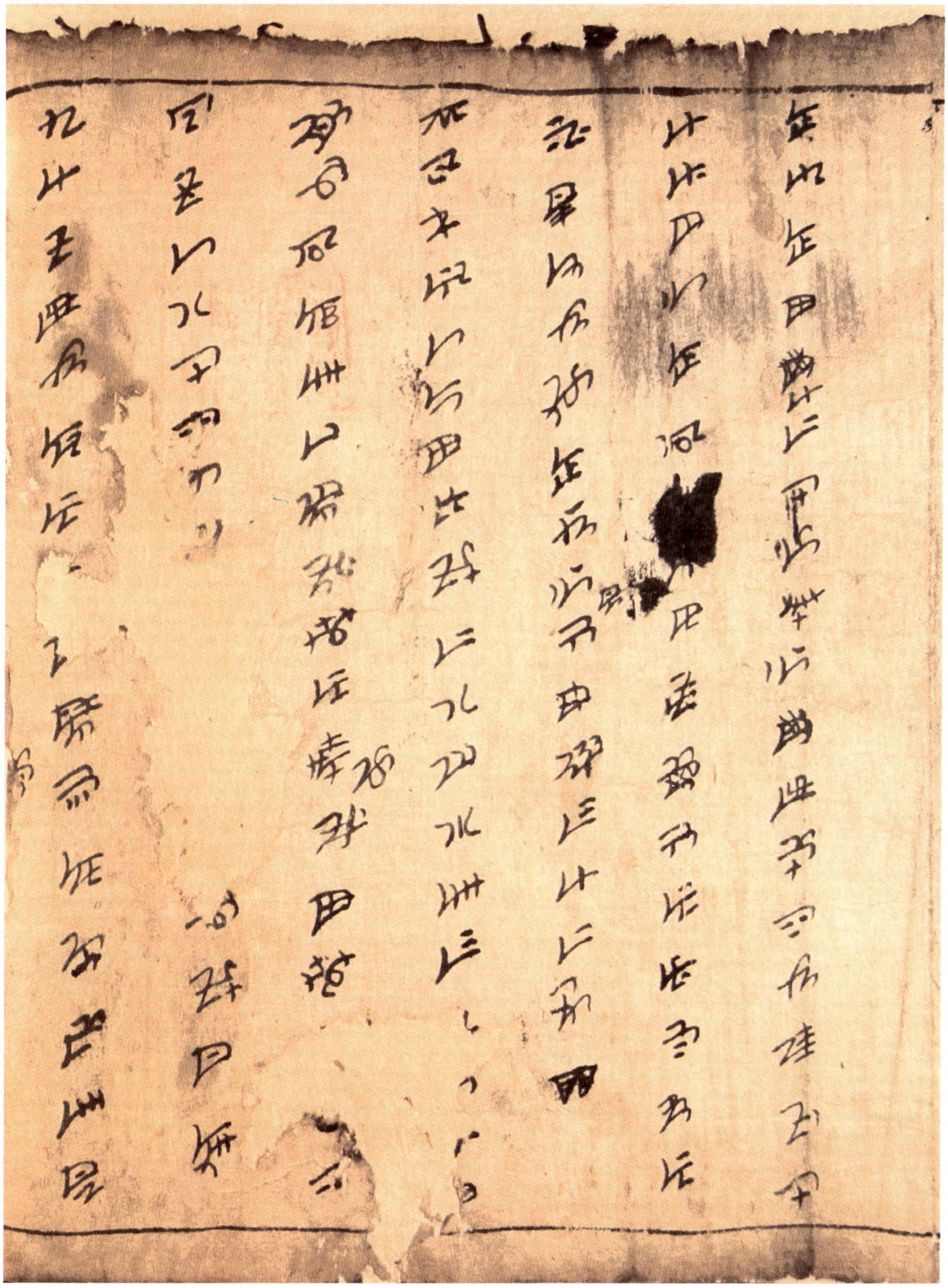

454—1　益博六祖史

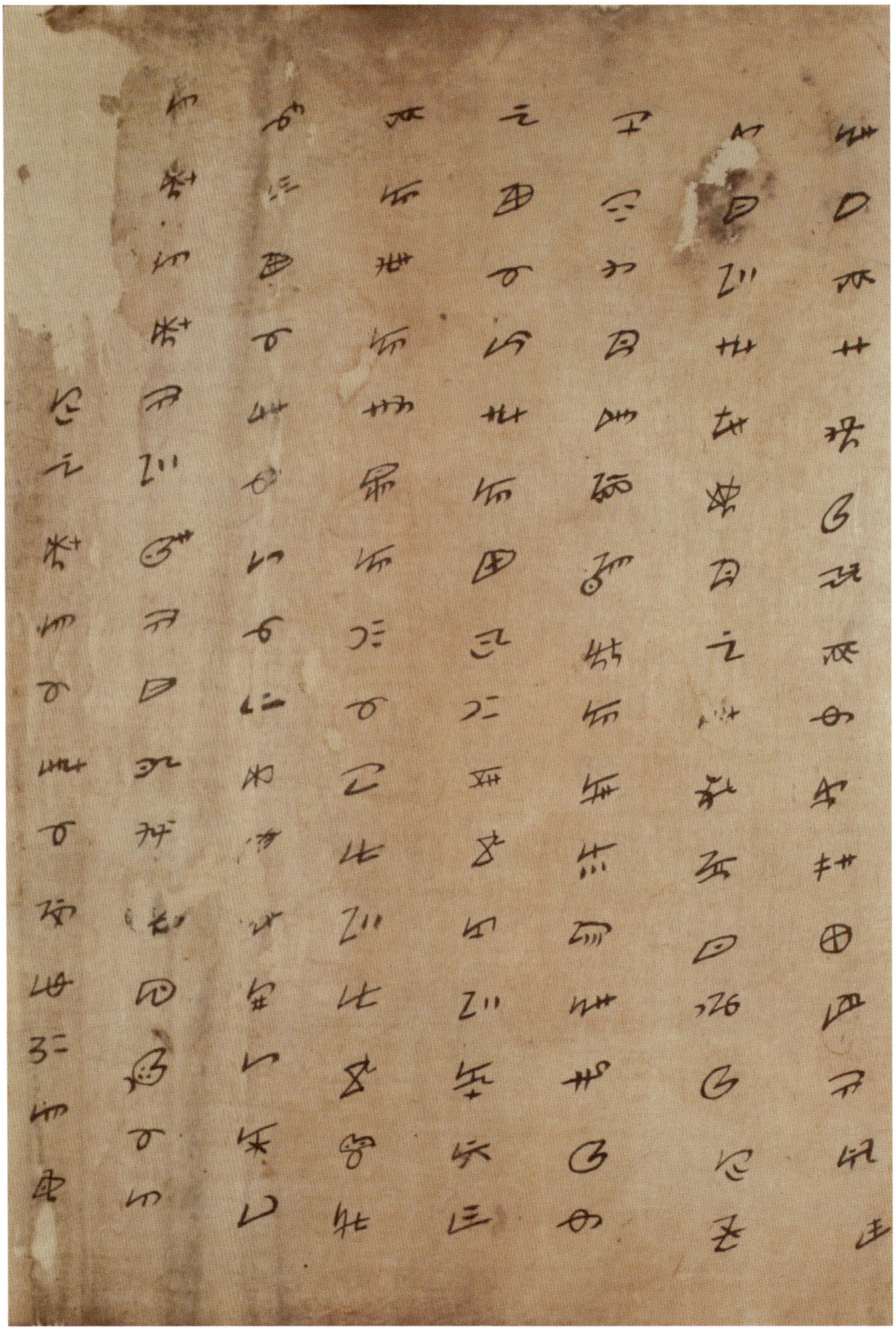

455—1　益博六祖史

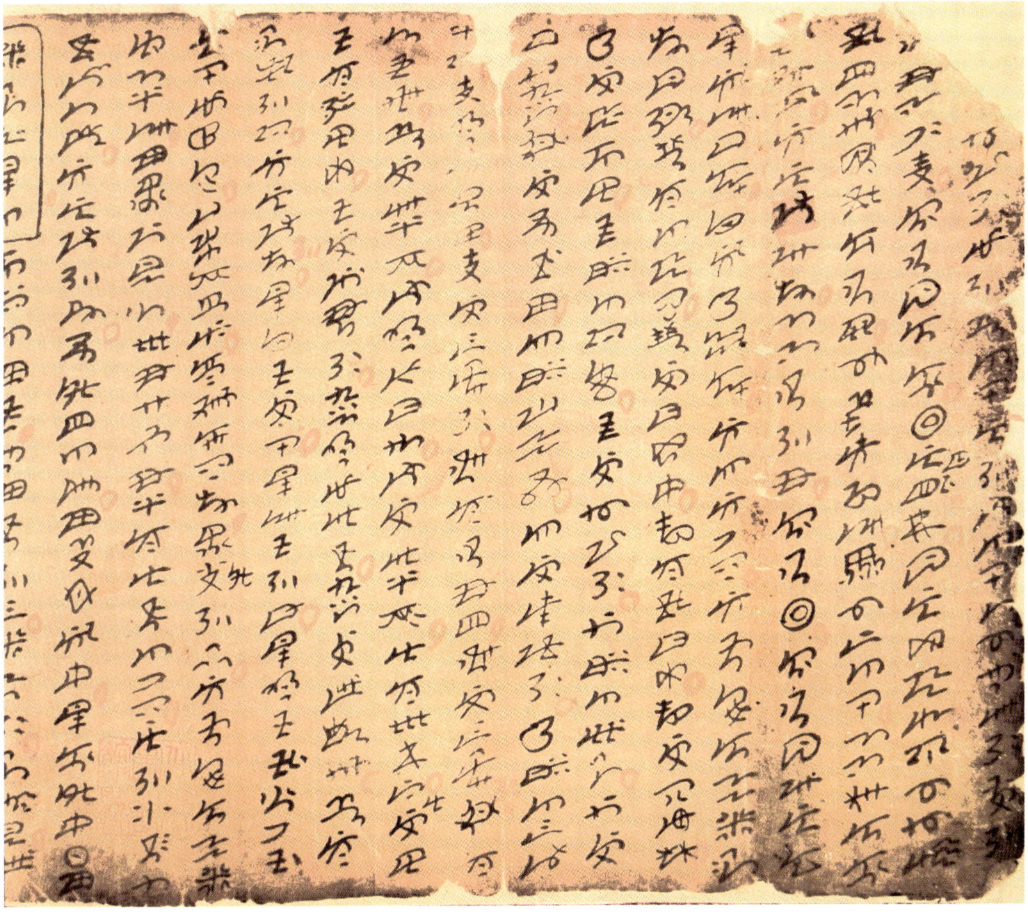

542　益博六祖史

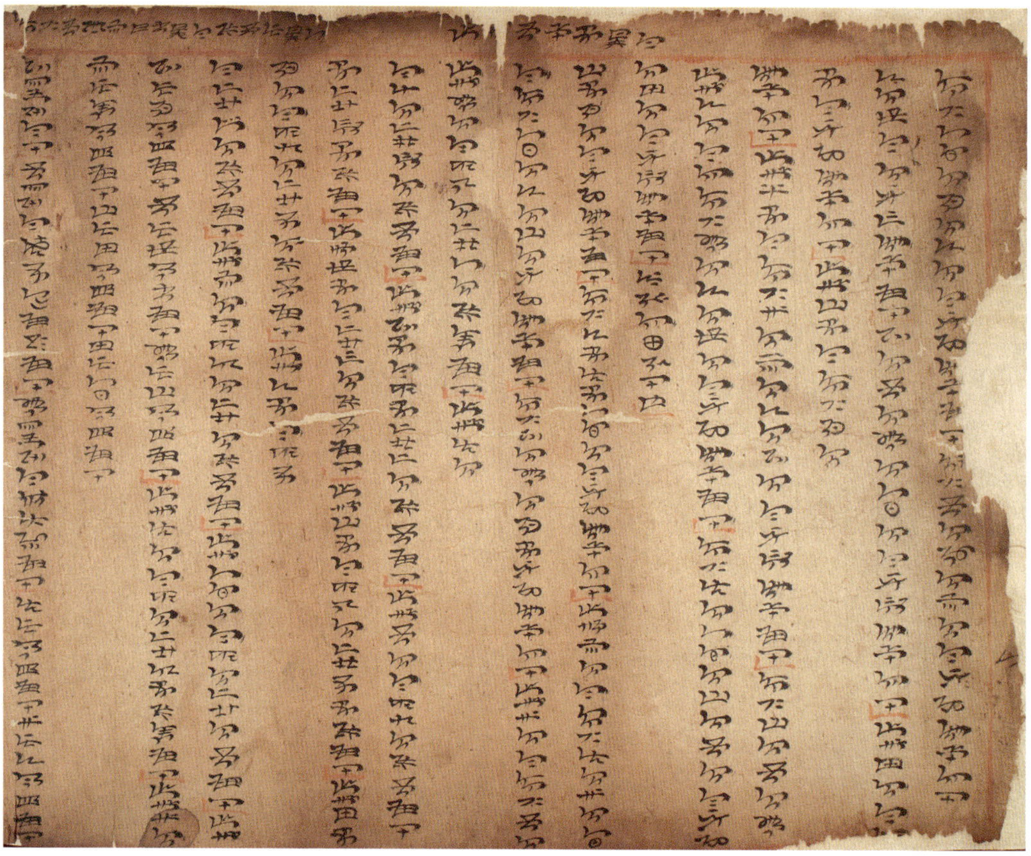

398 预测书

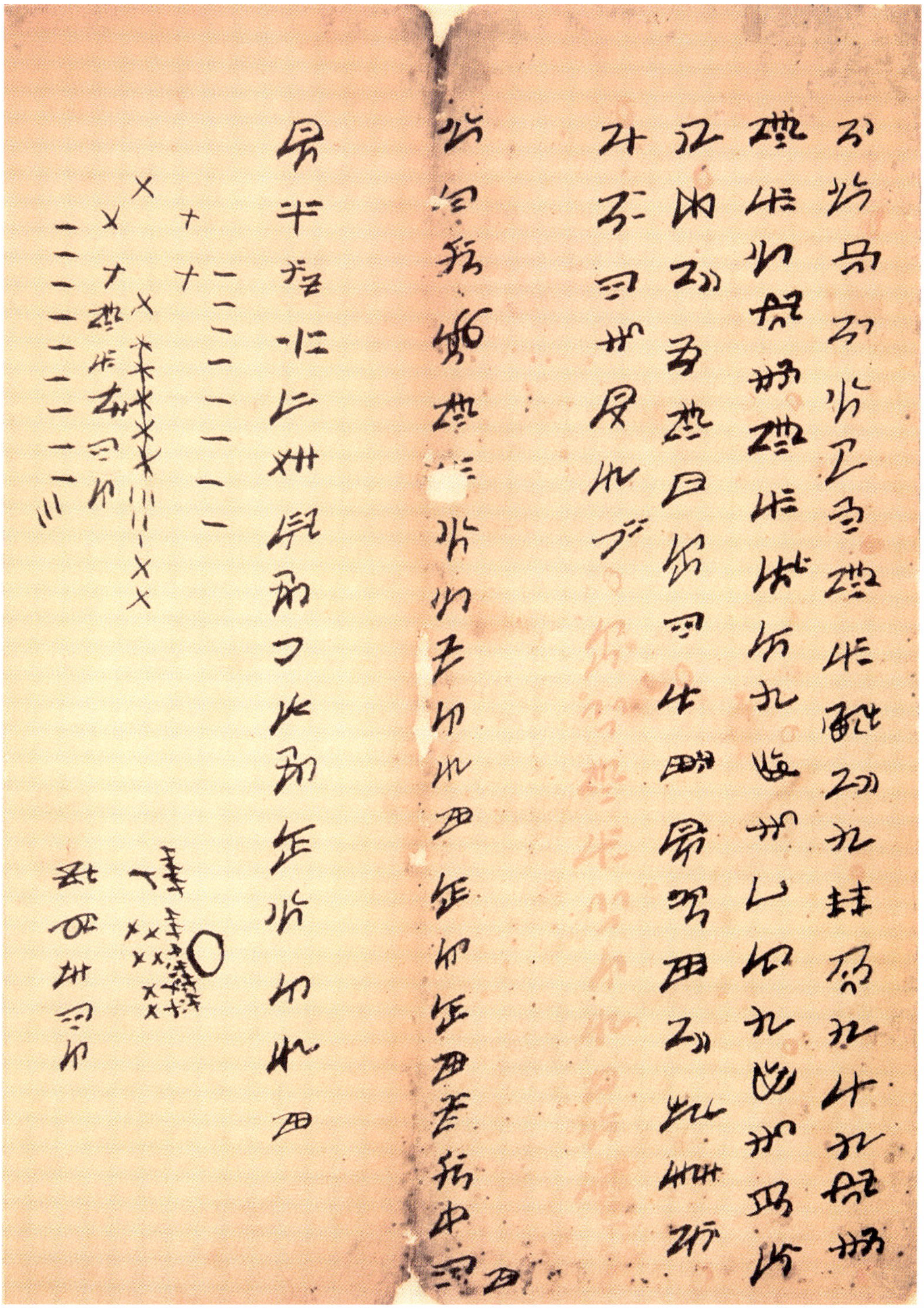

151 指路经

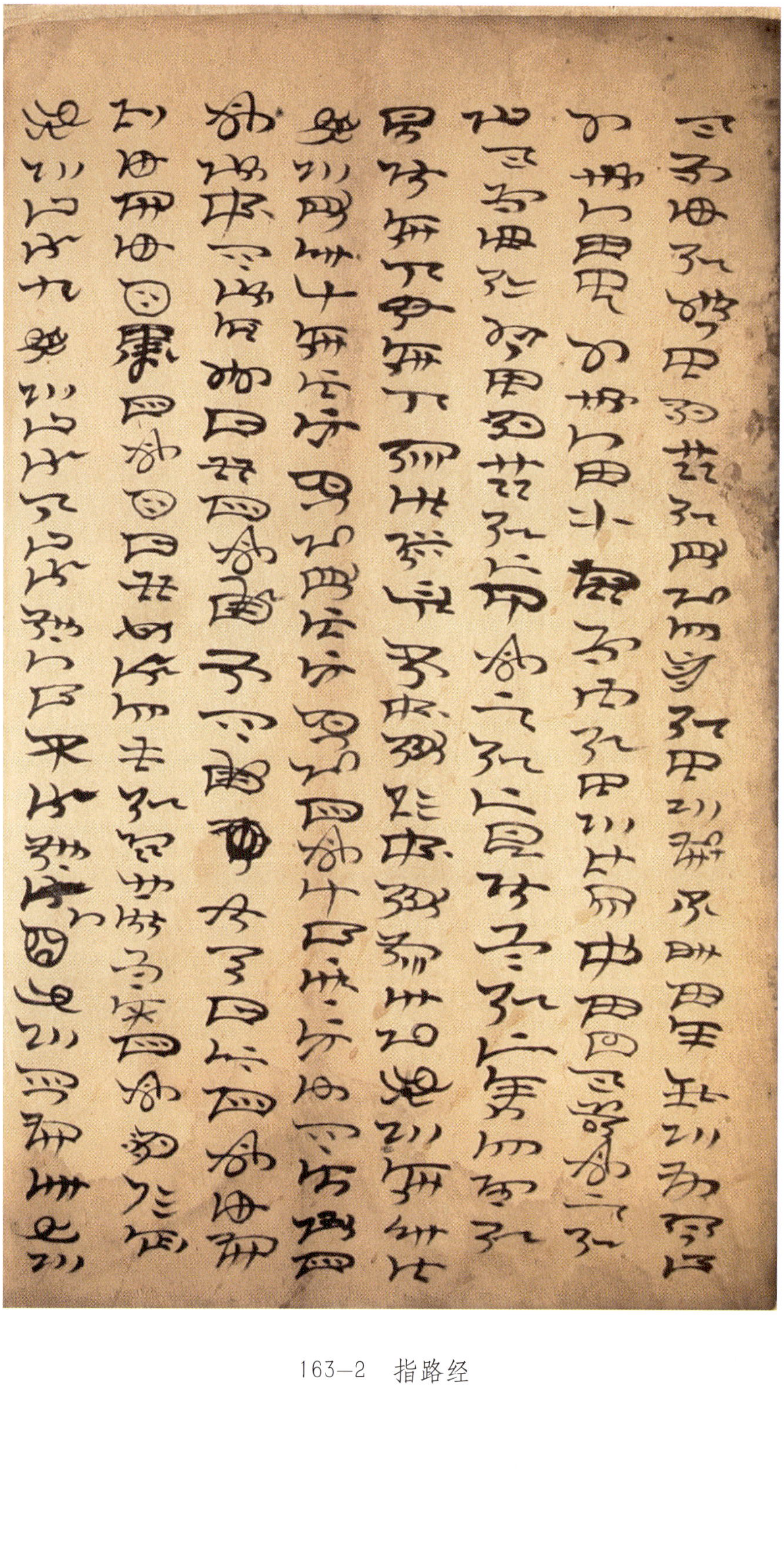

163—2 指路经

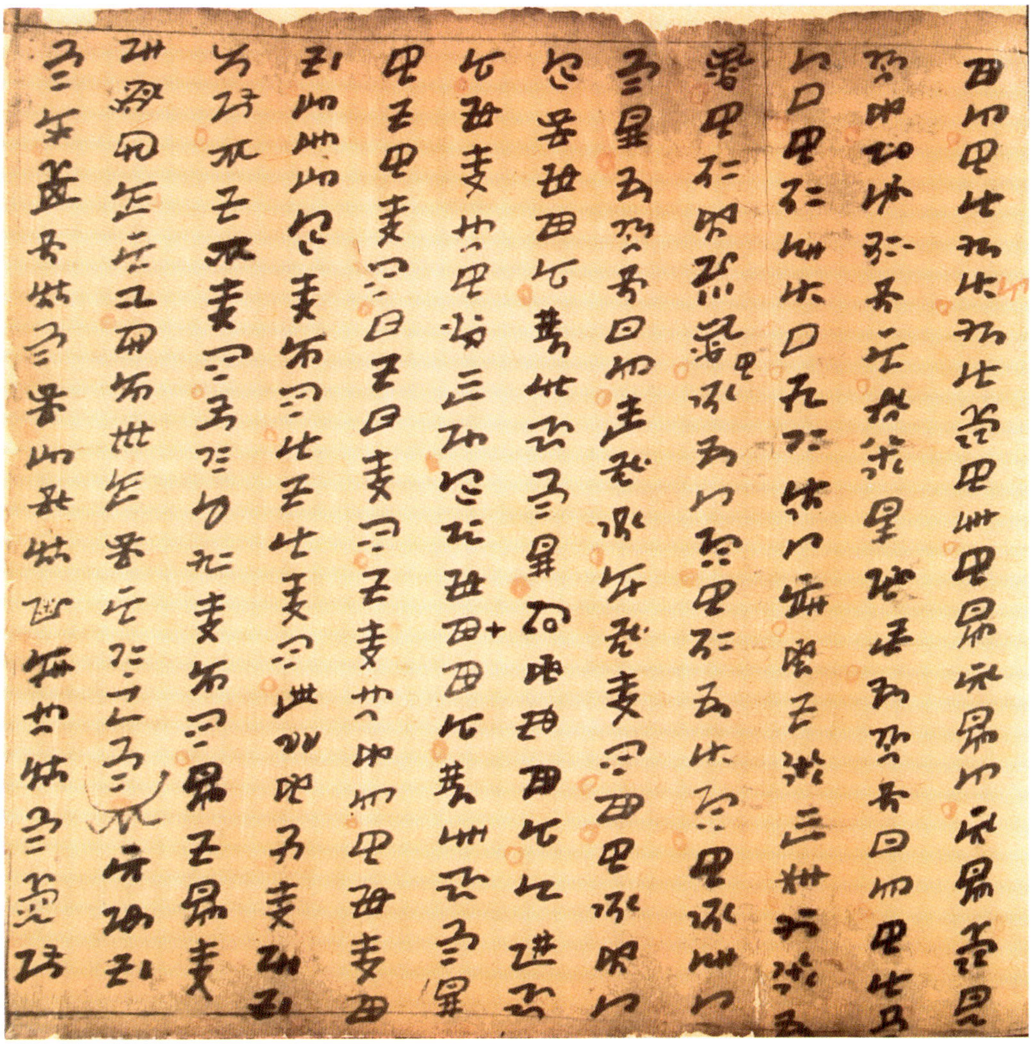

202 指路经

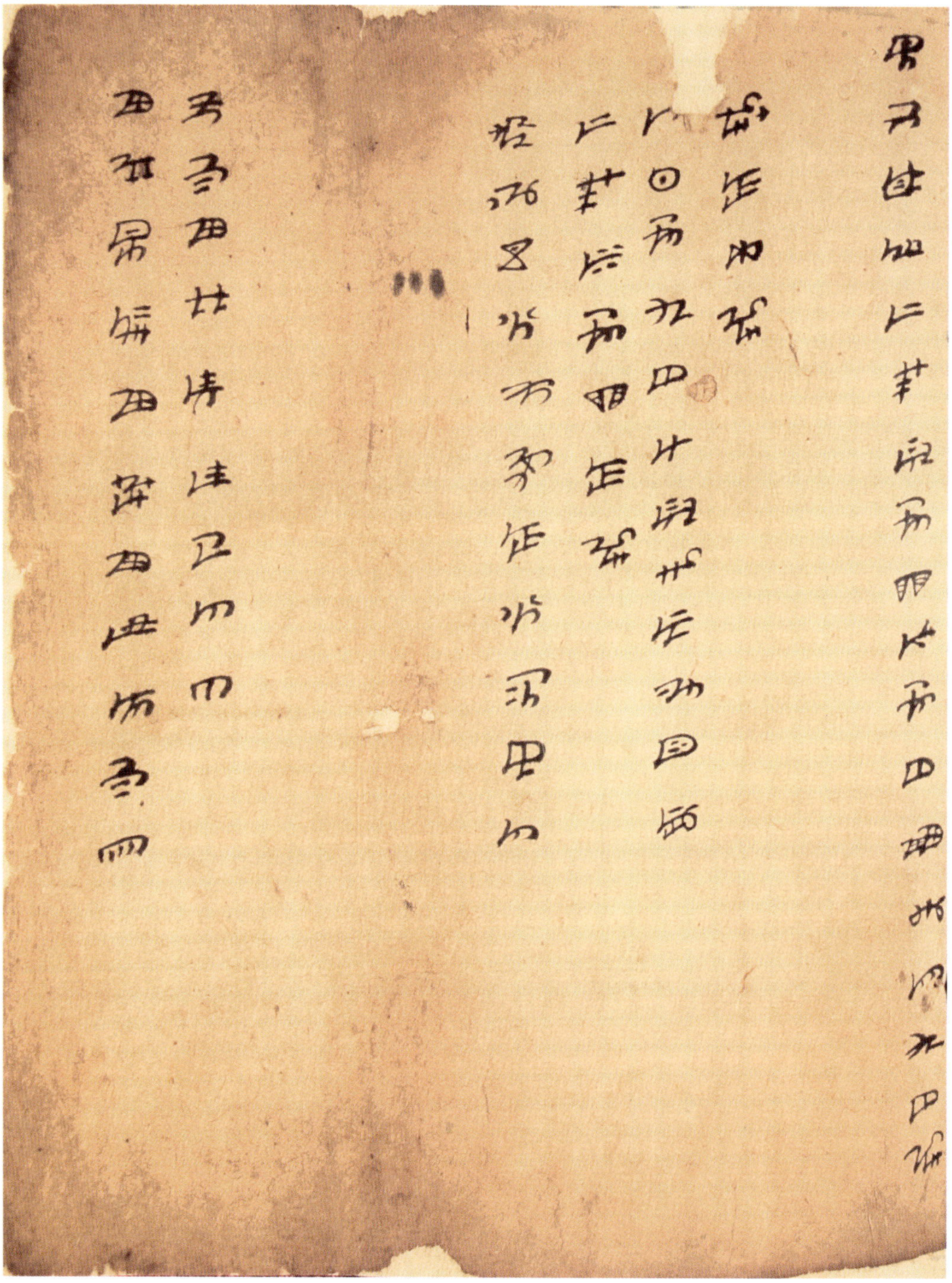

91　猪膀卜卦经

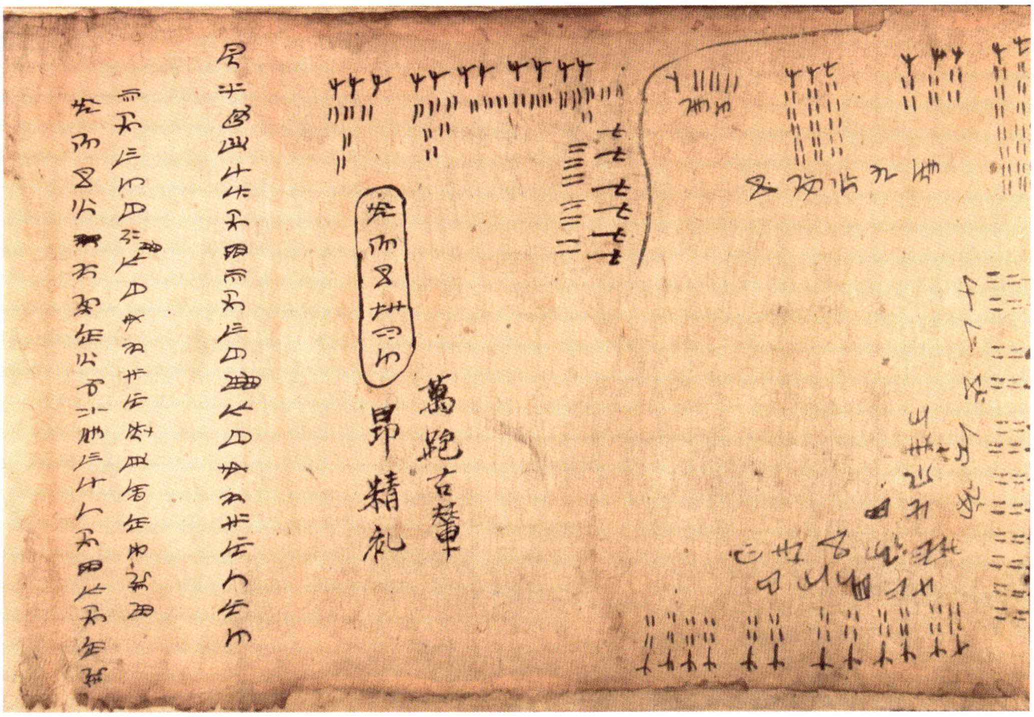

470　猪膀卜卦经

199—1　祝福经

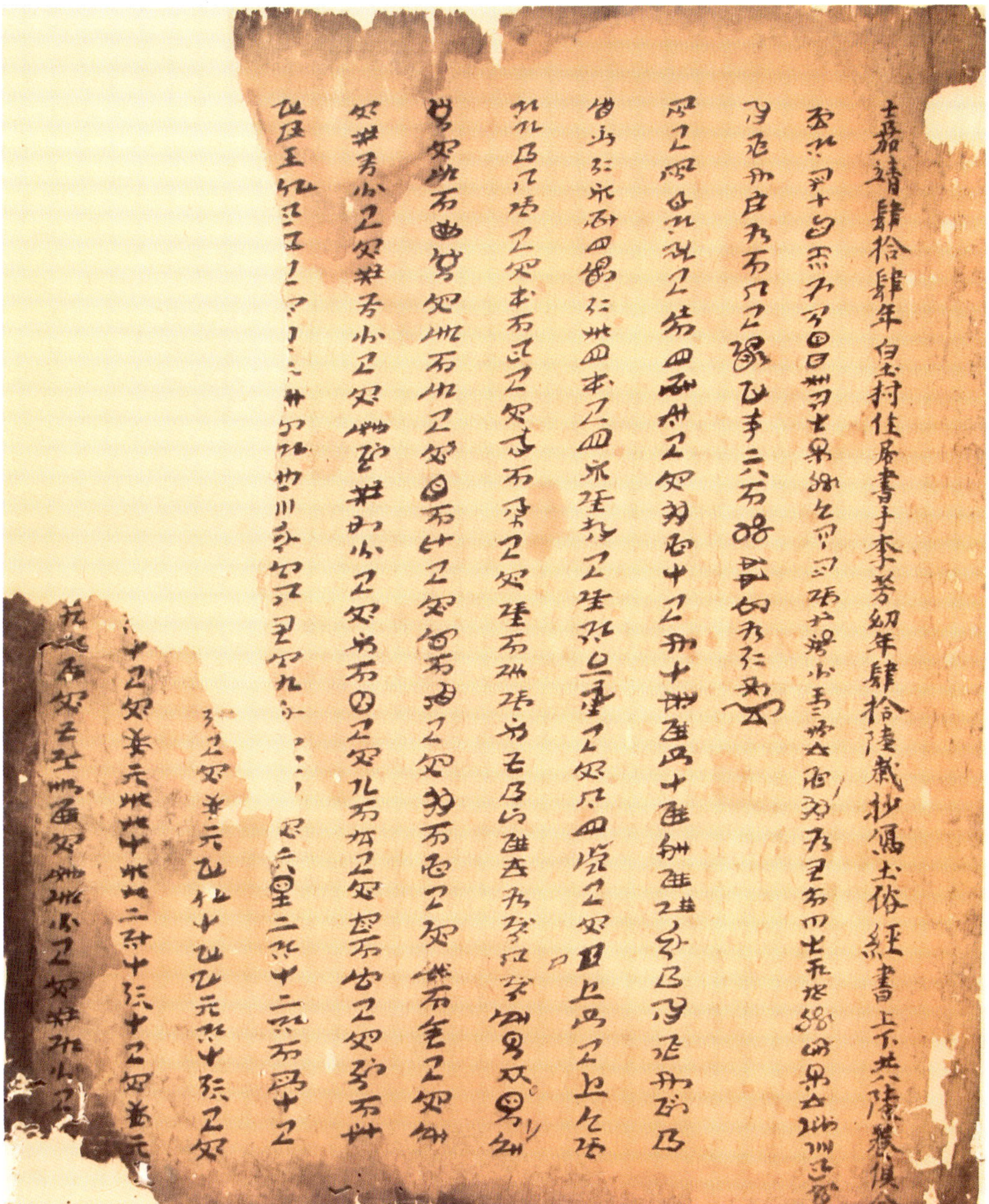

582　土俗经

（明）李芳抄写，昆明西乡（现西山区）白土村，明嘉靖44年（1565）抄本，一册，37.8×31.2cm，经折装，昆明西山区彝文。（近年新入藏）

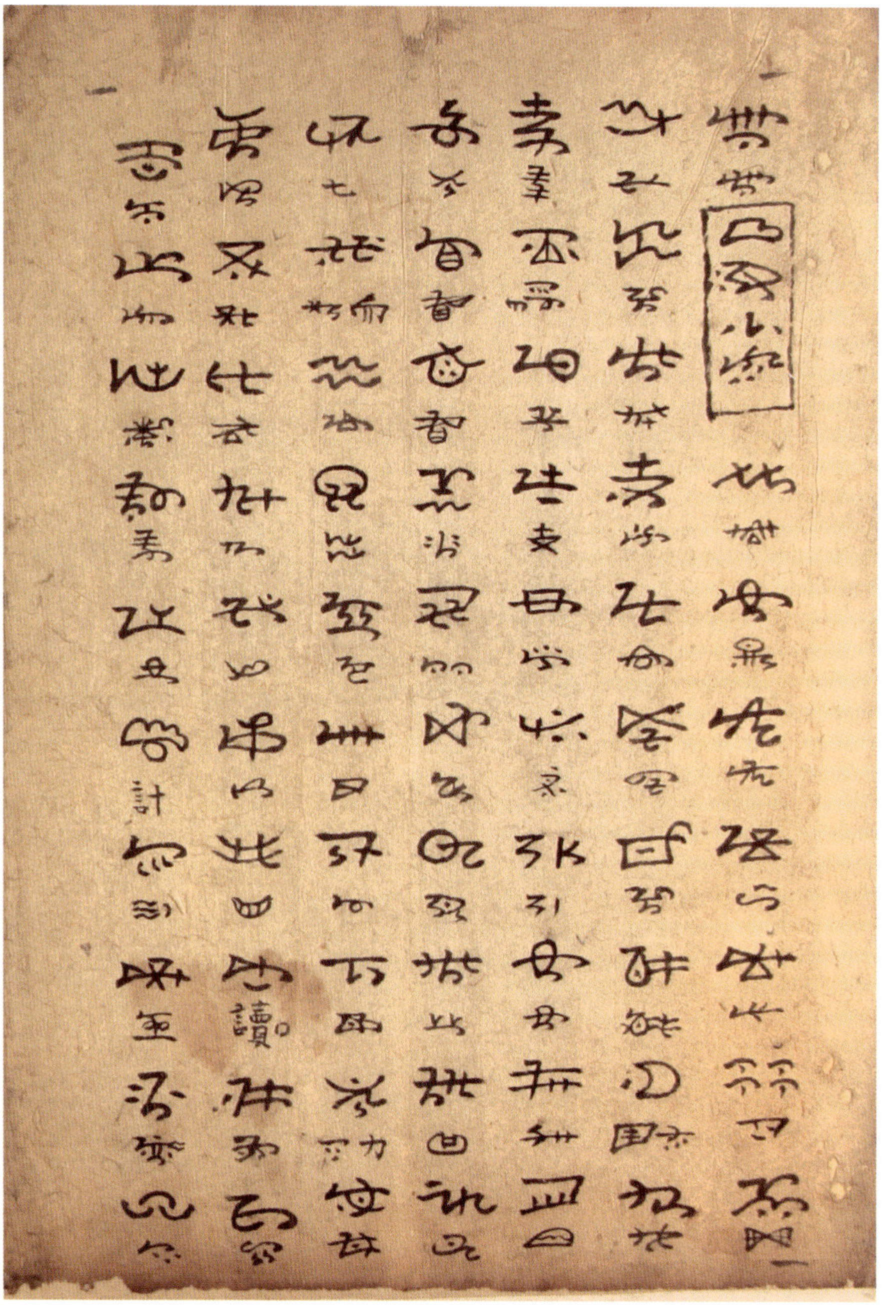

583　彝文字集

（清）毕文龙注释，昆明县高峣里甲白眉村，清嘉庆9年（1804）抄本，一册，24.7×17.3，经折装，昆明西山区彝文。（近年新入藏）

584　解签书

清抄本 .— 昆明西乡（现西山区），一册，上彩图下解文；

21×26.5cm .— 经折装，昆明西山区彝文。(近年新入藏)

目 录

前　言

国家图书馆珍藏的古彝文典籍共有五百九十二册，五百余册是马学良、万斯年先生早在抗日战争时期，从云南武定县慕连乡那安和卿土司家，以及武定禄劝一带彝区收集的。当时法、英、德、美等国的所谓“文化人”都对古彝文典籍垂涎三尺，妄图以高价争购。当深入彝区进行社会考察的马学良先生获悉那土司有出售家藏古彝文典籍之意，惟恐这批珍贵的彝文典籍流散国外。于是，一面劝那土司深明大义，不要把彝文典籍售与外国人；一面向中央研究院历史语言研究所所长孟真（傅斯年）写信，请求所里购置。因所里经费不济，傅先生即转告国立北平图书馆。图书馆为保留民族典籍的长远之计，于1943年6月，派万斯年先生前往征购。万斯年先生到武定和马学良先生共同研究审订，并认为那土司收藏的彝文典籍是研究彝族语言文字、社会历史、文化教育以及民族关系的宝贵资料，确有特殊的学术价值。于是，决定与那土司交涉征购彝文图书事宜，从筹资付款到办完图书移交的全部手续，前后经过一年多的时间。五百零七册彝文写经，彝文卷子一轴，彝文刻经十五册，汉文档册十二册，彝文刻版十五块，当时计价法币二十万元，那土司只收九万元，余十一万元作为向国家捐赠，为此教育部向那土司颁发一等奖状，以示褒奖。图书馆答应在整理出版时赠予那土司新书，以存祖宗之物。其余的数十册是八十年代，先后从彝区采购补充馆藏。

国家图书馆收藏的五百多部古彝文典籍，大多数本子征集入藏时就存在不同程度的破损或残缺现象，完好率极低，装帧形式大多数为毛装，书皮有麻布、棉布和羊皮。若不采取行之有效的修复或保护措施，面临继续自然损毁的危险。因此，国家图书馆各级领导以积极的态度和高度的历史责任感，认真对待这一珍贵文化遗产的有效保护。在八十年代初，善本部文献修复组对其进行了修复。通过修复后，装帧形式统一为线装，书皮为瓷青皮，破损或残缺的典籍修复完善，对有些较厚的典籍修复后装订成两册或三册。所以馆藏的五百八十四册古籍修复装订后成为五百九十二册。

国家图书馆馆藏的这批彝文典籍，除了成书年代最早的十四册明代木刻本和一册明代抄本之外,其余都是清代的写本及传抄本。这五百多册彝文典籍的开本规格各异,页面尺寸大者,长41厘米,宽27厘米;居中者,长20厘米,宽18厘米;小者,长10厘米,宽6厘米。各册页数多寡不一;字序从上往下书写;大多数保持彝文的传统行序从左往右,只有一小部分受汉文影响,行序为从右往左;装帧形式原为毛装,国家图书馆收藏后通过修复装订成为线装,只有一卷卷轴装。多数都有不同程度的破损。国家图书馆馆藏彝文典籍五百九十二册中,四川彝文典籍一册;贵州彝文典籍十一册,其中《西南彝志》复制本三册;云南红河彝文典籍十八册;昆明西山彝文典籍三册;其余五百五十九册都是云南武定禄劝彝文典籍,其中两册为复制本,十二册是武定县慕连乡彝族土司那安和卿家的汉文档案史料。国家图书馆馆藏的彝文典籍,其内容极为丰富,涉及到彝族社会历史和传统文化的各个方面。包括:哲学、宗教、政治、军事、经济、教育、文学、历史、地理、天文、医药等内容。

因长期没有人专门从事这批彝文古籍的管理工作,直到1986年3月作者到国家图书馆善本部少数民族语文组工作后,对这批馆藏彝文典籍进行详细登录、编目。当时,组里要求尽快粗编一套彝文古籍卡片目录和一部书本目录。将粗编的书本目录,作为与地方馆交换目录之用。而彝文典籍大多几种,甚至十几种书抄写为一册,粗编只能取其中一种书名作全书的书名,加之又没有时间去仔细阅览彝文古籍,只参考1981年编的《北京现存彝族历史文献的部分书目》就给每一册典籍确定书名,并依据自己的粗阅情况,在较短的时间内编制了馆藏彝文典籍卡片目录和书本目录——《北京图书馆馆藏彝文典籍目录》(1987年内部刻印)。这套粗编的卡片目录和书本目录,虽然初步反映了国家图书馆馆藏彝文典籍的基本概貌,但是在典籍种类的展现方面确实不够完整,在典籍内容的揭示方面也就很难准确。有鉴于此,在条件允许的情况下进行细编,是非常必要的。

到了九十年代末,彝文典籍目录的细编工作得到善本部和组领导的极大重视。在部领导关怀指导和组里的热情支持下,彝文典籍目录的细编工作得以顺利开展。在彝文典籍目录的细编过程中,通过反复阅读彝文典籍,对每册书的种数予以核实、确定。并对每种书的大概内容、书名、著者、版本、年代、页数、页面尺寸、残缺情况、行序、是否断句,以及修复和装订错误等情况,都一一作了认真的记录。特别是对无书名典籍的书名拟定问题予以极大的关注,对那些无书名或书名残缺的书,从不同层面加以判断,初步草拟出书名,再找同名书校对,最后拟定书名。所有这些内容都在著录中尽量反映出来,以便读者看目录卡片就能基本了解每册书的大概内容和开本大小等其他相关信息。为了准确地揭示出每一册彝文典籍所包含的实际内容范围，让读者从目录中客观地认识了解彝文典籍种类，所涉及的学科领域及其著述的基本内容。通过细编，最终编制成比较翔实完整的一套卡片目录，囊括了国家图书馆馆藏的全部彝文典籍共1245种。

为了配合古籍书目数字化建设，按照善本部和民语组领导“要在2007年完成彝文典籍目录数字化”的指示，在古彝文无法解决文字平台的条件下，将已细编的1245(条)种彝文典籍目录翻译为汉文，编制成机读目录。

为了系统全面地反映国家图书馆馆藏彝文典籍的基本面貌，尽可能揭示这批典籍文献的文化内涵，并为可持续性开发利用古彝文典籍资源创造有利条件。与此同时，为学术研究和古彝文典籍爱好者提供更好的服务，不仅给能够直接到国家图书馆的读者提供检索方便，还要让数千里之外的读者，足不出户就能了解国家图书馆所藏古彝文典籍资料的信息，编制一部书本式《中国国家图书馆藏彝文典籍目录》是非常必要的。为此在善本部领导和组里的大力支持下，笔者通过多年努力，于今年初完成“国家图书馆藏彝文典籍”书本式目录的编著任务。

编制这部《国家图书馆藏彝文典籍目录》，在参考有关专家的分类方法和二十世纪八十年代编制的《北京图书馆馆藏彝文典籍目录》的体例基础上，主要根据细编后的实际典籍类别和有关著录格式，重新确定分类框架、著录项目及其格式和书名条目编排顺序等。

首先，根据细编之后的1245种彝文典籍书目，及其所反映的学科内容和经书用途等实际情况，把古彝文典籍分为23个大类，各大类书名条目的具体排列顺序如下：

1 哲学

2 政治法律

3 军事

4 经济

5 教育

6 语言文字

7 文学

8 艺术

9 历史地理

10 天文学

11 医药

12 农业科学

13 工业技术
14 氏族祭祖经
15 殡葬经
16 供牲经
17 指路经
18 献药经
19 献祭经
20 祈祷祝颂经
21 预测书
22 占卜书
23 百解经

其次,在各大类下的书名条目按语音顺序排列,即:第一字音相同,依第二字的音序排列;第二字音相同,依第三字的音序排列,以下类推。音同而调值不同和元音松紧不同的字,按先低后高,先松后紧的次序排列。如:phu^{11},phu^{33},phu^{55};mo^{55},mo̱^{55}。

再者,每一条书目著录格式和著录项目及标识符的应用,在参照《新编图书馆目录》的书本格式和著录项目及标识符的同时,紧密结合彝文典籍的实际,形成独立的彝文典籍目录的著录格式。即:彝文典籍每一条书目著录格式:第一行由书号和种次号组成,如:10 – 14,其中 10 为书号,14 为种次号(是此册典籍的第 14 种)。第二行为彝文,如: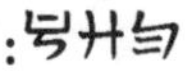;第三行为国际音标注音,如:pu^{33} khu^{33} su^{33};第四行为书名的汉文译名及各著录项,如:“请祖灵筒经/(清)沙额写. -云南省禄劝县双化乡坎邓村,清光绪 12 年 (1886) 狗年 4 月. -3 页; 29 × 37cm. -线装. -从左往右行序,断句,完好。”

为了便于只懂汉文不熟悉古彝文的读者亦能初步了解彝文典籍的基本信息,对彝文书名及部分著录内容作了汉文翻译。为方便快速查找所需彝汉文对照的书名条目,编制了彝文书名索引的同时,还编制了一套根据彝文书名翻译而成的汉文书名索引,其编排顺序都是按各自的音序排列。

虽然,这部古彝文目录书的编制工作,先后经历了多年,期间反复调整修改和补充完善,可谓数易其稿。但是由于客观上彝文古籍年代久远、破损严重而释读困难,加上笔者知识水平有限,错误和不足之处在所难免,有待于今后作进一步修改和充实完善。为了就教于方家和同仁,姑且将其付梓面世。

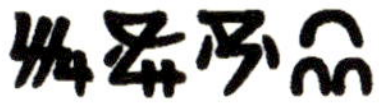

si^{33}ɬɤ^{55}nthɯ^{55}dʑe^{11}

哲　学

485

ȵe^{11}ȵo̠^{33}ȵe^{11}mu^{11}su^{33}

劝善经 . -刻本 . -云南省武定县万德乡万德村,明 . -114 页;25. 3 × 17. 5cm. -线装 . -本书从左往右行序,断句,无界行,尾残。

486

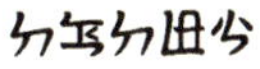

ȵe^{11}ȵo̠^{33}ȵe^{11}mu^{11}su^{33}

劝善经 . -刻本 . -云南省武定县万德乡万德村,明 . -94 页;26. 3 ×17. 9cm. -线装 . -本书从左往右行序,断句,有界行,前 10 叶已残,55 叶后已残;本书题名残,题名根据 489 号校对后拟订。

487

ȵe^{11}ȵo̠^{33}ȵe^{11}mu^{11}su^{33}

劝善经 . -刻本 . -云南省武定县万德乡万德村,明 . -112 页;26. 3 × 16. 4cm. -线装 . -本书从左往右行序,断句,无界行,首 2 叶已残,55 叶后已残。

488

ȵe^{11}ȵo̠^{33}ȵe^{11}mu^{11}su^{33}

劝善经.-抄本.-云南省武定县万德乡万德村,清.-42 页;25.3×22.4cm.-线装.-本书从左往右行序,断句,首尾残;本书题名残,题名根据 485 号书校对后拟订。

489

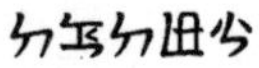

ȵe^{11}ȵo̠^{33}ȵe^{11}mu^{11}su^{33}

劝善经.-刻本.-云南省武定县万德乡万德村,明.-120 页;24.8×17.2cm.-线装.-本书从左往右行序,断句,有界行,首叶有残。

490

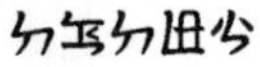

ȵe^{11}ȵo̠^{33}ȵe^{11}mu^{11}su^{33}

劝善经.-刻本.-云南省武定县万德乡万德村,明.-117 页;25.1×17.2cm.-线装.-本书从左往右行序,断句,有界行,首 3 叶已残。

491

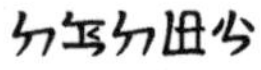

ȵe^{11}ȵo̠^{33}ȵe^{11}mu^{11}su^{33}

劝善经.-刻本.-云南省武定县万德乡万德村,明.-113 页;26×17.7cm.-线装.-本书从左往右行序,断句,无界行,首 1 叶和末 2 叶已残。

492

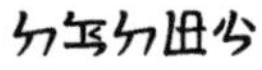

ȵe^{11}ȵo̠^{33}ȵe^{11}mu^{11}su^{33}

劝善经.-抄本.-云南省武定县万德乡万德村,清.-64 页;21.5×16cm.-线装.-本书从右往左行序,断句,完好。

493

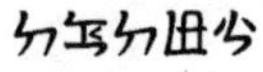

ȵe^{11}ȵo̠^{33}ȵe^{11}mu^{11}su^{33}

劝善经.-刻本.-云南省武定县万德乡万德村,明.-84页;24.9×17cm.-线装.-本书从左往右行序,断句,无界行,前12叶和尾6叶已残;本书题名残,题名根据491号同名校对后拟订。

494

ȵe^{11}ȵo̠^{33}ȵe^{11}mu^{11}su^{33}

劝善经.-刻本.-云南省武定县万德乡万德村,明.-94页;25.2×17cm.-线装.-本书从左往右行序,断句,无界行,前8叶和尾6叶已残;本书题名残,题名根据491号同名书校对后拟订。

495

ȵe^{11}ȵo̠^{33}ȵe^{11}mu^{11}su^{33}

劝善经.-刻本.-云南省武定县万德乡万德村,明.-77页;25.5×17cm.-线装.-本书从左往右行序,断句,无界行,前15叶和尾5叶已残;本书题名残,题名根据491号同名书校对后拟订。

496

ȵe^{11}ȵo̠^{33}ȵe^{11}mu^{11}su^{33}

劝善经.-刻本.-云南省武定县万德乡万德村,明.-95页;24×16.4cm.-线装.-本书从左往右行序,断句,无界行,首1至首3叶和尾9叶已残,释文1至2叶抄补的;本书题名残,题名根据491号同名书校对后拟订。

497

ȵe^{11}ȵo̠^{33}ȵe^{11}mu^{11}su^{33}

劝善经.-刻本.-云南省武定县万德乡万德村,明.-108页;24.5×17cm.-线装.-本书从左往右行序,断句,无界行,首1至首3叶和尾2叶已残;本书题名残,题名根据491号同名书校对后拟订。

498

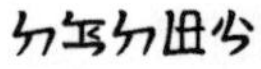

ȵ̥e^{11}ȵ̥o̱^{33}ȵ̥e^{11}mu^{11}su^{33}

劝善经. -刻本. -云南省武定县万德乡万德村，明. -105 页；25. 3 × 17. 6cm. -线装. -本书从左往右行序，断句，无界行，首几叶残损严重，尾 6 叶已残。

499

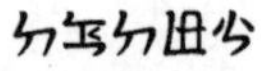

ȵ̥e^{11}ȵ̥o̱^{33}ȵ̥e^{11}mu^{11}su^{33}

劝善经. -刻本. -云南省武定县万德乡万德村，明. -113 页；25. 2 × 17cm. -线装. -本书从左往右行序，断句，有界行，首 1 至首 3 叶已残，尾全；本书题名残，题名根据 489 号校对后拟订。

500

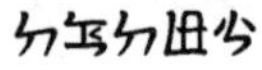

ȵ̥e^{11}ȵ̥o̱^{33}ȵ̥e^{11}mu^{11}su^{33}

劝善经. -刻本. -云南省武定县万德乡万德村，明. -56 页；26. 4 × 16. 4cm. -线装. -本书从左往右行序，断句，有界行，首 3 叶前和尾 29 叶后已残；本书题名残，题名根据 489 号同名书校对后拟订。

fər^{55}kho^{33}

政治法律

90-6

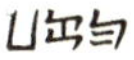

fər^{33}tʂhɐ^{55}su^{33}

扶政书/(清)者阿写.-写本.-云南省禄劝县茂山乡甲甸办事处甲毛村,清虎年3月.-2页;20×28.3cm.-线装.-本书从左往右行序,不断句,完好。

570

祖父故后案稿一.-写本.-云南省武定县万德乡万德村,清乾隆25年(1760).-68页;20.2×13.2cm.-线装.-本书是云南省武定县万德乡万德村彝族那氏土司汉文档案史料,完好。

571

诉状那沙氏.-写本.-云南省武定县万德乡万德村,清道光12年(1832).-80页;20.5×13cm.-线装.-本书是云南省武定县万德乡万德村彝族那氏土司汉文档案史料,完好。

572

嘉庆十七年立嗣案卷.-写本.-云南省武定县万德乡万德村,清嘉庆17年(1812).-164页;20.3×13.3cm.-线装.-本书是云南省武定县万德乡万德村彝族那氏土司汉文档案史料,完好。

573

回复禀帖卷壹.-写本.-云南省武定县万德乡万德村,清雍正2年(1724).-116页;21×13cm.-线装.-本书是云南省武定县万德乡万德村彝族那氏土司汉文档案史料,完好。

574

回复承袭禀二卷.-写本.-云南省武定县万德乡万德村,清乾隆10年(1745).-110页;21×13cm.-线装.-本书是云南省武定县万德乡万德村彝族那氏土司汉文档案史料,完好。

575

回复禀帖卷伍.-写本.-云南省武定县万德乡万德村,清嘉庆22年(1817).-146页;20.1×13cm.-线装.-本书是云南省武定县万德乡万德村彝族那氏土司汉文档案史料,完好。

576

词禀呈稿.-写本.-云南省武定县万德乡万德村,清道光10年(1830).-132页;20.2×13.3cm.-线装.-本书是云南省武定县万德乡万德村彝族那氏土司汉文档案史料,完好。

578

回复州内禀帖簿.-写本.-云南省武定县万德乡万德村,清道光11年(1831).-66页;27×22cm.-线装.-本书是云南省武定县万德乡万德村彝族那氏土司汉文档案史料,完好。

580

那振兴在万德衙内日行号.-写本.-云南省武定县万德乡万德村,清嘉庆19年(1814)2月11日.-64页;27×22cm.-线装.-本书是云南省武定县万德乡万德村彝族那氏土司汉文档案史料,完好。

581-2

乡约全书.-写本.-云南省武定县万德乡万德村,清顺治18年(1661)4月.-126页;28.8×21.8cm.-线装.-本书是云南省武定县万德乡万德村彝族那氏土司汉文档案史料,完好。

ma^{55}dʑe^{11}

军　事

466

a^{11}ɳʈʂhɔ^{11}ɣo̠^{2}su^{11}ma̠^{55}ʈʂhə̠r^{2}mu^{33}bo̠^{2}su^{33}

阿者乌撒战争记/(清)罗宝写.-写本.-云南省武定县万德乡万德村,清牛年7月.-59页;22.3×18.5cm.-线装.-本书从右往左行序,断句,完好。

579

雍正五、八、十年禀报乌蒙、普耳、东川军务案稿.-写本.-云南省武定县万德乡万德村,清雍正12年(1734)11月.-64页;27.3×21cm.-线装.-本书是云南省武定县万德乡万德村彝族那氏土司汉文档案史料,完好。

dʑi^{33}dzo^{11}

经　济

521

ʂo̱^{2}tʂa̱^{2}tɕhər^{55}su^{33}

田赋账簿．-写本．-云南省禄劝县撒营盘镇德勒卡村，清乾隆 25 年（1760）龙年．-46 页；27 ×28cm. -线装．-本书从左往右行序，不断句，完好。

mo^{55}mi^{55}

教　育

478

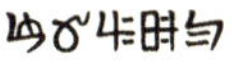

ne^{55}ʂa̱^{2}mo^{55}mi^{55}su^{33}

彝汉教典．-抄本．-云南省武定县万德乡万德村，清．-2 册；25.5×25.3cm. -线装．-本书从右往左行序，断句，完好，又名《彝汉四十九位导师语录》。

481

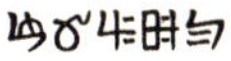

ne^{55}ʂa̱^{2}mo^{55}mi^{55}su^{33}

彝汉教典．-抄本．-云南省武定县万德乡万德村，清．-90 页；28.8×21.8cm. -线装．-本书从左往右行序，断句，首 7 叶和尾已残，又名《彝汉四十九位导师语录》；本书题名残，题名根据 479 号同名校对后拟订。

483

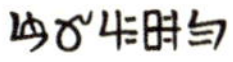

ne^{55}ʂa̱^{2}mo^{55}mi^{55}su^{33}

彝汉教典．-抄本．-云南省武定县万德乡万德村，清．-2 册；23×29cm. -线装．-本书从左往右行序，不断句，首尾残，又名《彝汉四十九位导师语录》；本书题名残，题名根据 479 号同名校对后拟订。

484

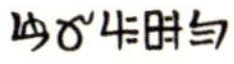

ne^{55}ʂa̱^{2}mo^{55}mi^{55}su^{33}

彝汉教典．-抄本．-云南省武定县万德乡万德村，清．-102 页；27 ×21cm. -线装．-本书从右往左行序，断句，首尾残，又名《彝汉四十九位导师语录》；本书题名残，题名根据 479 号同名校对后拟订。

524

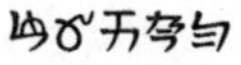

ne^{55}ʂa̠^{2}mu^{33}mi^{33}su^{33}

彝汉天地/（清）恩佐庆普抄写．-抄本．-云南省武定县田心乡高原村，清道光 26 年（1846）8 月．-11 页；27 ×22cm. -线装．-本书从左往右行序，断句，末 2 页有残。

477

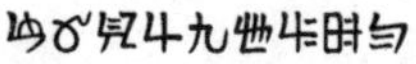

ne^{55}ʂa̠^{2}ɬi^{33}tshe^{33}kɯ^{33}jo̠^{2}mo^{55}mi^{55}su^{33}

彝汉四十九位导师语录．-写本．-云南省武定县万德乡万德村，清马年 3 月．-2 册；27. 5 ×22. 2cm. -线装．-本书从右往左行序，断句，完好，又名《彝汉教典》。

479

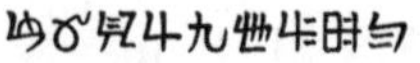

ne^{55}ʂa̠^{2}ɬi^{33}tshe^{33}kɯ^{33}jo̠^{2}mo^{55}mi^{55}su^{33}

彝汉四十九位导师语录/（清）老芬写．-写本．-云南省武定县己衣乡汤德古办事处诺文村，清乾隆 58 年（1793）8 月．-2 册；28. 8 ×26. 5cm. -线装．-本书从右往左行序，断句，完好，又名《彝汉教典》。

480

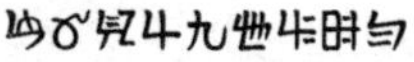

ne^{55}ʂa̠^{2}ɬi^{33}tshe^{33}kɯ^{33}jo̠^{2}mo^{55}mi^{55}su^{33}

彝汉四十九位导师语录．-抄本．-云南省武定县万德乡万德村，清．-2 册；29 ×25cm. -线装．-本书从右往左行序，不断句，完好，又名《彝汉教典》。

482

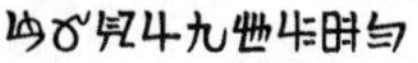

ne^{55}ʂa̠^{2}ɬi^{33}tshe^{33}kɯ^{33}jo̠^{2}mo^{55}mi^{55}su^{33}

彝汉四十九位导师语录．-写本．-云南省武定县万德乡万德村，清．-3 册；26 × 28cm. -线装．-本书从左往右行序，不断句，完好，末有年代和著者但已残损，又名《彝汉教典》。

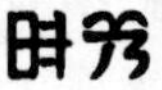

mi^{55}go^{55}

文　学

462

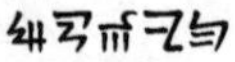

phu^{11}tɕhu^{33}xɔ^{55}gɯ^{33}su^{33}

普曲豁歌事略.-抄本.-云南省武定县万德乡万德村,清.-27 页;19×20cm.-线装.-本书从左往右行序,断句,完好。

463

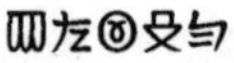

phu^{11}tɕhu^{33}xɔ^{55}gɯ^{33}su^{33}

普曲豁歌事略.-抄本.-云南省武定县万德乡德村,清.-48 页;22.3×30.2cm.-线装.-本书从左往右行序,断句,完好。

465

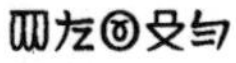

phu^{11}tɕhu^{33}xɔ^{55}gɯ^{33}su^{33}

普曲豁歌事略.-抄本.-云南省武定县万德乡万德村,清.-46 页;22×18cm.-线装.-本书从右往左行序,断句,完好。

460

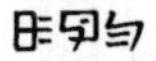

mi^{55}ŋɐ^{11}su^{33}

见闻抒情赋.-抄本.-云南省武定县万德乡万德村,清.-15 页;14×20cm.-线装.-本书从右往左行序,断句,完好。

374

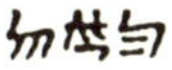

no^{33}je^{33}su^{33}

雅乐诗赋.-抄本.-云南省武定县万德乡万德村,清.-11 页; 21.4×23.6cm.-线装.-本书从左往右行序,不断句,完好。

404-2

no^{33}je^{33}su^{33}

雅乐诗赋.-抄本.-云南省武定县万德乡万德村,清.-3 页; 24×26cm.-线装.-本书从左往右行序,断句,每页均有残;本书无总题名,题名为拟订题名。

503

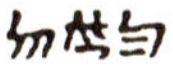

no^{33}je^{33}su^{33}

雅乐诗赋.-抄本.-云南省武定县万德乡万德村,清.-16 页;15×21cm.-线装.-本书从右往左行序,断句,完好;本书题名残,题名为拟订题名。

504

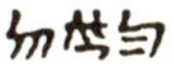

no^{33}je^{33}su^{33}

雅乐诗赋.-写本.-云南省武定县万德乡万德村,清乾隆 23 年(1758)3 月.-102 页;22×15cm.-线装.-本书从左往右行序,断句,完好。

505

no^{33}je^{33}su^{33}

雅乐诗赋/(清)沙定写.-写本.-云南省武定县万德乡万德村,清道光 24 年(1844)龙年 4 月.-60 页;25×18cm.-线装.-本书从左往右行序,断句,首尾残。

506

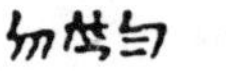

no^{33}je^{33}su^{33}

雅乐诗赋. -写本. -云南省武定县万德乡万德村,清乾隆 11 年(1746). -41 页;19×15.3cm. -线装. -本书从右往左行序,不断句,首残;本书题名残,题名为拟订题名。

507

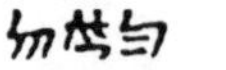

no^{33}je^{33}su^{33}

雅乐诗赋. -抄本. -云南省武定县万德乡万德村,清. -18 页;28×21cm. -线装. -本书从右往左行序,断句,末页稍残;本书无题名,题名为拟订题名。

508

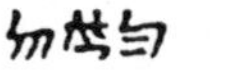

no^{33}je^{33}su^{33}

雅乐诗赋. -抄本. -云南省武定县万德乡万德村,清. -34 页;19×14cm. -线装. -本书从右往左行序,断句,完好;本书无题名,题名为拟订题名。

509

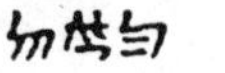

no^{33}je^{33}su^{33}

雅乐诗赋. -写本. -云南省武定县万德乡万德村,清乾隆 60 年(1795)8 月. -18 页;19×13cm. -线装. -本书从右往左行序,不断句,首尾残;本书题名残,题名为拟订题名。

510

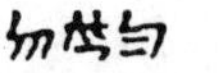

no^{33}je^{33}su^{33}

雅乐诗赋. -抄本. -云南省武定县万德乡万德村,清. -58 页;14.2×20cm. -线装. -本书从左往右行序,断句,首尾残;本书题名残,题名为拟订题名。

511

no^{33}je^{33}su^{33}

雅乐诗赋.-抄本.-云南省武定县万德乡万德村,清.-13 页;20.1×14cm.-线装.-本书从右往左行序,断句,首残;本书题名残,题名为拟订题名。

512-1

no^{33}je^{33}su^{33}

雅乐诗赋.-抄本.-云南省武定县万德乡万德村,清.-30 页;16.8×26.8cm.-线装.-本书从左往右行序,断句,完好;本书无题名,题名为拟订题名。

513

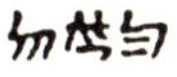

no^{33}je^{33}su^{33}

雅乐诗赋.-抄本.-云南省武定县万德乡万德村,清.-10 页;27×22cm.-线装.-本书从左往右行序,不断句,首残;本书无题名,题名为拟订题名。

514

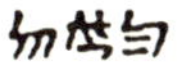

no^{33}je^{33}su^{33}

雅乐诗赋.-抄本.-云南省武定县万德乡万德村,清.-8 页;14.6×20.5cm.-线装.-本书从左往右行序,断句,首残;本书无题名,题名为拟订题名。

516

no^{33}je^{33}su^{33}

雅乐诗赋.-抄本.-云南省武定县万德乡万德村,清.-29 页;34×30cm.-线装.-本书从右往左行序,断句,首残损严重;本书无题名,题名为拟订题名。

517

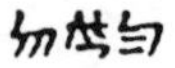

$no^{33}je^{33}su^{33}$

雅乐诗赋/（清）彻在亚写 . -写本 . -云南省武定县万德乡万德村,清 . -46 页;27.8 × 20.2cm . -线装 . -本书从左往右行序,断句,首残。

518

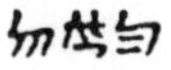

$no^{33}je^{33}su^{33}$

雅乐诗赋 . -写本 . -云南省武定县万德乡万德村,清嘉庆 4 年(1799). -20 页;16 × 15cm . -线装 . -本书从左往右行序,断句,完好。

519

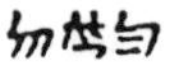

$no^{33}je^{33}su^{33}$

雅乐诗赋 . -抄本 . -云南省武定县万德乡万德村,清 . -9 页;12.8 × 14cm . -线装 . -本书从左往右行序,断句,首页有残。

502-1

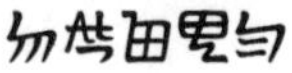

$no^{33}je^{33}m\underline{a}^{2}je^{33}su^{33}$

雅乐诗赋 . -抄本 . -云南省武定县万德乡万德村,清 . -10 页;19.5 × 14.8cm . -线装 . -本书从右往左行序,不断句,完好。

427-1

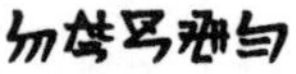

$no^{33}je^{33}d\text{ɐ}^{55}v\underline{i}^{2}\text{ȵ}e^{33}$

雅乐诗赋 . -写本 . -云南省武定县万德乡万德村,清咸丰 11 年(1861)4 月 . -6 页;14 × 20cm . -线装 . -本书从左往右行序,断句,完好。

454-2

no^{33}je^{33}dɐ^{55}v i̱^{2}ȵe^{33}su^{33}

雅乐诗赋. -写本. -云南省武定县万德乡万德村,清乾隆32年(1767)11月. -5页;27.2×23.3cm. -线装. -本书从左往右行序,断句,尾残。

501

no^{33}je^{33}tʂh a̱^{2}ʂo̱^{2}su^{33}

雅乐诗赋. -抄本. -云南省武定县万德乡万德村,清. -14页;24×29cm. -线装. -本书从左往右行序,不断句,完好。

351

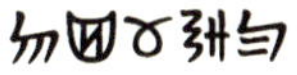

no^{33}je^{33}ji^{11}ntshu^{11}su^{33}

雅乐诗赋. -抄本. -云南省武定县万德乡万德村,清. -22页; 20×22.7cm. -线装. -本书从左往右行序,不断句,有残。

581-1

诗集. -抄本. -云南省武定县万德乡万德村,清顺治18年(1661)4月. -98页;28.8×21.8cm. -线装. -本书是云南省武定县万德乡万德村彝族那氏土司汉文档案史料,完好;本书题名残,题名为拟订题名。

555

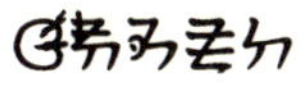

lu^{11}bi^{55}bu^{33}dʑi^{11}dzo^{11}

民间神话故事. -抄本. -云南省红河州,清. -66页;21×28.7cm. -毛装. -本书从左往右行序,不断句,完好;本书无题名,题名为拟订题名。

528

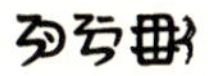

lu^{11}bu^{33}ŋɤ^{33}

杂记-抄本.-贵州省,清.-50 页;26 × 15cm .-线装.-本书从左往右行序,断句,完好。

529

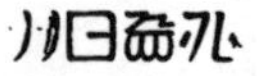

se^{33}ʈu^{33}xɯ^{11}ŋɤ^{33}

是提木叶.-抄本.-贵州省,清.-40 页;24.6 × 14.8cm .-线装.-本书从左往右行序,断句,完好。

147

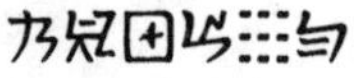

ʂe̱^{2} ʂo̱^{2}ɳo^{55}zo^{33}dzi̱^{55}su^{33}

实勺祭猴典故/(清)恩币写.-写本.-云南省武定县万德乡万德村,清虎年 3 月.-46 页; 16.4 ×25.3cm.-线装.-本书从左往右行序,断句,完好。

184-2

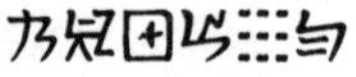

ʂe̱^{2} ʂo̱^{2}ɳo^{55}zo^{33}dzi̱^{55}su^{33}

实勺祭猴典故.-写本.-云南省武定县万德乡万德村,清光绪 33 年(1907)9 月.-27 页; 23 ×19cm.-线装.-本书从左往右行序,断句,完好。

534

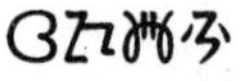

ȵo^{33}mu^{11}tɕe^{11}su^{33}

灵母荐经-抄本.-贵州省,清.-26 页;24 × 14cm .-线装.-本书从左往右行序,断句,尾残;本书题名残,题名为拟订题名。

515-2

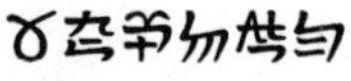

ji^{11}lɰ^{11}ju^{11}no^{33}je^{33}su^{33}

雅乐诗赋 . -抄本 . -云南省武定县万德乡万德村,清 . -2 页;20. 5 × 26. 8cm . -线装 . -本书从左往右行序,断句,完好。

556

xər^{11} zu^{33} dʑe^{33} ŋɤ^{33}

神话故事 . -抄本 . -云南省红河州,清 . -25 页;26. 5 × 16. 4cm . -毛装 . -本书从右往左行序,断句,完好;本书无题名,题名为拟订题名。

562

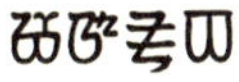

xər^{33} zu^{33} dʑe^{11} ŋɤ^{33}

民间故事-抄本 . -云南省红河州,清 . -28 页;26 × 16cm . -毛装 . -本书从右往左行序,断句,完好;本书无题名,题名为拟订题名。

jɐ^{33}lu^{33}go̱dʑe^{11}

艺　术

563

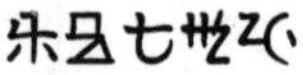

tɕe^{33}fe̱^{2}pe^{33}su^{33}dʐa^{11}

吹打的来历. -清抄本. -云南省红河州,清. -18 页;27 ×30.5cm. -毛装. -本书从左往右行序,断句,完好。

tsh̠i^{55} ȵe^{11} mi^{33} fər^{33}

历史地理

455-2

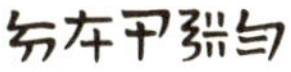

a^{11} ɳʈʂh ɔ̠^{2} ŋɔ^{33} tɯ̠^{2} su^{33}

阿者盛事/（清）祃死玛尼写 . -写本 . -云南省武定县万德乡万德村，清康熙 49 年(1710)虎年 7 月 . -4 页；30. 5 ×22. 9cm . -线装 . -本书从左往右行序，不断句，完好。

472

a^{11} tɕɐ^{55} ȵe^{11} xɐ^{55} su^{33}

阿教氏族史 . -写本 . -云南省武定县万德乡万德村，清光绪年间(1875—1908) . -9 页，21 ×14cm . -线装 . -本书从左往右行序，不断句，完好。

68-1

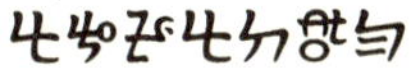

pe^{11} ɖo̠^{2} ɳʈ ʂhɐ^{11} pe^{33} ȵe^{11} xɐ^{55} su^{33}

追溯呗耄起源：兼叙呗耄系谱 . -抄本 . -云南省武定县万德乡万德村，清 . -5 页；27. 3 ×18. 2cm. -线装 . -本书从左往右行序，断句，完好。

20-2

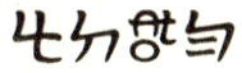

pe^{33} ȵe^{11} xɐ^{55} su^{33}

呗耄世系/（清）沙洁写 . -写本 . -云南省武定县万德乡万德村，清咸丰元年猪年

(1851)8 月 . -4 页; 19 ×20cm. -线装 . -从左往右行序,断句,完好。

27-6

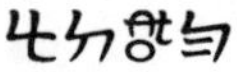

pe^{33}ȵe^{11}xɐ^{55}su^{33}

呗耄世系 . -抄本 . -云南省武定县万德乡万德村,清 . -2 页; 22 ×15cm. -线装 . -从左往右行序,不断句,完好。

83-7

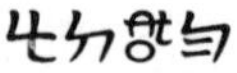

pe^{33}ȵe^{11}xɐ^{55}su^{33}

呗耄世系 . -抄本 . -云南省武定县万德乡万德村,清 . -2 页; 27.5 ×20.9cm. -线装 . -本书从右往左行序,断句,完好。

223-1

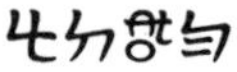

pe^{33}ȵe^{11}xɐ^{55}su^{33}

呗耄世系/(清)呗罗写 . -写本 . -云南省武定县万德乡万德村,清 . -7 页; 19.5 ×16.6cm. -线装 . -本书从右往左行序,断句,完好。

244-8

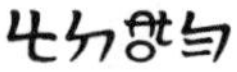

pe^{33}ȵe^{11}xɐ^{55}su^{33}

呗耄世系 . -抄本 . -云南省武定县万德乡万德村,清 . -7 页; 26 ×20cm . -线装 . -本书从右往左行序,断句,末几页有残。

306-1

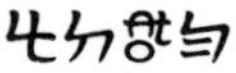

pe^{33}ȵe^{11}xɐ^{55}su^{33}

呗耄世系/(清)阿嫘写 . -写本 . -云南省武定县万德乡万德村,清乾隆 12 年(1747)兔年 4 月 . -2 页; 24 ×23cm . -线装 . -本书从左往右行序,不断句,每页均有残。

470-4

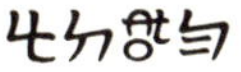

pe^{33}ȵe^{11}xɐ^{55}su^{33}

呗耄世系/(清)沙高写.-写本.-云南省武定县万德乡万德村,清乾隆 11 年(1746)虎年 3 月.-5 页;27×41cm.-线装.-本书从左往右行序,不断句,完好。

72-2

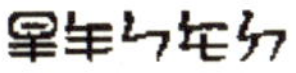

phu^{55} ʂo̠^{2}su^{33}

追溯宗源.-抄本.-云南省武定县万德乡万德村,清.-3 页;37×21.5cm.-线装.-本书从左往右行序,不断句,完好。

564-2

phɯ^{55}tɕh^{55}ɣɯ^{11}

叙祖谱.-抄本.-云南省红河州,清.-14 页;21.8×26.8cm.-毛装.-本书从右往左行序,断句,完好。

568

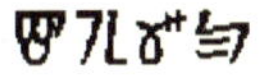

phɯ^{55}tɕhi̠^{55}ɣɯ^{11}

叙祖谱.-抄本.-云南省红河州,清.-90 页;25.7×40.2cm.-毛装.-本书从左往右行序,断句,完好。

569

phu^{55}tho^{33}me^{55}ȵi^{11}wo^{11}

裴妥梅妮(祖神源流).-抄本.-云南省红河州,清.-66 页;27×40.5cm.-毛装.-本书从左往右行序,断句,完好。

446

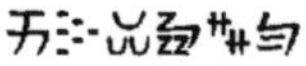

mu^{33}khɔ^{33}ȵi^{55}ɳu^{33}pɤ^{33}su^{33}

尼糯氏族史．-抄本．-云南省武定县万德乡万德村，清．-31 页；25×30cm．-线装．-本书从右往左行序，不断句，完好。

464

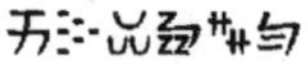

mu^{33}khɔ^{33}ȵi^{55}ɳu^{33}pɤ^{33}su^{33}

尼糯氏族史．-抄本．-云南省武定县万德乡万德村，清．-30 页；20×31cm．-线装．-本书从右往左行序，断句，首尾残；本书题名残，题名根据 469 号同名书校对后拟订。

469

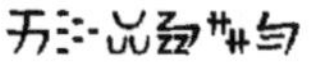

mu^{33}khɔ^{33}ȵi^{55}ɳu^{33}pɤ^{33}su^{33}

尼糯氏族史／（清）阿定写．-写本．-云南省武定县万德乡万德村，清．-29 页；27×22cm．-线装．-本书从左往右行序，断句，首残。

474

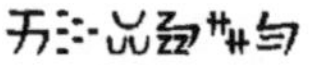

mu^{33}khɔ^{33}ȵi^{55}ɳu^{33}pɤ^{33}su^{33}

尼糯氏族史-写本．-云南省武定县万德乡万德村，民国 9 年（1920）2 月．-36 页；25×20cm．-线装．-本书从右往左行序，断句，完好。

558

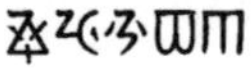

da^{33}dʐa^{11}su^{55}ŋɯ^{33}dʐɯ^{33}

历史书．-抄本．-云南省红河州，清．-50 页；22×28.2cm．-毛装．-本书从左往右行序，断句，完好。

456
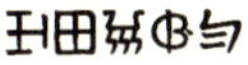
dɤ^{33}lɤ^{33}tɕɐ^{55}ho^{33}ȵe^{33}
德勒教洪传/(清)政老乌写 . -写本 . -云南省武定县万德乡万德村,清嘉庆 14 年(1809)7 月 . -42 页; 27 ×20cm . -线装 . -本书从右往左行序,断句,完好。

457
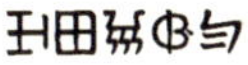
dɤ^{33}lɤ^{33}tɕɐ^{55}ho^{33}ȵe^{33}
德勒教洪传/(清)政老乌写 . -写本 . -云南省武定县万德乡万德村,清嘉庆 16 年(1811)正月 . -75 页; 26 ×20. 7cm . -线装 . -本书从右往左行序,断句,完好。

458
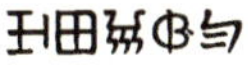
dɤ^{33}lɤ^{33}tɕɐ^{55}ho^{33}ȵe^{33}
德勒教洪传 . -抄本 . -云南省武定县万德乡万德村,清 . -90 页; 22. 2 ×18. 2cm . -线装 . -本书从左往右行序,不断句,首尾残;本书题名残,题名根据 461 号同名书校对后拟订。

459
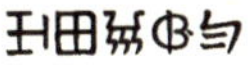
dɤ^{33}lɤ^{33}tɕɐ^{55}ho^{33}ȵe^{33}
德勒教洪传 . -抄本 . -云南省武定县万德乡万德村,清 . -105 页; 27. 5 ×22. 5cm . -线装 . -本书从右往左行序,断句,首尾残;本书题名残,题名根据 456 号同名书校对后拟订。

461
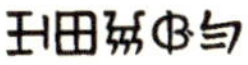
dɤ^{33}lɤ^{33}tɕɐ^{55}ho^{33}ȵe^{33}
德勒教洪传 . -抄本 . -云南省武定县万德乡万德村,清 . -20 页; 26 ×19cm . -线装 . -本书从右往左行序,断句,首尾残缺;本书题名残,题名根据 458 号同名书校对后

拟订。

453

dɤ^{55}tɕho̱^{55}phu^{33}ȵe^{33}

德氏六祖史．-抄本．-云南省武定县万德乡万德村，清．-144 页；28 ×24cm．-线装．-本书从右往左行序，断句，末几页稍残。

15-6

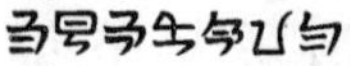

lɐ^{11}u^{33}lɐ^{11}ɖɔ^{11}mi^{33}fər^{33}su^{33}

老乌国岛氏族谱．-抄本．-云南省武定县万德乡万德村，清．-1 页；19 ×28cm. -线装．-从左往右行序，不断句，尾残。

522

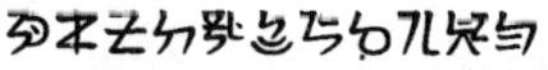

lo^{33}ho^{33}ɕi^{55}ȵe^{33}de^{55}dər^{11}bu^{33}phi^{55}tshi̱^{55}ʂo̱^{2}su^{33}

罗婺姻亲史．-写本．-云南省武定县万德乡万德村，清光绪 15 年(1889)正月．-8 页；27 ×22cm．-线装．-本书从右往左行序，不断句，完好。

539-9

ɖe^{33}le^{33}pho^{55}ȵe^{11}xɐ^{55}su^{33}

德勒氏族史-抄本．-云南省禄劝县中屏乡昔南办事处巴洪村，清．-1 页；28 ×37cm．-线装．-本书从左往右行序，断句，完好。

99

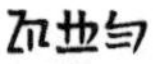

tɕe̱^{55}the^{11}su^{33}

古氏族原始．-抄本．-云南省武定县万德乡万德村，清．-7 页；27 ×17cm. -线装．-本书从右往左行序，完好。

270-6

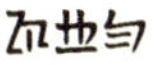

tɕe^{11}the^{11}su^{33}

古氏族原始/(清)阿立写.-写本.-云南省武定县万德乡万德村,清嘉庆21年(1816)猪年.-9页;20×14cm.-线装.-本书从左往右行序,不断句,完好。

470-2

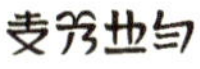

tɕhər^{55}go̱^{55}the^{11}su^{33}

宗支祭祖叙谱/(清)沙高写.-写本.-云南省武定县万德乡万德村,清乾隆10年(1745)牛年腊月.-14页;27×41cm.-线装.-本书从左往右行序,不断句,完好。

4

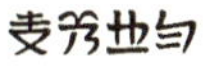

tɕher^{55}go^{55}the^{11}su^{33}

宗支祭祖叙谱.-抄本.-云南省武定县万德乡万德村,清牛年10月15日.-26页;21×15cm.-线装.-从左往右行序,断句,完好。

28-1

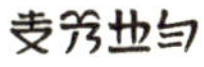

tɕhər^{55}go^{55}the^{11}su^{33}

宗支祭祖叙谱.-抄本.-云南省武定县万德乡万德村,清.-14页;29×23cm.-线装.-从右往左行序,断句,首残;本书题名残,题名根据4号同名校对后拟订。

452

tɕho̱^{55}phu^{33}ʂɔ^{33}thu^{33}su^{33}

六祖经纬史/(清)诗高娇写.-写本.-云南省武定县万德乡万德村,清嘉庆19年(1814)7月.-84页;26.9×18.8cm.-线装.-本书从右往左行序,断句,完好,卷末有十二肖生图;有"振兴图章"、"振祖之印"朱印。

577
傅家谱系．-写本．-云南省武定县万德乡万德村，清同治 8 年(1869)．-16 页;17.5×16.8cm. -线装．-本书是云南省武定县万德乡万德村彝族那氏土司汉文档案史料，完好。

54-2
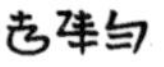
ȵe^{11}thɯ̱^{55}su^{33}
叙述宗谱．-抄本．-云南省武定县万德乡万德村，清．-8 页；24×18cm. -线装．-从右往左行序，断句，尾三页残严重。

72-3
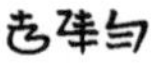
ȵe^{11}thɯ̱^{55}su^{33}
叙述宗谱．-抄本．-云南省武定县万德乡万德村，清．-4 页；37×22cm. -线装．-本书从左往右行序，不断句，完好。

85-3
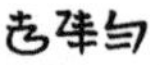
ȵe^{11}thɯ̱^{55}su^{33}
叙述宗谱/(清)阿罗写．-写本．-云南省禄劝县云龙乡动康村，清．-12 页；28×20cm. -线装．-本书从左往右行序，不断句，完好。

30-10
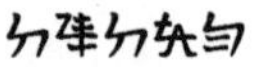
ȵe^{11}thɯ̱^{55}ȵe^{11}xɣ̱^{2}su^{33}
叙述宗谱/(清)沙额写．-云南省禄劝县双化乡坎邓村，清光绪 12 年（1886）狗年 4 月．-8 页；29×37cm. -线装．-从左往右行序，断句，完好。

30-11
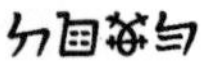

ȵe^{11}tʂɯ^{55}ti̠^{55}su^{33}

续宗支系谱/（清）沙额写. -云南省禄劝县双化乡坎邓村，清光绪 12 年（1886）狗年 4 月. -2 页：: 神座插枝图；29 ×37cm. -线装. -从左往右行序，断句，完好。

520

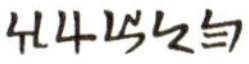

ɕi^{55}tshe^{11}zo^{33} ʂɔ^{55}su^{33}

七十贤子传略/（清）本峰写. -写本. -云南省武定县万德乡万德村，清. -54 页；19. 8 ×14. 8cm. -线装. -本书从右往左行序，断句，完好。

436-1

ji̠^{2}bo̠^{2}pu^{33}li^{11}su^{33}

歌颂益博. -抄本. -云南省武定县万德乡万德村，清. -5 页；28 ×21cm. -线装. -本书从左往右行序，断句，完好。

536 ~ 538

ɣi^{33}bu^{33}sa^{55}ŋɤ^{11}mi^{11}ŋɯ^{33}

西南彝志-复制本. -贵州省，清. -3 册；26cm；精装. -本书从左往右行序，断句，首尾有残。

317-1

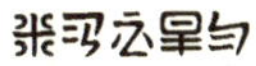

ji̠^{2}bo̠^{11}tɕho̠^{2}phu^{33}su^{33}

益博六祖史/（清）者根写. -写本. -云南省武定县万德乡万德村，清. -6 页；25 × 25cm. -线装. -本书从右往左行序，断句，首 2 页有残，此书只有前部分。

433

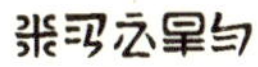

ji̠^{2}bo̠^{11}tɕho̠^{2}phu^{33}su^{33}

益博六祖史．-写本．-云南省武定县万德乡万德村，清乾隆 58 年(1793)牛年 8 月．-36 页；21 ×26cm. -线装．-本书从左往右行序，断句，首 3 页稍残，尾残。

434
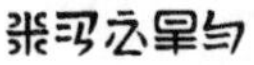
ji̱^{2}bo̱^{11}tɕho̱^{2}phu^{33}su^{33}
益博六祖史．-抄本．-云南省武定县万德乡万德村，清．-44 页；20 ×26cm. -线装．-本书从左往右行序，不断句，首有残。

435
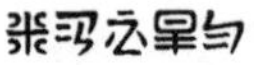
ji̱^{2}bo̱^{11}tɕho̱^{2}phu^{33}su^{33}
益博六祖史．-抄本．-云南省武定县万德乡万德村，清．-20 页；22 ×26cm. -线装．-本书从右往左行序，断句，尾缺；本书无题名，题名根据 447 号同名书校对后拟订。

437
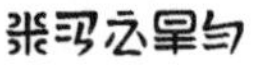
ji̱^{2}bo̱^{11}tɕho̱^{2}phu^{33}su^{33}
益博六祖史．-抄本．-云南省武定县万德乡万德村，清．-34 页；26 ×20cm. -线装．-本书从左往右行序，断句，首稍残缺，尾不全；本书题名残，题名根据 447 号同名书校对后拟订。

438
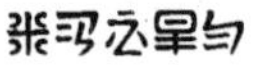
ji̱^{2}bo̱^{11}tɕho̱^{2}phu^{33}su^{33}
益博六祖史．-抄本．-云南省武定县万德乡万德村，清．-42 页；20 ×25cm. -线装．-本书从左往右行序，断句，首尾残；本书题名残，题名根据 447 号同名书校对后拟订。

440
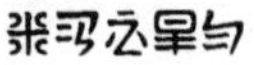

ji̠^{2}bo̠^{11}tɕho̠^{2}phu^{33}su^{33}

益博六祖史. -抄本. -云南省武定县万德乡万德村,清. -38 页; 21 ×14cm. -线装. -本书从右往左行序,不断句,首尾残;本书题名残,题名根据 447 号同名书校对后拟订。

441

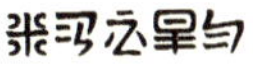

ji̠^{2}bo̠^{11}tɕho̠^{2}phu^{33}su^{33}

益博六祖史. -抄本. -云南省武定县万德乡万德村,清. -24 页; 23 ×21cm. -线装. -本书从左往右行序,断句,首尾残;本书题名残,题名根据 447 号同名书校对后拟订。

442

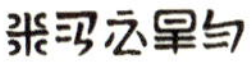

ji̠^{2}bo̠^{11}tɕho̠^{2}phu^{33}su^{33}

益博六祖史. -抄本. -云南省武定县万德乡万德村,清. -17 页; 27 ×22cm. -线装. -本书从左往右行序,断句,完好,内容只有笃慕以前的历史。

443

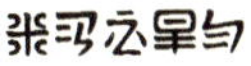

ji̠^{2}bo̠^{11}tɕho̠^{2}phu^{33}su^{33}

益博六祖史. -抄本. -云南省武定县万德乡万德村,清. -10 页; 19.2 ×22.2cm. -线装. -本书从左往右行序,断句,完好,内容不全只有前一部分;本书无题名,题名根据 447 号同名书校对后拟订。

444-1

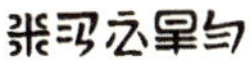

ji̠^{2}bo̠^{11}tɕho̠^{2}phu^{33}su^{33}

益博六祖史/(清)久者写. -写本. -云南省禄劝县皎西乡很踏卡村,清乾隆 34 年(1769)牛年 8 月. -34 页; 20 ×27cm. -线装. -本书从左往右行序,不断句,首尾残;本书题名残,题名根据 447 号同名书校对后拟订。

445

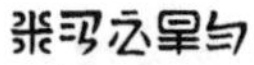

ji̱^{2}bo̱^{11}tɕho̱^{2}phu^{33}su^{33}

益博六祖史.-抄本.-云南省武定县万德乡万德村,清.-8 页; 20×34cm. -线装.-本书从左往右行序,断句,首残,内容不全,只有笃慕以前的历史;本书题名残,题名根据 447 号同名书校对后拟订。

447

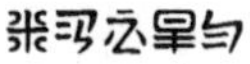

ji̱^{2}bo̱^{11}tɕho̱^{2}phu^{33}su^{33}

益博六祖史.-抄本.-云南省武定县万德乡万德村,清.-47 页; 23×29cm. -线装.-本书从左往右行序,断句,完好。

448

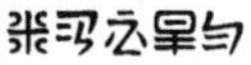

ji̱^{2}bo̱^{11}tɕho̱^{2}phu^{33}su^{33}

益博六祖史.-抄本.-云南省武定县万德乡万德村,清.-16 页; 25×25cm. -线装.-本书从左往右行序,不断句,首尾残缺;本书题名残,题名根据 447 号同名书校对后拟订。

449

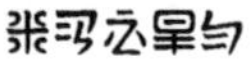

ji̱^{2}bo̱^{11}tɕho̱^{2}phu^{33}su^{33}

益博六祖史.-写本.-云南省武定县万德乡万德村,清道光 12 年(1832)4 月.-17 页; 26×21cm. -线装.-本书从右往左行序,断句,尾残。

450

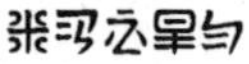

ji̱^{2}bo̱^{11}tɕho̱^{2}phu^{33}su^{33}

益博六祖史.-抄本.-云南省武定县万德乡万德村,清.-24 页; 27×19cm. -线装.-本书从左往右行序,断句,首尾残;本书题名残,题名根据 447 号同名书校对后拟订。

451
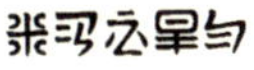
ji̠^{2}bo̠^{11}tɕho̠^{2}phu^{33}su^{33}
益博六祖史/（清）克清庆写 . -写本 . -云南省武定县万德乡万德村，清嘉庆 5 年（1800）6 月 . -40 页；28 ×24cm. -线装 . -本书从左往右行序，断句，首残；本书题名残，题名根据 447 号同名书校对后拟订。

454-1
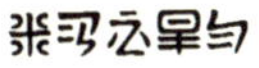
ji̠^{2}bo̠^{11}tɕho̠^{2}phu^{33}su^{33}
益博六祖史 . -写本 . -云南省武定县万德乡万德村，清乾隆 32 年（1767）11 月 . -63 页；27.2 ×23.3cm. -线装 . -本书从左往右行序，断句，首稍残。

455-1
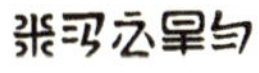
ji̠^{2}bo̠^{11}tɕho̠^{2}phu^{33}su^{33}
益博六祖史/（清）祃思玛尼写 . -写本 . -云南省武定县万德乡万德村，清康熙 49 年（1710）虎年 7 月 . -70 页；30.5 ×22.9cm. -线装 . -本书从左往右行序，不断句，完好。

542
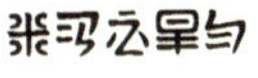
ji̠^{2}bo̠^{11}tɕho̠^{2}phu^{33}su^{33}
益博六祖史/（清）科乌写 . -写本 . -云南省禄劝县中屏乡昔南办事处巴洪村，清道光 27 年（1847）羊年 6 月 . -22 页；22 ×28cm. -线装 . -本书从左往右行序，断句，完好。

45-5
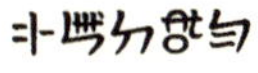
kɐ^{33} ʂe^{33} ɳe^{11}xɐ^{55}su^{33}
高奢氏族叙谱/（清）阿沙写 . -写本 . -云南省撒营盘镇贵能高升康村，清咸丰 4 年（1854）虎年腊月 . -5 页；18 ×24cm. -线装 . -从左往右行序，不断句，完好。

71-2

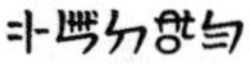

kɐ^{33} ʂe^{33} ȵe^{11} xɐ^{55} su^{33}

高奢氏族叙谱 . -写本 . -云南省武定县万德乡万德村,清乾隆 47 年(1782)虎年腊月 . -2 页; 27 ×21cm. -线装 . -本书从左往右行序,不断句,完好。

553

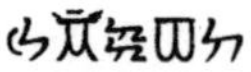

ɡɯ^{33} dʑɯ^{33} tsho^{11} ŋɤ^{33} dzu^{33}

君王世系 . -抄本 . -云南省红河州,清 . -56 页;21. 6 ×29cm. -毛装 . -本书从左往右行序,不断句,完好。

mu^{33}mi^{33}dʑe^{11}

天文学

314-2

tho^{55}tɕe^{33}ɬo̠^{55}ɖu^{11}su^{33}

观二十八宿星象 . -抄本 . -云南省武定县万德乡万德村,清 . -4 页; 24 × 18cm. -线装 . -本书从左往右行序,断句,完好。

269-2

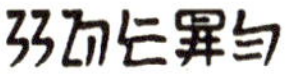

tho^{55}tɕe^{33}ȵi^{33}su^{33}

测出现角星日/张自新抄写 . -抄本 . -云南省武定县万德乡万德村,民国 16 年(1927)7 月 . -1 页; 23 × 16cm. -线装 . -本书从右往左行序,不断句,完好。

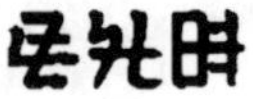

la^{55}kɯ̠^{33}mi^{55}

工业技术

110-3

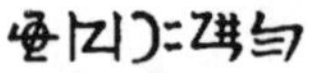

ŋər^{11}dɔ^{33}mɔ^{33}ɣa̠^{55}su^{33}

铸造纺织书/（清）沙特写 . -写本 . -云南省武定县发窝乡老施多村，清 . -3 页；23. 7×25. 5cm. -线装 . -本书从左往右行序，断句，完好。

182-2

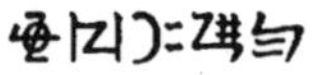

ŋər^{11}dɔ^{33}mɐ^{33}ɣa̠^{55}su^{33}

铸造纺织书 . -抄本 . -云南省武定县万德乡万德村，清 . -8 页；28×17cm. -线装 . -本书从右往左行序，断句，完好。

ne̠^{55}mu^{11}

氏族祭祖经

247-1

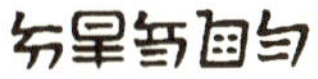

a^{55}phu^{33}ne̠^{55}tʂɯ^{55}su^{33}

供奉宗神经 . -抄本 . -云南省武定县万德乡万德村,清 . -8 页; 25.7 ×26.7cm. -线装 . -本书从左往右行序,不断句,首尾有残。

10-4

a^{55}phu^{33}tʂɯ^{55}su^{33}

供奉祖灵经/（清)沙夺写 . -写本 . -云南省禄劝县撒营盘贵能村,清马年腊月 . -6 页:神座插枝图;20 ×27cm. -线装 . -从左往右行序,断句,完好。

13-1

a^{33}phu^{33}tʂɯ^{55}su^{33}

供奉祖灵经/（清）贝纳召你写 . -写本 . -云南省禄劝县撒营盘镇德嘎村,清 . -5 页:神座插枝图;26 ×28cm. -线装 . -从左往右行序,断句,完好。

17-5

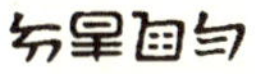

a^{55}phu^{33}tʂɯ^{55}su^{33}

供奉祖灵经(清)/沙夺写 . -写本 . -云南省武定县万德乡万德村,清道光 27 年

(1847). -11 页; 21 ×15cm. -线装 . -从左往右行序,断句,完好。

22-3

a^{55}phu^{33}tʂɯ^{55}su^{33}

供奉祖灵经 . -抄本 . -云南省武定县万德乡万德村,清 . -6 页:神座插枝图; 20 × 26cm. -线装 . -从左往右行序,不断句。

24-2

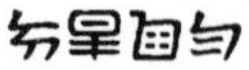

a^{55}phu^{33}tʂɯ^{55}su^{33}

供奉祖灵经 . -抄本 . -云南省武定县万德乡万德村,清 . -8 页; 24 ×17cm. -线装 . -从右往左行序,断句,完好。

37-2

a^{55}phu^{33}tʂɯ^{55}su^{33}

供奉祖灵经 . -抄本 . -云南省武定县万德乡万德村,清 . -13 页; 26 ×19cm. -线装 . -从右往左行序,断句,完好。

49-1

a^{55}phu^{33}tʂɯ^{55}su^{33}

供奉祖灵经 . -抄本 . -云南省武定县万德乡万德村,清 . -7 页; 31 ×26cm. -线装 . -从右往左行序,断句,首残;本书题名残,题名根据 57 号同名校对后拟订。

51-1

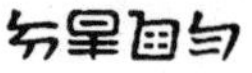

a^{55}phu^{33}tʂɯ^{55}su^{33}

供奉祖灵经 . -抄本 . -云南省武定县万德乡万德村,清 . -5 页; 24 ×20cm. -线装 . -从左往右行序,断句,每页书角均残。

52-3

a^{55}phu^{33}tʂɯ^{55}su^{33}

供奉祖灵经 . -抄本 . -云南省武定县万德村,清 . -17 页; 27 ×22cm. -线装 . -从左往右行序,断句,每页中间均稍残。

57-1

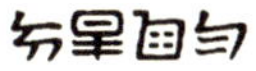

a^{55}phu^{33}tʂɯ^{55}su^{33}

供奉祖灵经 . -抄本 . -云南省武定县万德乡万德村,清 . -7 页; 26.7 ×22.8cm. -线装 . -从左往右行序,断句,完好。

83-6

a^{55}phu^{33}tʂɯ^{55}su^{33}

供奉祖灵经 . -抄本 . -云南省武定县万德乡万德村,清 . -10 页; 27.5 ×20.9cm. -线装 . -本书从右往左行序,断句,完好。

97

a^{55}phu^{33}tʂɯ^{55}su^{33}

供奉祖灵经/(清)阿立写 . -写本 . -云南省武定县万德乡万德村,清乾隆 60 年(1795)正月 . -13 页; 27.5 ×23.7cm. -线装 . -本书从右往左行序,不断句,完好。

546-3

a^{55}phu^{33}tʂɯ^{55}su^{33}

供奉祖灵经-抄本 . -云南省禄劝县中屏乡昔南办事处巴洪村,清 . -14 页;27 ×18cm. -线装 . -本书从左往右行序,断句,完好。

27-5

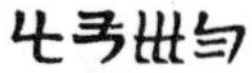

pe^{33}tʂhe^{11} ʂo̱^{55}su^{33}

呗耄进青棚经.-抄本.-云南省武定县万德乡万德村.-10 页; 22 ×15cm.-线装.-从左往右行序,不断句,完好。

50-2

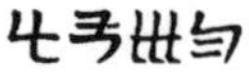

pe^{33}tʂhe^{11} ʂo̱^{55}su^{33}

呗耄进青棚经.-抄本.-云南省武定县万德乡万德村,清.-8 页; 25 ×29cm.-线装.-从左往右行序,不断句,完好。

85-1

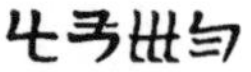

pe^{33}tʂhe^{11} ʂo̱^{55}su^{33}

呗耄进青棚经/(清)阿罗写.-写本.-云南省禄劝县云龙乡动康村,清.-12 页; 28 ×20cm.-线装.-本书从左往右行序,不断句,完好。

49-2

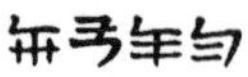

pe^{33}tʂhe^{11} ʂo̱^{55}su^{33}

呗耄进青棚经.-抄本.-云南省武定县万德乡万德村,清.-10 页; 31 ×26cm.-线装.-从右往左行序,断句,后两页残损严重。

66

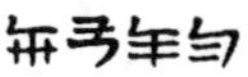

pe^{33}tʂhe^{11} ʂo̱^{55}su^{33}

呗耄进青棚经/(清)李廷玉写.-写本.-云南省武定县万德乡万德村,清嘉庆十九年(1814)2 月.-18 页; 20 ×14cm.-线装.-本书从左往右行序,断句,完好。

57-5

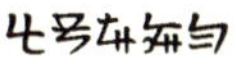

pe^{33}tɕhi^{55}ŋkhu^{11}dʑe^{11}ȵe^{33}

呗器(六呗耄之一)主祭供牲礼数.-抄本.-云南省武定县万德乡万德村,清.-1页;26.7×22.8cm.-线装.-从左往右行序,断句,完好。

15-3

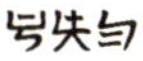

pu^{33}sɔ^{33}su^{33}

颂扬祖妣经.-抄本.-云南省武定县万德乡万德村,清.-2页;19×28cm.-线装.-从左往右行序,断句,完好。

22-2

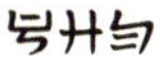

pu^{33}khu^{33}su^{33}

请祖灵筒经.-抄本.-云南省武定县万德乡万德村,清.-4页;20×26cm.-线装.-从左往右行序,不断句。

25-5

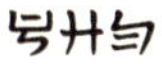

pu^{33}khu^{33}su^{33}

请祖灵筒经/清)沙合写.-云南省武定县万德乡万德村,清乾隆38年(1773)蛇年正月.-2页;19.5×26.8cm.-线装.-从左往右行序,不断句,完好。

30-14

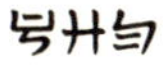

pu^{33}khu^{33}su^{33}

请祖灵筒经/(清)沙额写.-云南省禄劝县双化乡坎邓村,清光绪12年(1886)狗年4月.-3页;29×37cm.-线装.-从左往右行序,断句,完好。

67-6

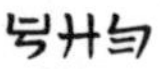

pu^{33}khu^{33}su^{33}

请祖灵筒经 . -写本 . -云南省武定县万德乡万德村,清光绪十年(1884)正月 . -2 页; 18 ×26. 7cm. -线装 . -本书从左往右行序,不断句,完好。

84-1

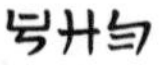

pu^{33}khu^{33}su^{33}

请祖灵筒经 . -抄本 . -云南省武定县万德乡万德村,清 . -16 页; 18 ×17cm. -线装 . -本书从右往左行序,不断句,完好。

86-4

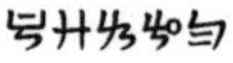

pu^{33}khu^{33}tɕhe^{33}ɖo̠^{2}su^{33}

请祖灵筒祝颂经 . -写本 . -云南省禄劝县撒营盘镇更撒更村,清 . -5 页; 20 ×26cm. -线装 . -本书从左往右行序,断句,完好。

32-4

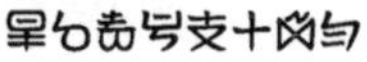

phu^{55}phi^{33}vər^{11}pu^{33}tsho̠^{55}kɔ^{55}ta̠^{55}su^{33}

安置祖灵筒向火神祈吉经/(清)登科呗耄写 . -云南省禄劝县云龙乡登科村,清宣统元年(1909)正月 . -4 页; 18 ×16cm. -线装 . -从右往左行序,不断句,完好;本书著者是以“登科(村名)呗耄(祭师)写”来叙述。

31-5

phu^{55}phi^{33}dzər^{11}ȵi^{11}ŋkhu^{11}mər^{33}the^{11}su^{33}

祭祖妣神座插枝名录 . -抄本 . -云南省武定县万德乡万德村,清 . -5 页; 18 ×26cm. -线装 . -从左往右行序,断句,完好。

33-5

phu^{55}phi^{33}dzər^{11}ȵi^{11}ŋkhu^{11}mər^{33}the^{11}su^{33}

祭祖妣神座插枝名录/(清)期台抄写 . -抄本 . -云南省武定县万德乡万德村,清 . -2 页; 21 ×27cm. -线装 . -从左往右行序,不断句,完好。

63-1

phu^{55}phi^{33}dzər^{11}ȵi^{11}ŋkhu^{11}mər^{33}tɔ^{11}su^{33}

祭祖妣神座插枝名录 . -抄本 . -云南省武定县万德乡万德村,清 . -7 页; 22 ×20cm. -线装 . -本书从左往右行序,不断句,完好。

32-1

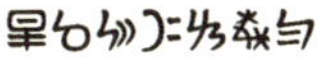

phu^{55}phi^{33}tʂɔ^{55}mɔ^{33}tɕhe^{33}tsi^{33}su^{33}

超度祖妣祝颂经/(清)登科呗耄写 . -云南省禄劝县云龙乡登科村,清宣统元年(1909)正月 . -5 页; 18 ×16cm. -线装 . -从右往左行序,不断句,完好;本书著者是以“登科(村名)呗耄(祭师)写”来叙述。

32-6

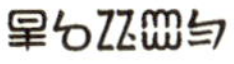

phu^{55}phi^{33}tʂɔ^{55}tsa̱^{2}su^{33}

接宗连谱经/(清)登科呗耄写 . -云南省禄劝县云龙乡登科村,清宣统元年(1909)正月 . -5 页; 18 ×16cm. -线装 . -从右往左行序,不断句,完好;本书著者是以“登科(村名)呗耄(祭师)写”来叙述。

58-2

phu^{55}phi^{33}tʂɔ^{55}tsa̱^{2}su^{33}

接宗连谱经 . -抄本 . -云南省武定县万德乡万德村,清 . -8 页; 26 ×16cm. -线装 . -从右往左行序,断句,完好。

71-1

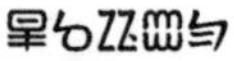

phu^{55}phi^{33}tʂɔ^{55}tsa̠^{2}su^{33}

接宗连谱经．-写本．-云南省武定县万德乡万德村，清乾隆 47 年（1782）虎年腊月．-8 页；27×21cm. -线装．-本书从左往右行序，不断句，完好。

90-8

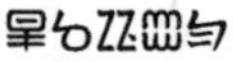

phu^{33}phi^{55}tʂɔ^{55}tsa̠^{2}su^{33}

接宗连谱经/（清）者阿写．-写本．-云南省禄劝县茂山乡甲甸办事处甲毛村，清虎年 3 月．-9 页；20×28.3cm. -线装．-本书从左往右行序，不断句，完好。

32-2

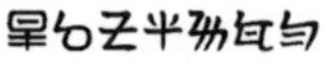

phu^{55}phi^{33}çi^{33}mu^{11}ɳɐ^{11}tʂɤ^{55}su^{33}

祭祖妣赶送祖灵聚集经/（清）登科呗耄写．-云南省禄劝县云龙乡登科村，清宣统元年（1909）正月．-1 页；18×16cm. -线装．-从右往左行序，不断句，完好；本书著者是以“登科（村名）呗耄（祭师）写”来叙述。

44-1

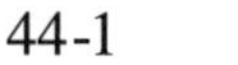

phu^{55}phi^{33}ɣu^{33}khɯ̠^{2}su^{33}

祖妣入宗祠门经．-写本．-云南省武定县万德乡万德村，清道光 7 年（1827）．-4 页；19.7×27.4cm. -线装．-从左往右行序，不断句，完好。

2-4

mɐ^{33}pu^{33}lɯ^{55}ne^{33}ȵtɕhɯ^{33}su^{33}

祭嫘奶神供牲赞牲经．-抄本．-云南省武定县万德乡万德村，清．-1 页；24×27cm. -线装．-从左往右行序，断句，完好。

45-4

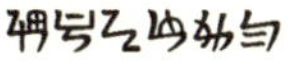

mɐ^{33}pu^{33}lɯ^{55}ne^{33}ȵtɕhɯ^{33}su^{33}

祭嫘奶神供牲赞牲经/(清)阿沙写．-写本．-云南省撒营盘镇贵能高升康村,清咸丰4年(1854)虎年腊月．-2页；18×24cm. -线装．-从左往右行序,不断句,完好。

15-4

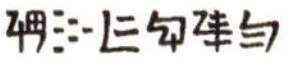

mɐ^{33}khɔ^{33}se^{11}tɕhe^{33}thɯ^{55}su^{33}

分解祭牲份肉经．-抄本．-云南省武定县万德乡万德村,清．-2页；19×28cm. -线装．-从左往右行序,不断句,完好。

62-1

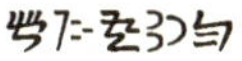

mɐ^{33}vi̱^{55}ɳɐ^{55}dʐe^{11}su^{33}

分解牲肉礼仪．-抄本．-云南省武定县万德乡万德村,清．-2页；25×37cm. -线装．-从右往左行序,断句,完好。

13-13

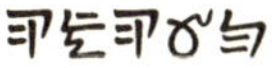

fa̱^{55}sɯ̱^{2}fa̱^{55}ʂa̱^{2}su^{33}

清扫宗祠岩洞经/(清)贝纳召你写．-写本．-云南省禄劝县撒营盘镇德嘎村,清．-1页；26×28cm. -线装．-从左往右行序,断句,完好。

13-14

fa̱^{55}si̱^{2}su^{33}

封闭宗祠岩洞经/(清)贝纳召你写．-写本．-云南省禄劝县撒营盘镇德嘎村,清．-1页；26×28cm. -线装．-从左往右行序,断句,完好。

15-1

= fa̠^{55}ŋkho̠^{2}phu^{11}su^{33}

开祠堂门经.-抄本.-云南省武定县万德乡万德村,清.-3 页; 19 ×28cm. -线装.-从左往右行序,断句,完好。

78-5

fa̠^{55}ŋkho̠^{2}phu^{11}su^{33}

开祠堂门径.-抄本.-云南省武定县万德乡万德村,清.-13 页; 21 ×15cm. -线装.-本书从左往右行序,断句,完好。

350-2

fa̠^{55}ŋkho̠^{2}phu^{11}su^{33}

开祠堂门径.-抄本.-云南省武定县万德乡万德村,清.-4 页; 16.7 ×18.5cm. -线装.-本书从左往右行序,断句,完好。

25-1

vər^{11}ɬɯ^{33}xɤ̠^{2}su^{33}

迎旧祖灵筒经/(清)沙合写.-云南省武定县万德乡万德村,清乾隆 37 年(1772)龙年 9 月.-2 页; 19.5 ×26.8cm. -线装.-从左往右行序,不断句,完好。

30-12

vər^{11}ɬɯ^{33}xɤ̠^{2}su^{33}

迎旧祖灵筒经/(清)沙额写.-云南省禄劝县双化乡坎邓村,清光绪 12 年 (1886) 狗年 4 月.-1 页; 29 ×37cm. -线装.-从左往右行序,断句,完好。

67-3

vər^{11}ɬɯ^{33}xɣ̠^{2}su^{33}

迎旧祖灵筒经.-写本.-云南省武定县万德乡万德村,清光绪十年(1884)正月.-3页;18×26.7cm.-线装.-本书从左往右行序,不断句,完好。

84-2

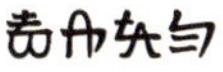

vər^{11}ɬɯ^{33}xɣ̠^{2}su^{33}

迎旧祖灵筒经.-抄本.-云南省武定县万德乡万德村,清.-12页;18×17cm.-线装.-本书从右往左行序,不断句,完好。

18-1

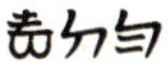

vər^{11}ȵi^{33}su^{33}

宗神灵筒禁忌经/(清)沙久写.–写本.-云南省禄劝县云龙乡古尼村,清嘉庆2年(1797)蛇年.-3页;20×27cm.-线装.-从左往右行序,不断句,完好。

25-7

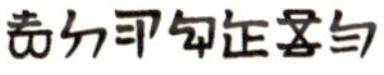

vər^{11}ȵe^{33}fa̠^{55}tɕhe^{33}ŋkho̠^{2} ʂɯ^{11}su^{33}

封闭祠堂岩洞经/清)沙合写.-云南省武定县万德乡万德村,清乾隆38年(1773)蛇年8月.-2页;19.5×26.8cm.-线装.-从左往右行序,不断句,完好。

25-4

vər^{11}ɕi̠^{55}xɣ̠^{2}su^{33}

迎新祖灵筒经/(清)沙合写.-云南省武定县万德乡万德村,清乾隆38年(1773)蛇年正月.-4页;19.5×26.8cm.-线装.-从左往右行序,不断句,完好。

30-13

vər^{11}ɕi̠^{55}xɣ̠^{2}su^{33}

迎新祖灵筒经/(清)沙额写．-云南省禄劝县双化乡坎邓村,清光绪 12 年(1886)狗年 4 月．-2 页；29 ×37cm. -线装．-从左往右行序,断句,完好。

67-2

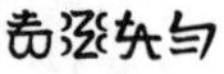

vər^{11}ɕi̠^{55}xɤ̠^{2}su^{33}

迎新祖灵筒经．-写本．-云南省武定县万德乡万德村,清光绪十年(1884)正月．-3 页；18 ×26.7cm. -线装．-本书从左往右行序,不断句,完好。

9-1

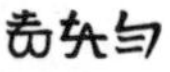

vər^{11}xɤ̠^{2}su^{33}

迎祖灵筒经．-抄本．-云南省武定县万德乡万德村,清．-3 页；27 ×27cm. -线装．-从左往右行序,不断句,每页中间残一块。

13-15

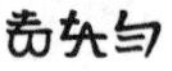

vər^{11}xɤ̠^{2}su^{33}

迎祖灵筒经/(清)贝纳召你写．-写本．-云南省禄劝县撒营盘镇德嘎村,清．-2 页；26 ×28cm. -线装．-从左往右行序,断句,尾有残。

17-4

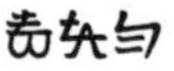

vər^{11}xɤ̠^{2}su^{33}

迎祖灵筒经/(清)沙夺写．-写本．-云南省武定县万德乡万德村,清道光 27 年(1847)．-2 页；21 ×15cm. -线装．-从左往右行序,断句,完好。

67-4

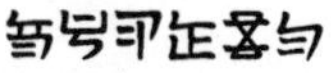

ne̠^{55}pu^{33}fa̠^{55}ŋo̠^{2}ʂi̠ su^{33}

颂祖封闭宗祠岩洞经．-写本．-云南省武定县万德乡万德村,清光绪十年(1884)

正月. -3 页; 18 ×26.7cm. -线装. -本书从左往右行序,不断句,完好。

86-2

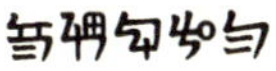

ne̠^{55}mu^{11}tɕhe^{33}ɖo̠^{2}su^{33}

氏族祭祖供牲赞牲经. -写本. -云南省禄劝县撒营盘镇更撒更村,清. -14 页; 20 × 26cm. -线装. -本书从左往右行序,断句,完好。

96-1

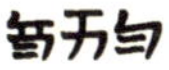

ne̠^{55}mu^{11}su^{33}

氏族祭祖经/(清)期台写. -写本. -云南省禄劝县皎西乡很踏卡村,清. -12 页; 18.3 ×18cm. -线装. -本书从左往右行序,断句,完好。

86-5

ne̠^{55}mu^{11}a^{55}phu^{33}tər^{33}tɕhe^{33}ɖo̠^{2}su^{33}

宗支祭祖祝颂经. -写本. -云南省禄劝县撒营盘镇更撒更村,清. -7 页; 20 × 26cm. -线装. -本书从左往右行序,断句,完好。

87-4

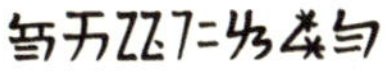

ne̠^{55}mu^{11}tʂɔ^{55}mɔ^{55}tɕhe^{33}tsi^{33}su^{33}

氏族祭祖超度祝颂经. -抄本. -云南省武定县万德乡万德村,清. -3 页; 26 × 26cm. -线装. -本书从左往右行序,不断句,完好。

439-1

ne̠^{55}mu^{11}dʐɐ^{55}mɐ^{33}vi^{55}su^{33}

氏族祭祖砍分牲肉经. -抄本. -云南省武定县万德乡万德村,清. -5 页; 17 × 28cm. -线装. -本书从左往右行序,不断句,完好。

62-2

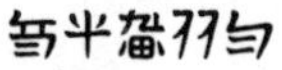

ne̠^{55}mu^{11}dʑɔ^{11}tsho̠^{2}su^{33}

赞颂祭场经．-抄本．-云南省武定县万德乡万德村，清．-1 页；25 ×37cm. -线装．-从右往左行序，断句，完好。

89-3

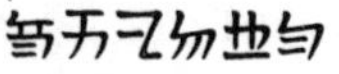

ne̠^{55}mu^{11}ɡɯ^{33}no^{33}the^{11}su^{33}

氏族祭祖祭格努神经．-抄本．-云南省武定县万德乡万德村，清．-24 页；27 ×18cm. -线装．-本书从右往左行序，不断句，完好。

523

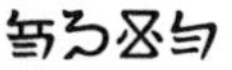

ne̠^{55}su^{55}ɬɐ^{33}su^{33}

祭奠氏族宗神经．-抄本．-云南省武定县万德乡万德村，清．-1 轴；286 ×12cm. -卷轴装．-本书从右往左行序，断句，完好。

57-2

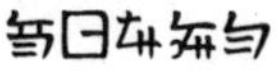

ne̠^{55}thu^{33}ŋkhu^{11}dʑe^{11}ȵe^{33}

氏族祭祖供牲礼数．-抄本．-云南省武定县万德乡万德村，清．-1 页；26. 7 ×22. 8cm. -线装．-从左往右行序，断句，完好。

24-1

ne̠^{55}tʂɯ^{55}su^{33}

供奉氏族祖灵经．-抄本．-云南省武定县万德乡万德村，清．-11 页；24 ×17cm. -线装．-从右往左行序，断句，完好。

56-4

ne̠^{55}tʂɯ^{55}su^{33}

供奉氏族祖灵经 . -抄本 . -云南省武定县万德乡万德村,清 . -16 页; 26 ×22cm. -线装 . -从右往左行序,不断句,完好。

79-2

ne̠^{55}tʂɯ^{55}su^{33}

供奉氏族祖灵经 . -抄本 . -云南省武定县万德乡万德村,清 . -12 页; 17 ×14cm. -线装 . -从右往左行序,断句,尾残。

77-1

ne̠^{55}tʂɯ^{55}thɯ^{55}su^{33}

供奉氏族祖灵经 . -抄本 . -云南省武定县万德乡万德村,清 . -18 页; 18. 5 ×21. 2cm. -线装 . -本书从左往右行序,断句,完好。

77-2

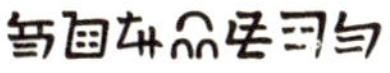

ne̠^{55}tʂɯ^{55}ŋkhu^{11}dʐe^{11}la̠^{55}li^{11}ȵe^{33}

供奉氏族祖灵神座插枝规程 . -抄本 . -云南省武定县万德乡万德村,清 . -1 页; 18. 5 ×21. 2cm. -线装 . -本书从左往右行序,断句,完好。

13-3

ne̠^{55}ȵi^{33}su^{33}

巡视宗族祠堂经/(清)贝纳召你写 . -写本 . -云南省禄劝县撒营盘镇德嘎村,清 . -3 页; 26 ×28cm. -线装 . -从左往右行序,断句,完好。

17-3

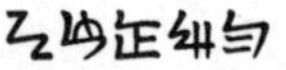

lɯ^{55}ne^{33}ŋkho̱^{2}phu^{11}su^{33}

开启嫘奶神门经/（清）沙夺写．-写本．-云南省武定县万德乡万德村，清道光27年（1847）．-2页；21×15cm．-线装．-从左往右行序，断句，完好。

9-2

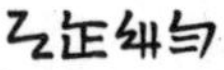

lɯ^{55}ŋkho̱^{2}phu^{11}su^{33}

开启嫘奶神门经．-抄本．-云南省武定县万德乡万德村，清．-15页；27×27cm．-线装．-从左往右行序，不断句，每页中间残一大块，尾残。

13-4

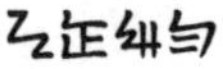

lɯ^{55}ŋkho̱^{2}phu^{11}su^{33}

开启嫘奶神门经/（清）贝纳召你写．-写本．-云南省禄劝县撒营盘镇德嘎村，清．-2页；26×28cm．-线装．-从左往右行序，断句，完好。

25-6

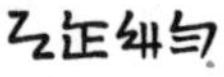

lɯ^{55}ŋkho̱^{2}phu^{11}su^{33}

开启嫘奶神门经/清）沙合写．-云南省武定县万德乡万德村，清乾隆38年（1773）蛇年正月．-3页；19.5×26.8cm．-线装．-从左往右行序，不断句，完好。

222-2

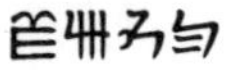

dzər^{11}ȵi^{11}tər^{33}su^{33}

神座插枝规程．-抄本．-云南省武定县万德乡万德村，清．-6页；14.8×23.2cm．-线装．-本书从左往右行序，不断句，完好。

14

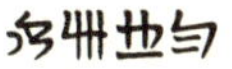

dzər^{11}ȵ̥i^{11}the^{33}su^{33}

神座插枝名录.-抄本.-云南省武定县万德乡万德村,清.-36 页; 19×20cm.-线装.-从左往右行序,断句,尾稍残。

543-2

dzər^{11}ȵ̥i^{11}tər^{33}su^{33}

神座插枝名录/(清) 者簸写-写本.-云南省禄劝县中屏乡昔南办事处巴洪村,清道光 10 年(1830)虎年 4 月.-30 页;27×21cm.-线装.-本书从左往右行序,断句,完好。

8-3

tʂ̩ɔ^{55}tsa̱^{33}su^{33}

接宗连谱经/(清)阿仲写.-写本.-云南省禄劝县双化乡坎邓村,清光绪 16 年(1890)虎年 7 月.-4 页; 26×31cm.-线装.-从左往右行序,断句,完好。

11-6

tʂ̩ɔ^{55}tsa̱^{33}su^{33}

接宗连谱经/(清)者烧写.-写本.-云南省禄劝县双化乡照块村,清道光 4 年(1824)猴 4 月.-10 页; 22×28cm.-线装.-从左往右行序,不断句,完好。

41-3

tʂ̩ɔ^{55}tsa̱^{33}su^{33}

接宗连谱经/(清)钟者烧写.-云南省武定县万德乡万德村,清道光 3 年(1823)羊年.-4 页; 21×28cm.-线装.-从左往右行序,断句,完好。

90-2

tʂɔ^{55}tsa̱^{33}su^{33}

接宗连谱经/(清)者阿写.-写本.-云南省禄劝县茂山乡甲甸办事处甲毛村,清牛年腊月.-15页;20×28.3cm.-线装.-本书从左往右行序,不断句,完好。

128-3

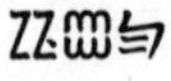

tʂɔ^{55}tsa̱^{33}su^{33}

接宗连谱经/(清)窝夫写.-写本.-云南省禄劝县撒营盘镇卡柱海嘎村,清光绪7年(1881)蛇年3月.-6页;19.9×22.9cm.-线装.-本书从左往右行序,断句,每页均有残。

129-4

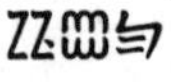

tʂɔ^{55}tsa̱^{33}su^{33}

接宗连谱经/(清)阿文写.-写本.-云南省武定县万德乡万德村,清乾隆22年(1757)牛年5月.-4页:神座插枝图;20×27cm.-线装.-本书从左往右行序,不断句,完好。

215-1

tʂhɔ^{55}tsa̱^{33}su^{33}

接宗连谱经.-写本.-云南省武定县万德乡万德村,清乾隆48年(1783)兔年7月.-9页;20×26.5cm.-线装.-本书从左往右行序,不断句,首有残;本书著者姓名已残缺。

404-3

tʂɔ^{55}tsa̱^{33}su^{33}

接宗连谱经.-抄本.-云南省武定县万德乡万德村,清.-11页;24×26cm.-线装.-

本书从左往右行序,断句,每页均有残。

470-1

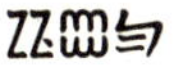

tʂɔ^{55}tsa̱^{33}su^{33}

接宗连谱经/(清)沙高写.-写本.-云南省武定县万德乡万德村,清乾隆10年(1745)牛年腊月.-6页;27×41cm.-线装.-本书从左往右行序,不断句,完好。

546-2

tʂɔ^{55}tsa̱^{33}su^{33}

接宗连谱经-抄本.-云南省禄劝县中屏乡昔南办事处巴洪村,清.-7页;27×18cm.-线装.-本书从左往右行序,断句,完好。

39-2

tʂɔ^{55}tsa̱^{33}su^{33}

接宗连谱经/(清)期台抄写.-抄本.-云南省武定县万德乡万德村,清.-5页;18×16cm.-线装.-从左往右行序,断句,完好;本书是期台从禄劝县皎西乡很踏卡村呗耄处抄。

74-2

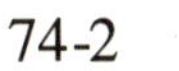

tʂɔ^{55}tsa̱^{33}su^{33}

接宗连谱经.-抄本.-云南省武定县万德乡万德村,清.-4页;20.5×25.8cm.-线装.-本书从左往右行序,断句,完好。

81

tʂɔ^{55}tsa̱^{33}su^{33}

接宗连谱经.-抄本.-云南省武定县万德乡万德村,清.-4页;27×23cm.-线装.-

本书从左往右行序，不断句，完好。

502-2

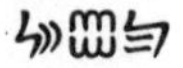

tʂɔ^{55}tsa̠^{33}su^{33}

接宗连谱经．-抄本．-云南省武定县万德乡万德村，清．-14页；25×14cm. -线装．-本书从右往左行序，不断句，完好。

6-2

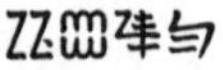

tʂɔ^{55}tsa̠^{33}thɯ̠^{55}su^{33}

接宗连谱经．-写本．-云南省武定县万德乡万德村，清光绪20年（1894）蛇年．-10页；21×22cm. -线装．-从左往右行序，断句，完好。

342-1

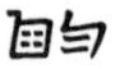

tʂɯ^{55}su^{33}

供奉祖灵经．-抄本．-云南省武定县万德乡万德村，清．-6页；22×32cm. -线装．-本书从左往右行序，不断句，完好。

56-2

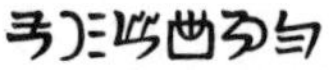

tʂhe^{11}khɤ^{11}ɳɯ^{11}khɯ̠^{2}dzo̠^{2}su^{33}

筑牢固祭祀青棚经．-抄本．-云南省武定县万德乡万德村，清．-6页；26×22cm. -线装．-从右往左行序，断句，完好。

52-2

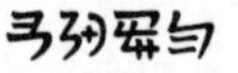

tʂhe^{11}ɣu^{33}phɤ^{11}su^{33}

入青棚祝颂经．-抄本．-云南省武定县万德村，清．-6页；27×22cm. -线装．-从左往右行序，断句，每页中间均稍残。

17-2

tçha̠^{55}ʈhu^{33}tər^{33}su^{33}

祭奠白弩神经 / (清)沙夺写 . -写本 . -云南省武定县万德乡万德村,清道光 27 年(1847). -2 页; 21 ×15cm. -线装 . -从左往右行序,断句,完好。

48-2

tçha̠^{55}ɳu^{33}tər^{33}su^{33}

祭奠白弩神经 . -抄本 . -云南省武定县万德乡万德村,清 . -14 页; 19 ×30cm. -线装 . -从左往右行序,不断句,完好。

13-2

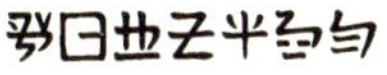

tçha̠^{55}ʈhu^{33}the^{11}çi^{33}mu^{33}ŋɐ^{11}su^{33}

祭白弩神赶送祖灵经/ (清)贝纳召你写 . -写本 . -云南省禄劝县撒营盘镇德嘎村,清 . -3 页; 26 ×28cm. -线装 . -从左往右行序,断句,完好。

63-2

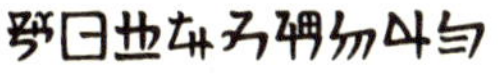

tçha̠^{55}ʈu^{33}the^{11}ŋkhu^{11}tər^{33}mɐ^{33}mo^{33}nthu^{11}su^{33}

祭白弩神献牲列位经 . -抄本 . -云南省武定县万德乡万德村,清 . -5 页; 22 ×20cm. -线装 . -本书从左往右行序,不断句,尾残。

25-3

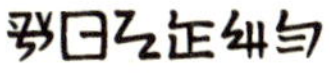

tçha̠^{55}ʈhu^{33}lɯ^{55}ŋkho̠^{2}pu^{11}su^{33}

祭白弩神开启嫘奶神门经/(清)沙合写 . -云南省武定县万德乡万德村,清乾隆 37 年(1772)龙年 9 月 . -3 页; 19.5 ×26.8cm. -线装 . -从左往右行序,不断句,完好。

67-1

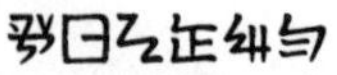

tɕha̱^{55}ʈhu^{33}lɯ^{55}ŋkho̱^{2}phu^{11}su^{33}

祭白弩神开启嫘奶神门径 . -写本 . -云南省武定县万德乡万德村,清光绪十年(1884)正月 . -3 页; 18 ×26. 7cm. -线装 . -本书从左往右行序,不断句,首 3 页稍残。

31-4

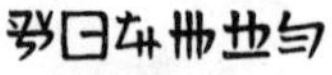

tɕha̱^{55}ʈhu^{33}ŋkhu^{11}mər^{33}the^{11}su^{33}

白努神祭坛神座列位经 . -抄本 . -云南省武定县万德乡万德村,清 . -2 页; 18 ×26cm. -线装 . -从左往右行序,断句,完好。

33-4

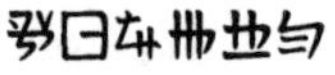

tɕha̱^{55}ʈu^{33}ŋkhu^{11}mər^{33}the^{11}su^{33}

白努神祭坛神座列位经/(清)期台抄写 . -抄本 . -云南省武定县万德乡万德村,清 . -3 页; 21 ×27cm. -线装 . -从左往右行序,不断句,完好。

541-3

tɕhər^{33}hər^{11}a^{55}phu^{33}ʂo̱su^{33}

宗支祭棚清查祖灵经-写本 . -云南省禄劝县中屏乡昔南办事处巴洪村,民国 6 年(1917). -5 页;29 ×38cm. -线装 . -本书从左往右行序,断句,完好。

61-3

tɕhər^{33}hər^{11}ʈhu^{33}nthɔ̱^{2}su^{33}

平祭祖灵棚基经 . -抄本 . -云南省武定县万德乡万德村,清 . -7 页; 22 ×27cm. -线装 . -从左往右行序,不断句,完好。

123

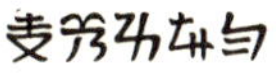

tɕhər^{55}ɡo^{55}ȵe̠^{55}ŋkhu^{11}su^{33}

宗支祭祖神座插枝规程 . -抄本 . -云南省武定县万德乡万德村,清 . -23 页; 25 × 17cm. -线装 . -本书从左往右行序,断句,完好。

61-5

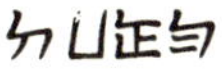

ȵe^{11}fər^{33}ŋkho̠^{2}su^{33}

记述天宫戒律 . -抄本 . -云南省武定县万德乡万德村,清 . -7 页; 22 ×27cm. -线装 . -从左往右行序,不断句,完好。

3-2

ɕi^{33}mu^{11}puh^{55}ɳʈʂhɐ^{11}su^{33}

超度亡灵颂祖经/（清）尼也写 . -抄本 . -云南省武定县发窝乡老诗多村,清 . -50 页;22 ×30cm. -线装 . -从左往右行序,不断句,尾残。

61-2

ɕi^{33}mu^{11}puh^{55}ɳʈʂhɐ^{11}su^{33}

超度亡灵颂祖经 . -抄本 . -云南省武定县万德乡万德村,清 . -15 页; 22 ×27cm. -线装 . -从左往右行序,不断句,完好。

476

ɕi^{33}mu^{11}puh^{55}ɳʈʂhɐ^{11}su^{33}

超度亡灵颂祖经/(清)沙高抄写 . -写本 . -云南省武定县万德乡万德村,清乾隆 23 年(1758)虎年正月 . -40 页;21 ×26cm. -线装 . -本书从左往右行序,不断句,完好。

543-1

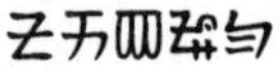

çi^{33}mu^{11}puh^{55}ɳtʂhɐ^{11}su^{33}

超度亡灵颂祖经/(清) 者簸写-写本 . -云南省禄劝县中屏乡昔南办事处巴洪村,清道光10年(1830)虎年4月 . -3页;27×21cm. -线装 . -本书从左往右行序,不断句,完好。

38-2

çi^{33}tʂɔ^{55}tsa̠^{33}su^{33}

连接亡灵宗谱经 . -抄本 . -云南省武定县万德乡万德村,清 . -10页; 18×13cm. -线装 . -从右往左行序,断句,稍残。

12-2

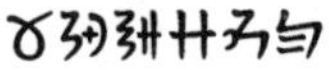

ji^{11}u^{33}ntshu^{11}khu^{33}tər^{33}su^{33}

祭奠至尊善神经/ (清)沙额写 . -写本 . -云南省禄劝县双化乡坎邓村,清光绪12(1886)年狗年4月 . -7页; 27×21cm. -线装 . -从左往右行序,断句,首残。

8-2

ji^{11}u^{33}ntshu^{11}ŋkhu^{11}mər^{33}the^{11}su^{33}

至尊善神列位经/ (清)阿仲写 . -写本 . -云南省禄劝县双化乡坎邓村,清光绪16年(1890)虎年7月 . -6页;26×31cm. -线装 . -从左往右行序,断句,完好。

541-1

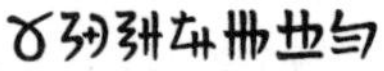

ji^{11}u^{33}ntshu^{11}ŋkhu^{11}mər^{33}nthe^{11}su^{33}

至尊善神列位经-写本 . -云南省禄劝县中屏乡昔南办事处巴洪村,民国6年(1917). -5页;29×38cm. -线装 . -本书从左往右行序,断句,完好。

54-1

ji^{11}u^{33}ntshu^{11}ɡɯ^{33}no^{33}ŋkhu^{11}mər^{33}the^{11}su^{33}

至尊善神格努神列位经.-抄本.-云南省武定县万德乡万德村,清.-10 页; 24 × 18cm. -线装.-从右往左行序,断句,完好。

475-2

ji^{11}u^{33}ntshu^{11}ɡɯ^{33}no^{33}ŋkhu^{11}mər^{33}the^{11}su^{33}

至尊善神格努神列位经/(清)沙高抄写.-抄本.-云南省武定县万德乡万德村,清乾隆 25 年(1760)龙年 7 月.-12 页;21 ×26cm. -线装.-本书从左往右行序,不断句,完好。

31-1

ji^{11}u^{33}ntshu^{11}ŋkhu^{11}mər^{33}the^{11}su^{33}

至尊善神列位经.-抄本.-云南省武定县万德乡万德村,清.-2 页; 18 ×26cm. -线装.-从左往右行序,不断句

33-1

ji^{11}u^{33}ntshu^{11}ŋkhu^{11}mər^{33}the^{11}su^{33}

至尊善神列位经/(清)期台抄写.-抄本.-云南省武定县万德乡万德村,清.-2 页; 21 ×27cm. -线装.-从左往右行序,不断句,完好。

41-2

ji^{11}u^{33}ntshu^{11}ŋkhu^{11}mər^{33}the^{11}su^{33}

至尊善神列位经/(清)钟者烧写.-云南省武定县万德乡万德村,清道光 3 年(1823)羊年.-10 页; 21 ×28cm. -线装.-从左往右行序,断句,完好。

87-3

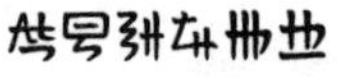

ji^{11}u^{33}ntshu^{11}ŋkhu^{11}mər^{33}the^{11}su^{33}

至尊善神列位经.-抄本.-云南省武定县万德乡万德村,清.-8 页; 26 ×26cm. -线装.-本书从左往右行序,不断句,完好。

52-1

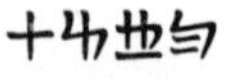

kɔ^{55}fe^{33}the^{11}su^{33}

祭生育神经.-抄本.-云南省武定县万德村,清.-10 页; 27 ×22cm. -线装.-从左往右行序,断句,每页中间均稍残。

33-6

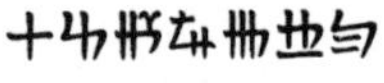

kɔ^{55}fe^{33}ɣɔ^{33}ŋkhu^{11}mər^{33}the^{11}su^{33}

生育神祭坛神座列位经/(清)期台抄写.-抄本.-云南省武定县万德乡万德村,清.-1 页; 21 ×27cm. -线装.-从左往右行序,不断句,完好。

30-8

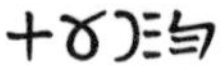

kɔ^{55}ji^{11}khɤ^{55}su^{33}

汲圣水经/(清)沙额写.-云南省禄劝县双化乡坎邓村,清光绪 12 年 (1886) 狗年 4 月.-4 页; 29 ×37cm. -线装.-从左往右行序,断句,完好。

50-7

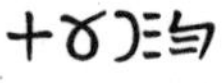

kɔ^{55}ji^{11}khɤ^{55}su^{33}

汲圣水经.-抄本.-云南省武定县万德乡万德村,清.-4 页; 25 ×29cm. -线装.-从左往右行序,不断句,尾稍残。

64-2

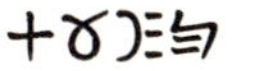

kɔ^{55}ji^{11}khɤ^{55}su^{33}

汲圣水经.-抄本.-云南省武定县万德乡万德村,清道光4年(1824)猴年3月.-5页; 22×28cm.-线装.-本书从左往右行序,不断句,完好。

83-2

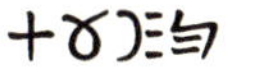

kɔ^{55}ji^{11}khɤ^{55}su^{33}

汲圣水经.-抄本.-云南省武定县万德乡万德村,清.-5页; 27.5×20.9cm.-线装.-本书从右往左行序,断句,完好购。

539-8

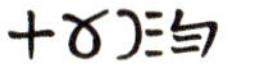

kɔ^{55}ji^{11}khɤ^{55}su^{33}

汲圣水经.-抄本.-云南省禄劝县中屏乡昔南办事处巴洪村,清.-5页;28×37cm.-线装.-本书从左往右行序,断句,完好。

30-9

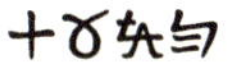

kɔ^{55}ji^{11}xɣ^{55}su^{33}

迎圣水经/(清)沙额写.-云南省禄劝县双化乡坎邓村,清光绪12年(1886)狗年4月.-2页; 29×37cm.-线装.-从左往右行序,断句,完好。

57-3

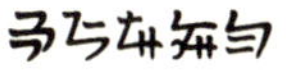

ko^{33}bu^{11}ŋkhu^{11}dʑe^{11}ȵe^{33}

锅补(六呗耄之一)主祭供牲礼数.-抄本.-云南省武定县万德乡万德村,清.-1页; 26.7×22.8cm.-线装.-从左往右行序,断句,完好。

74-1

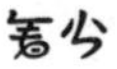

khu^{33}su^{33}

请诸神经 . -抄本 . -云南省武定县万德乡万德村,清 . -6 页; 20.5 ×25.8cm. -线装 . -本书从左往右行序,断句,完好。

129-3

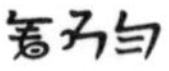

khu^{33}tər^{33}su^{33}

祭威荣神经/(清)阿文写 . -写本 . -云南省武定县万德乡万德村,清乾隆 22 年(1757)牛年 5 月 . -4 页::神座插枝图; 20 ×27cm. -线装 . -本书从左往右行序,不断句,完好。

5-4

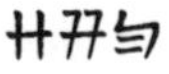

khu^{33}ɬɐ^{33}su^{33}

祭威荣神经 . -抄本 . -云南省武定县万德乡万德村,清 . -6 页; 22 ×24cm. -线装 . -从左往右行序,完好。

8-4

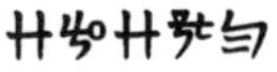

khu^{33}ɖo̠^{2}khu^{33}tʂhɔ^{55}su^{33}

祭奠威荣神经/(清)阿仲写 . -写本 . -云南省禄劝县双化乡坎邓村,清光绪 16 年(1890)虎年 7 月 . -2 页; 26 ×31cm. -线装 . -从左往右行序,断句,完好。

39-1

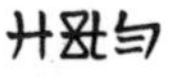

khu^{33}tʂhɔ^{55}su^{33}

祭威荣神经/(清)期台抄写 . -抄本 . -云南省武定县万德乡万德村,清 . -15 页; 18 ×16cm. -线装 . -从左往右行序,断句,完好;本书是期台从禄劝县皎西乡很踏卡村呗耄处抄。

42

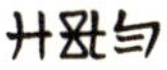

khu^{33}tʂhɔ^{55}su^{33}

祭威荣神经．-抄本．-云南省武定县万德乡万德村，清．-23 页；线装，21 ×14cm. -从左往右行序，断句，完好。

128-2

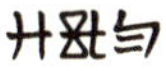

khu^{33}tʂhɔ^{55}su^{33}

祭威荣神经/(清)窝夫写．-写本．-云南省禄劝县撒营盘镇卡柱海嘎村，清光绪 7 年(1881)蛇年 3 月．-4 页；19.9 ×22.9cm. -线装．-本书从左往右行序，断句，每页均有残。

206-3

khɯ^{33}tʂhɔ^{55}ŋkhu^{11}mər^{33}the^{11}su^{33}

祭威荣神叙神座名称/(清)杨应德抄写．-抄本．-云南省武定县万德乡万德村，清．-4 页；18.5 ×22cm. -线装．-本书从左往右行序，断句，完好。

403-1

khu^{33}tʂhɔ^{55}ŋkhu^{11}mər^{33}the^{11}su^{33}

祭威荣神叙神座名称．-抄本．-云南省武定县万德乡万德村，清．-7 页；24 ×16cm. -线装．-本书从左往右行序，断句，首残。

1

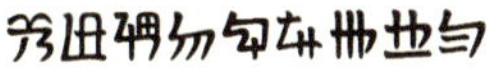

go^{55}mu^{11}mɐ^{33}no^{33}tɕhe^{33}ŋkhu^{11}mər^{33}the^{11}su^{33}

祭贡乃神献牲神座名录/(清)阿贼写．-写本. —云南武定县万德乡万德村，清乾隆 50 年(1785). -24 页：神座插枝图；26 ×26cm. -线装．-从左往右行序，断句，完好。

87-2

go^{55}mu^{11}mɐ^{33}no^{33}ŋkhu^{11}mər^{33}the^{11}su^{33}

祭贡乃神献牲神座名录 . -抄本 . -云南省武定县万德乡万德村,清 . -9 页; 26 × 26cm. -线装 . -本书从左往右行序,不断句,完好。

31-3

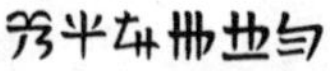

go^{55}mu^{11}ŋkhu^{11}mər^{33}the^{11}su^{33}

贡神祭坛神座列位经 . -抄本 . -云南省武定县万德乡万德村,清 . -2 页; 18 × 26cm. -线装 . -从左往右行序,断句,完好。

33-3

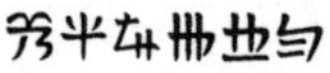

go^{55}mu^{11}ŋkhu^{11}mər^{33}the^{11}su^{33}

贡神祭坛神座列位经/(清)期台抄写 . -抄本. . -云南省武定县万德乡万德村,清 . -3 页; 21 ×27cm. -线装 . -从左往右行序,不断句,完好。

41-1

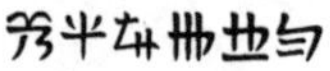

go^{55}mu^{11}ŋkhu^{11}mər^{33}the^{11}su^{33}

贡神祭坛神座列位经/(清)钟者烧写 . -云南省武定县万德乡万德村,清道光 3 年(1823)羊年 . -12 页; 21 ×28cm. -线装 . -从左往右行序,断句,首稍残。

46-1

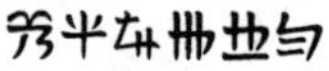

go^{55}mu^{11}ŋkhu^{11}mər^{33}the^{11}su^{33}

贡神祭坛神座列位经 . -抄本 . -云南省武定县万德乡万德村,清 . -24 页; 20 × 20cm. -线装 . -从左往右行序,断句,完好。

475-1

go^{55}mu^{11}ŋkhu^{11}mər^{33}the^{11}su^{33}

贡神祭坛神座列位经/(清)沙高抄写.-抄本.-云南省武定县万德乡万德村,清乾隆25年(1760)龙年7月.-16页;21×26cm.-线装.-本书从左往右行序,不断句,完好。

43

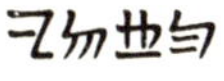

gɯ^{33}no^{33}the^{11}su^{33}

祭献格努神经.-抄本.-云南省武定县万德乡万德村,清.-23页;21×28cm.-线装.-从左往右行序,断句,后五页残损严重。

59-3

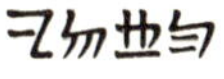

gɯ^{33}no^{33}the^{11}su^{33}

祭献格努神经.-抄本.-云南省武定县万德乡万德村,清.-15页;16×20cm.-线装.-从左往右行序,不断句,完好。

28-2

gɯ^{33}no^{33}çe^{11}su^{33}

祭献格努神经.-抄本.-云南省武定县万德乡万德村,清.-3页;线装,29×23cm.-从右往左行序,断句,完好。

12-1

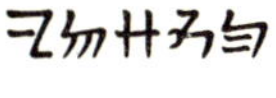

gɯ^{33}no^{33}khu^{33}tər^{33}su^{33}

祭奠格努神经/(清)沙额写.-写本.-云南省禄劝县双化乡坎邓村,清光绪12年(1886)狗年4月.-19页;27×21cm.-线装.-从左往右行序,断句,首残。

31-2

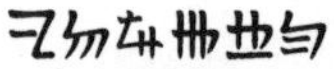

gɯ^{33}no^{33}ŋkhu^{11}mər^{33}the^{11}su^{33}

格努神祭坛神座列位经．-抄本．-云南省武定县万德乡万德村，清．-2 页；18 × 26cm. -线装．-从左往右行序，断句，完好。

33-2

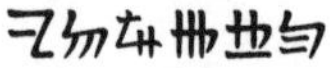

gɯ^{33}no^{33}ŋkhu^{11}mər^{33}the^{11}su^{33}

格努神祭坛神座列位经/(清)期台抄写．-抄本．-云南省武定县万德乡万德村，清．-2 页；21 ×27cm. -线装．-从左往右行序，不断句，完好。

48-1

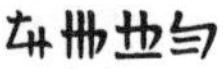

ŋkhu^{11}mər^{33}the^{11}su^{33}

叙神座名称．-抄本．-云南省武定县万德乡万德村，清．-19 页；19 ×30cm. -线装．-从左往右行序，不断句，首残，本书题名残，题名为拟订题名。

50-1

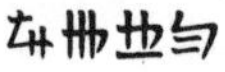

ŋkhu^{11}mər^{33}the^{11}su^{33}

叙神座名称．-抄本．-云南省武定县万德乡万德村，清．-8 页；25 ×29cm. -线装．-从左往右行序，不断句，首稍残；本书题名残，题名为拟订题名。

60

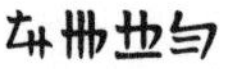

ŋkhu^{11}mər^{33}the^{11}su^{33}

叙神座名称．-抄本．-云南省武定县万德乡万德村，清．-12 页；26. 8 ×18cm. -线装．-从左往右行序，不断句，完好；本书无题名，题名为拟订题名。

87-1

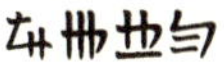

ŋkhu^{11}mər^{33}the^{11}su^{33}

叙神座名称．-抄本．-云南省武定县万德乡万德村，清．-2 页；26 ×26cm. -线装．-本书从左往右行序，不断句，完好。

100

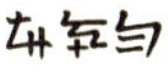

ŋkhu^{11}tɔ^{33}su^{33}

神座插枝图录．-抄本．-云南省武定县万德乡万德村，清．-36 页：23 幅神座插枝图；33 × 25cm. -线装．-本书从右往左行序，完好；本书无总题名，题名为拟订题名。

401-3

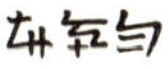

ŋkhu^{11}tɔ^{33}su^{33}

神座插枝图录．-抄本．-云南省武定县万德乡万德村，清．-13 页：17 幅神座插枝图；19 ×26cm. -线装．-本书从左往右行序，不断句，完好；本书无总题名，题名为拟订题名。

540-2

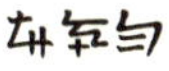

ŋkhu^{11}tɔ^{33}su^{33}

神座插枝图录．-写本．-云南省禄劝县中屏乡昔南办事处巴洪村，清道光 4 年(1824)猴 10 月．-4 页：神座插枝图 11 幅；28 ×37cm. -线装．-本书从左往右行序，不断句，完好；本书无总题名，题名为拟订题名。

76-2

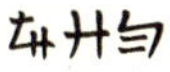

ŋkhu^{11}khu^{33}su^{33}

神座插枝名录．-抄本．-云南省武定县万德乡万德村，清．-6 页；20 ×20cm. -线装.-从右往左行序,断句,完好。

57-4

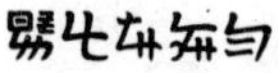

ɣɤ^{55}pe^{33}ŋkhu^{11}dʑe^{11}su^{33}

额呗(六呗耄之一)主祭供牲礼数.-抄本.-云南省武定县万德乡万德村,清.-1页;26.7×22.8cm.-线装.-从左往右行序,断句,完好。

51-2

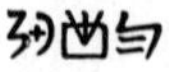

ɣu^{11}khɯ^{2}su^{33}

祖妣入宗祠门经.-抄本.-云南省武定县万德乡万德村,清.-3页;24×20cm.-线装.-从左往右行序,断句,每页书角均残。

dzj^{55}mu^{11}

殡　葬

83-1

a^{55}phu^{33}pɤ^{55}su^{33}

联祖灵牌经.-抄本.-云南省武定县万德乡万德村,清.-8 页; 27.5 ×20.9cm.-线装.-本书从右往左行序,断句,首残;本书题名残,题名为拟订题名。

105-5

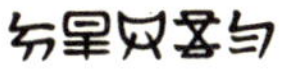

a^{55}phu^{33}pɤ^{55}ʂɯ̱^{2}su^{33}

联祖灵牌经.-抄本.-云南省武定县万德乡万德村,清.-6 页; 20.2 ×28.5cm.-线装.-本书从左往右行序,不断句,稍残。

116-3

a^{55}phu^{33}pɤ^{55}ʂɯ̱^{2}su^{33}

联祖灵牌经.-抄本.-云南省武定县万德乡万德村,清.-4 页; 28 ×20cm.-线装.-本书从左往右行序,不断句,完好。

117-2

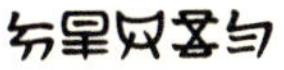

a^{55}phu^{33}pɤ^{55}ʂɯ̱^{2}su^{33}

联祖灵牌经.-抄本.-云南省武定县万德乡万德村,清.-11 页; 26 ×20cm.-线装.-本书从左往右行序,不断句,完好。

135-2

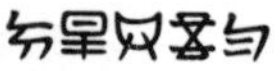

a^{55}phu^{33}pɤ^{55}ʂi̠^{2}su^{33}

联祖灵牌经.-抄本.-云南省武定县万德乡万德村,清.-11 页; 18 ×22.2cm. -线装.-本书从右往左行序,断句,完好;有“那振兴印”朱印。

156-2

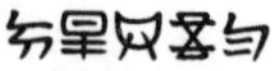

a^{55}phu^{33}pɤ^{55}ʂi̠^{2}su^{33}

联祖灵牌经.-抄本.-云南省武定县万德乡万德村,清.-5 页; 29 ×17cm. -线装.-本书从右往左行序,断句,末页半残。

199-2

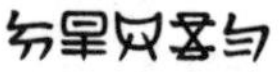

a^{55}phu^{33}pɤ^{55}ʂɯ̠^{2}su^{33}

联祖灵牌经.-抄本.-云南省武定县万德乡万德村,清.-6 页; 26 ×19cm. -线装.-本书从右往左行序,断句,完好。

255-2

a^{55}phu^{33}pɤ^{55}ʂɯ̠^{2}su^{33}

联祖灵牌经.-抄本.-云南省武定县万德乡万德村,清.-2 页; 28 ×20cm. -线装.-本书从左往右行序,断句,有残。

262-3

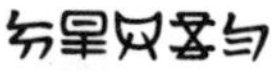

a^{55}phu^{33}pɤ^{55}ʂi̠^{2}su^{33}

联祖灵牌经.-抄本.-云南省武定县万德乡万德村,清.-12 页; 27 ×20cm. -线装.-本书从左往右行序,断句,尾残。

284-4

a^{55}phu^{33}pɤ^{55}ʂi̠^{2}su^{33}

联祖灵牌经．-抄本．-云南省武定县万德乡万德村，清．-9 页；17 ×16cm. -线装．-本书从左往右行序，断句，尾残。

129-2

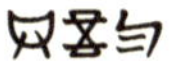

pɤ^{55}ʂɯ̠^{2}su^{33}

联祖灵牌经/（清）阿文写．-写本．-云南省武定县万德乡万德村，清乾隆 21 年（1756）鼠年腊月．-5 页；20 ×27cm. -线装．-本书从左往右行序，不断句，完好。

205-5

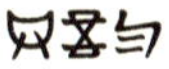

pɤ^{55}ʂi̠^{2}su^{33}

联祖灵牌经．-写本．-云南省武定县万德乡万德村，清咸丰 7 年（1857）8 月．-6 页；20. 5 ×26. 5cm. -线装．-本书从左往右行序，不断句，末页稍残，著者名已残。

206-2

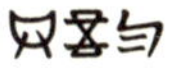

pɤ^{55}ʂi̠^{2}su^{33}

联祖灵牌经/（清）杨应德抄写．-抄本．-云南省武定县万德乡万德村，清．-2 页；18 ×22cm. -线装．-本书从左往右行序，断句，完好。

342-3

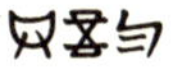

pɤ^{55}ʂi̠^{2}su^{33}

联祖灵牌经．-抄本．-云南省武定县万德乡万德村，清．-7 页；22 ×32cm. -线装．-本书从左往右行序，不断句，每页均有残。

427-2

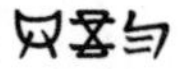

pɤ^{55}ʂi̱^{2}su^{33}

联祖灵牌经．-写本．-云南省武定县万德乡万德村，清咸丰11年(1861)4月．-6页；14×20cm. -线装．-本书从左往右行序，断句，完好。

350-3

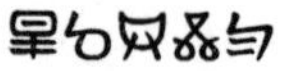

phu^{55}phi^{33}pɤ^{55}ʂi̱^{2}su^{33}

联祖灵牌经．-抄本．-云南省武定县万德乡万德村，清．-9页；16.7×18.5cm. -线装．-本书从左往右行序，断句，末3页有残。

105-8

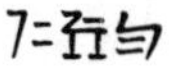

mɐ^{33}za̱^{55}su^{33}

放下尸体经．-抄本．-云南省武定县万德乡万德村，清．-1页；20.2×28.5cm. -线装．-本书从左往右行序，不断句，稍残。

203-2

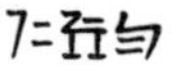

mɐ^{33}za̱^{55}su^{33}

放下尸体经．-抄本．-云南省武定县万德乡万德村，清．-3页；24×20cm. -线装．-本书从左往右行序，不断句，完好。

275

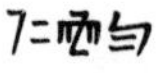

mɐ^{33}tɕa̱^{55}su^{33}

晾尸收殓经．-抄本．-云南省武定县万德乡万德村，清．-9页；20×14cm. -线装．-本书从左往右行序，断句，完好。

159-3

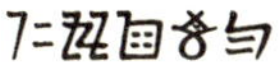

mɐ^{33} ɣər^{11} tʂɯ^{55} mphɯ̠^{2} su^{33}

送灵开冥路经/(清)发窝呗耄写. -写本. -云南省武定县发窝乡发窝村,清. -2 页; 29×23cm. -线装. -本书从右往左行序,断句,完好;本书著者以“发窝(村名)呗耄(祭师)写”来表述的。

163-1

mɐ^{33} ɣər^{11} tʂɯ^{55} mphɯ̠^{2} su^{33}

送灵开冥路经. -抄本. -云南省?? 武定县万德乡万德村,清嘉庆 15 年(1810). -4 页; 28×19cm. -线装. -本书从右往左行序,不断句,完好。

566

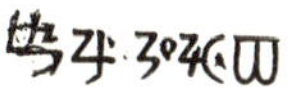

ɬa^{55} do^{33} xɯ^{11} dʐ̩a^{33} ŋɯ^{33}

奔丧经. -抄本. -云南省红河州,清. -18 页;19.5×26cm. -毛装. -本书从左往右行序,断句,完好。

159-1

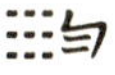

dzi̠^{55} su^{33}

祭奠亡灵经/(清)发窝呗耄写. -写本. -云南省武定县发窝乡发窝村,清. -36 页; 29×23cm. -线装. -本书从右往左行序,断句,完好;本书著者以“发窝(村名)呗耄(祭师)写”来表述的。

161

dzi̠^{55} su^{33}

祭奠亡灵经. -抄本. -云南省武定县万德乡万德村,清. -22 页; 26×20cm. -线装. -本书从右往左行序,断句,首尾有残。

168

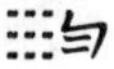

dzi̠^{55}su^{33}

祭奠亡灵经 . -抄本 . -云南省武定县万德乡万德村,清 . -33 页; 26 ×14cm. -线装 . -本书从右往左行序,断句,完好。

170-2

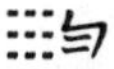

dzi̠^{55}su^{33}

祭奠亡灵经 . -抄本 . -云南省武定县万德乡万德村,清 . -26 页; 21 ×15cm. -线装 . -本书从右往左行序,断句,完好。

249

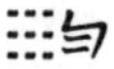

dzi̠^{55}su^{33}

祭奠亡灵经 . -抄本 . -云南省武定县万德乡万德村,清 . -34 页; 23.8 ×25.8cm. -线装 . -本书从左往右行序,断句,首尾几页均有残。

264-2

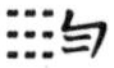

dzi̠^{55}su^{33}

祭奠亡灵经 . -抄本 . -云南省武定县万德乡万德村,清 . -34 页; 25 ×20cm. -线装 . -本书从右往左行序,断句,末几页有残。

270-2

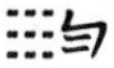

dzi̠^{55}su^{33}

祭奠亡灵经/(清)阿立写 . -写本 . -云南省武定县万德乡万德村,清嘉庆 21 年(1816)猪年 . -11 页; 20 ×14cm. -线装 . -本书从左往右行序,不断句,完好。

228-1

dzi̠^{55}dʑɔ^{11}mu^{55}su^{33}

焚烧祭场经 . -抄本 . -云南省武定县万德乡万德村,清 . -4 页; 17.6 ×27cm. -线装 . -本书从左往右行序,断句,首残;本书题名残,题名为拟订题名。

550-2

dzi̠^{55}dʑɔ^{11}ŋɯ^{33}khɤ^{33}su^{33}

祭场劝哭经/(清)昂色政写 . -复制本 . -云南省禄劝县中屏乡昔南办事处巴洪村,清 . -7 页;29 ×20cm. -精装 . -本书从左往右行序,不断句,完好。

388-2

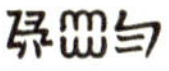

sa̠^{55}tsa̠^{33}su^{33}

接气经 . -抄本 . -云南省武定县万德乡万德村,清 . -2 页; 20 ×13cm. -线装 . -本书从右往左行序,不断句,完好。

102-4

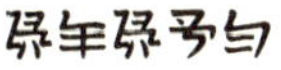

sa̠^{55}ʂo^{33}sa̠^{55}tɕhe^{55}su^{33}

接气经 . -写本 . -云南省武定县万德乡万德村,清道光 12 年(1832 正月). -3 页; 27 ×20cm. -线装 . -本书从左往右行序,不断句,完好。

136-2

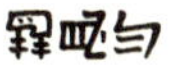

ɳʈhɯ^{33}sɯ̠^{2}su^{33}

悼亡拭泪经/(清)阿涛写 . -写本 . -云南省武定县万德乡万德村,清咸丰元年(1851)8 月 . -10 页; 21 ×14cm. -线装 . -本书从右往左行序,断句,完好。

150

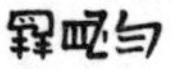

ɳʈhɯ^{33} sɯ̱^{2} su^{33}

悼亡拭泪经．-抄本．-云南省武定县万德乡万德村，清．-11 页；27×19cm. -线装．-本书从右往左行序，断句，完好。

7-1

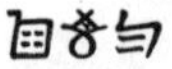

tʂɯ^{55} mphɯ̱^{2} su^{33}

开冥路经．-抄本．-云南省武定县万德乡万德村，清．-7 页；20×27cm. -线装．-从左往右行序，不断句，首残；本书题名残，题名为拟订题名。

85-4

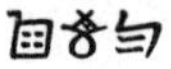

tʂɯ^{55} mphɯ̱^{2} su^{33}

开冥路经/（清）阿罗写．-写本．-云南省禄劝县云龙乡动康村，清．-3 页；28×20cm. -线装．-本书从左往右行序，不断句，完好。

109-4

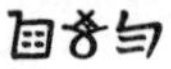

tʂɯ^{55} mphɯ̱^{2} su^{33}

开冥路经．-抄本．-云南省武定县万德乡万德村，清．-6 页；23.2×32cm. -线装．-本书从左往右行序，不断句，完好。

113-3

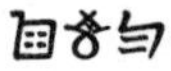

tʂɯ^{55} mphɯ̱^{2} su^{33}

开冥路经．-抄本．-云南省武定县万德乡万德村，清．-3 页；23.8×28.9cm. -线装．-本书从左往右行序，不断句，完好。

140-5

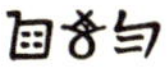

tʂɯ^{55} mphɯ̠^{2} su^{33}

开冥路经.-抄本.-云南省武定县万德乡万德村,清.-6页;21.8×27.4cm.-线装.-本书从左往右行序,断句,完好。

151-1

tʂɯ^{55} mphɯ̠^{2} su^{33}

开冥路经.-写本.-云南省武定县万德乡万德村,清道光24年(1844)6月.-6页;27×20cm.-线装.-本书从右往左行序,断句,完好。

155-2

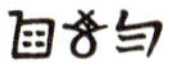

tʂɯ^{55} mphɯ̠^{2} su^{33}

开冥路经.-抄本.-云南省武定县万德乡万德村,清.-9页;28×20cm.-线装.-本书从左往右行序,不断句,首页有残;本书无题名,题名为拟订题名。

253-3

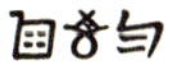

tʂɯ^{55} mphɤ̠^{2} su^{33}

开冥路经.-抄本.-云南省武定县万德乡万德村,清.-7页;27×22cm.-线装.-本书从右往左行序,断句,末页有残。

262-1

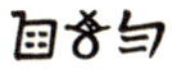

tʂɯ^{55} mphɤ̠^{2} su^{33}

开冥路经.-抄本.-云南省武定县万德乡万德村,清.-14页;27×20cm.-线装.-本书从左往右行序,断句,首三页稍残。

468-2

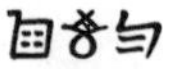

tʂɯ^{55}mphɯ̱^{2}su^{33}

开冥路经.-抄本.-云南省武定县万德乡万德村,清.-10页; 28.5×25.1cm.-线装.-本书从左往右行序,断句,每页稍残。

547-4

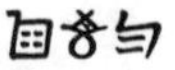

tʂɯ^{55}mphɯ̱^{2}su^{33}

开冥路经.-抄本.-云南省禄劝县中屏乡昔南办事处巴洪村,清.-2页;28×36cm.-线装.-本书从左往右行序,断句,首尾有残。

550-1

tɕho̱^{55}phu^{33}dzi̱^{55}su^{33}

祭六祖经/(清)昂色政写.-复制本.-云南省禄劝县中屏乡昔南办事处巴洪村,清.-116页;29×20cm.-精装.-本书从左往右行序,不断句,完好。

137-1

dʑɔ^{11}mu^{55}su^{33}

焚烧祭场经/(清)召赤写.-写本.-云南省武定县万德乡万德村,清兔年2月.-3页; 21×14cm.-线装.-本书从左往右行序,断句,完好。

144-1

dʑɔ^{11}mu^{55}su^{33}

焚烧祭场经.-抄本.-云南省武定县万德乡万德村,清.-6页; 17.3×18cm.-线装.-本书从左往右行序,断句,完好。

183-2

dʑɔ^{11}mu^{55}su^{33}

焚烧祭场经/(清)木期亨呗耄写.-写本.-云南省武定县万德乡木期亨村,清光绪15年(1889)7月.-8页;26×16cm.-线装.-本书从右往左行序,断句,完好;著者以“木期亨(村名)呗耄(祭师)写”来表述的。

186-3

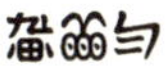

dʑɔ^{11}mu^{55}su^{33}

焚烧祭场经/(清)罗骂思写.-写本.-云南省武定县万德乡木期亨村,清.-4页;27×14cm.-线装.-本书从左往右行序,断句,完好。

214-1

dʑɔ^{11}mu^{55}su^{33}

焚烧祭场经.-抄本.-云南省武定县万德乡万德村,清.-3页;17.5×30.5cm.-线装.-本书从左往右行序,断句,完好。

233-1

dʑɔ^{11}mu^{55}su^{33}

焚烧祭场经/(清)杨正写.-写本.-云南省禄劝县皎西乡法塔村,清光绪13年(1887)猪年6月.-2页;17.2×20.7cm.-线装.-本书从左往右行序,断句,首残;本书题名残,题名为拟订题名。

236-1

dʑɔ^{11}mu^{55}su^{33}

焚烧祭场经/(清)期宗写.-写本.-云南省禄劝县皎西乡治超村,清猴年正月.-3页;19.6×19cm.-线装.-本书从左往右行序,断句,首残;本书题名残,题名为拟订题名,此书是皎西乡治超村期宗写给已厦村阿政的。

271-1

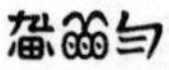

dʑɔ^{11}mu^{55}su^{33}

焚烧祭场经 . -抄本 . -云南省武定县万德乡万德村,清 . -5 页; 20 × 15cm. -线装 . -本书从左往右行序,断句,完好。

273-1

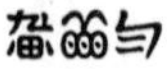

dʑɔ^{11}mu^{55}su^{33}

焚烧祭场经 . -抄本 . -云南省武定县万德乡万德村,清 . -6 页; 22 × 20cm. -线装 . -本书从左往右行序,断句,完好。

291-1

dʑɔ^{11}mu^{55}su^{33}

焚烧祭场经 . -抄本 . -云南省武定县万德乡万德村,清 . -3 页; 20 × 19cm. -线装 . -本书从左往右行序,断句,完好。

295-1

dʑɔ^{11}mu^{55}su^{33}

焚烧祭场经 . -抄本 . -云南省武定县万德乡万德村,清 . -8 页; 20 × 14cm. -线装 . -本书从左往右行序,断句,首 2 页稍残。

350-4

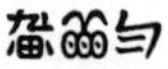

dʑɔ^{11}mu^{55}su^{33}

焚烧祭场经 . -抄本 . -云南省武定县万德乡万德村,清 . -3 页; 16. 7 × 18. 5cm. -线装 . -本书从左往右行序,断句,有残。

367-1

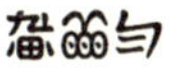

dʑɔ^{11}mu^{55}su^{33}

焚烧祭场经．-抄本．-云南省武定县万德乡万德村，清．-3页；14.8×24.5cm.-线装．-本书从左往右行序，不断句，首残；本书题名残，题名为拟订题名。

413-1

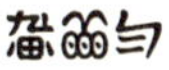

dʑɔ^{11}mu^{55}su^{33}

焚烧祭场经．-抄本．-云南省武定县万德乡万德村，清．-6页；14×19cm.-线装．-本书从左往右行序，断句，完好。

300-1

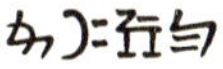

ȵ̥tɕhi^{11}mɐ^{33}za̠^{55}su^{33}

献皮服锦衣经／（清）立基写．-写本．-云南省武定县万德乡万德村，清道光26年（1846）正月．-11页；18×27cm.-线装．-本书从左往右行序，断句，完好。

105-1

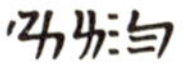

ȵ̥e̠^{55}me̠^{2}su^{33}

沿途贿赂鬼神经．-抄本．-云南省武定县万德乡万德村，清．-12页；20.2×28.5cm.-线装．-本书从左往右行序，断句，残损严重。

162-1

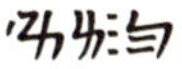

ȵ̥e̠^{55}me̠^{2}su^{33}

沿途贿赂鬼神经．-抄本．-云南省武定县万德乡万德村，清．-7页；28×19cm.-线装．-本书从右往左行序，断句，完好。

164

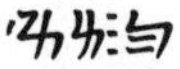

ȵe̠^{55}me̠^{2}su^{33}

沿途贿赂鬼神经/(清)者杂写.-写本.-云南省武定县万德乡万德村,清道光23年(1843)兔年4月.-14页;27×20cm.-线装.-本书从右往左行序,不断句,末3页残损严重;本书无题名,题名为拟订题名。

170-1

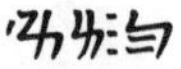

ȵe̠^{55}me̠^{2}su^{33}

沿途贿赂鬼神经.-抄本.-云南省武定县万德乡万德村,清.-8页;21×15cm.-线装.-本书从右往左行序,断句,完好。

171

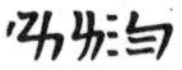

ȵe̠^{55}me̠^{2}su^{33}

沿途贿赂鬼神经.-抄本.-云南省武定县万德乡万德村,清.-18页;26×19cm.-线装.-本书从左往右行序,断句,末2页残半。

173

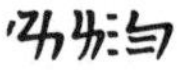

ȵe̠^{55}me̠^{2}su^{33}

沿途贿赂鬼神经.-抄本.-云南省武定县万德乡万德村,清.-24页;21×14cm.-线装.-本书从右往左行序,断句,完好。

189-1

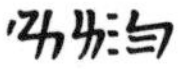

ȵe̠^{55}me̠^{2}su^{33}

沿途贿赂鬼神经.-抄本.-云南省武定县万德乡万德村,清.-4页;26×20cm.-线装.-本书从右往左行序,断句,首残;本书题名残,题名为拟订题名。

203-7

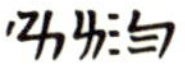

ŋ̥e̠^{55}me̠^{2}su^{33}

沿途贿赂鬼神经.-抄本.-云南省武定县万德乡万德村,清.-48 页; 24×20cm.-线装.-本书从左往右行序,不断句,完好。

218

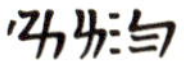

ŋ̥e̠^{55}me̠^{2}su^{33}

沿途贿赂鬼神经.-抄本.-云南省武定县万德乡万德村,清.-10 页:神座插枝图;15.2×19cm.-线装.-本书从左往右行序,断句,完好。

229

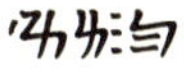

ŋ̥e̠^{55}me̠^{2}su^{33}

沿途贿赂鬼神经.-抄本.-云南省武定县万德乡万德村,清.-16 页; 18×16cm.-线装.-本书从左往右行序,不断句,完好。

240-2

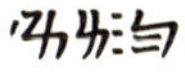

ŋ̥e̠^{55}me̠^{2}su^{33}

沿途贿赂鬼神经.-抄本.-云南省武定县万德乡万德村,清.-13 页; 20×29.5cm.-线装.-本书从左往右行序,不断句,完好。

257-3

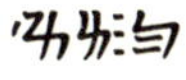

ŋ̥e̠^{55}ne̠^{2}su^{33}

沿途贿赂鬼神经.-抄本.-云南省武定县万德乡万德村,清.-7 页; 28×19cm.-线装.-本书从左往右行序,断句,每页均有残。

258-1

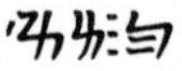

ȵe̠^{55}me̠^{2}su^{33}

沿途贿赂鬼神经.-写本.-云南省武定县万德乡万德村,清光绪年间(1875～1908.-12 页; 21.7×25.5cm.-线装.-本书从左往右行序,断句,完好,著者和年代残缺。

264-1

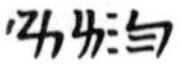

ȵe̠^{55}me̠^{2}su^{33}

沿途贿赂鬼神经.-抄本.-云南省武定县万德乡万德村,清.-10 页; 25×20cm.-线装.-本书从右往左行序,断句,首残;本书题名残,题名为拟定题名。

299

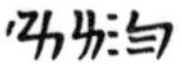

ȵe̠^{55}me̠^{2}su^{33}

沿途贿赂鬼神经/(清)恩夫写.-写本.-云南省禄劝县云龙乡多卡村,清咸丰 3 年(1853)10 月,.-9 页; 18×27cm.-线装.-本书从左往右行序,断句,完好。

105-2

ɕi^{33}dzi̠^{55}su^{33}

祭奠亡灵经.-抄本.-云南省武定县万德乡万德村,清.-24 页; 20.2×28.5cm.-线装.-本书从左往右行序,断句,稍残。

109-2

ɕi^{33}dzi̠^{55}su^{33}

祭奠亡灵经.-抄本.-云南省武定县万德乡万德村,清.-13 页; 23.2×32cm.-线装.-本书从左往右行序,不断句,完好。

110-1

çi^{33}dzi̠^{55}su^{33}

祭奠亡灵经/（清）沙特写．-写本．-云南省武定县发窝乡老施多村，清．-39 页；23.7×25.5cm. -线装．-本书从左往右行序，断句，中间残去一页。

113-1

çi^{33}dzi̠^{55}su^{33}

祭奠亡灵经．-抄本．-云南省武定县万德乡万德村，清．-10 页；23.8×28.9cm. -线装．-本书从左往右行序，不断句，首页有残；本书题名残，题名根据 171 号同名书校对后拟订。

114

çi^{33}dzi̠^{55}su^{33}

祭奠亡灵经．-抄本．-云南省武定县万德乡万德村，清．-36 页；28×21cm. -线装．-本书从左往右行序，不断句，首尾残；本书题名残，题名为拟订题名。

120-1

çi^{33}dzi̠^{55}su^{33}

祭奠亡灵经．-抄本．-云南省武定县万德乡万德村，清．-29 页；19.5×28.7cm. -线装．-本书从左往右行序，断句，完好。

127-1

çi^{33}dzi̠^{55}su^{33}

祭奠亡灵经/（清）期宗写．-写本．-云南省禄劝县皎西乡治超村，清．-28 页；18×28.4cm. -线装．-本书从左往右行序，断句，每页均有残。

130

çi^{33} dzi̠^{55} su^{33}

祭奠亡灵经/(清)恩体写.-写本.-云南省武定县万德乡万德村,清蛇年11月.-66页;20×14cm.-线装.-本书从左往右行序,不断句,完好。

162-2

çi^{33} dzi̠^{55} su^{33}

祭奠亡灵经.-抄本.-云南省武定县万德乡万德村,清.-30页;28×19cm.-线装.-本书从右往左行序,断句,末11页均有残。

167

çi^{33} dzi̠^{55} su^{33}

祭奠亡灵经.-抄本.-云南省武定县万德乡万德村,清.-56页;24×19cm.-线装.-本书从左往右行序,不断句,首3页残几个字;本书无题名,题名根据168号同名书校对后拟订。

169

çi^{33} dzi̠^{55} su^{33}

祭奠亡灵经.-抄本.-云南省武定县万德乡万德村,清.-23页;28×19cm.-线装.-本书从左往右行序,断句,末页有残。

189-2

çi^{33} dzi̠^{55} su^{33}

祭奠亡灵经.-抄本.-云南省武定县万德乡万德村,清.-20页;26×20cm.-线装.-本书从右往左行序,断句,完好。

190

çi^{33}dzi̠^{55}su^{33}

祭奠亡灵经.-抄本.-云南省武定县万德乡万德村,清.-20 页;25.2×26.7cm.-线装.-本书从左往右行序,不断句,末 4 页稍残。

195-3

çi^{33}dzi̠^{55}su^{33}

祭奠亡灵经/(清)大西邑呗耄写.-写本.-云南省武定县万德乡发窝乡大西邑村,清.-6 页;28×25cm.-线装.-本书从右往左行序,断句,完好;本书无题名,题名为拟订题名;本书著者以“大西邑(村名)呗耄(祭师)写”来表述的。

210-1

çi^{33}dzi̠^{55}su^{33}

祭奠亡灵经/(清)阿老写.-写本.-云南省武定县万德乡万德村,清道光 21 年(1841)牛年 7 月.-20 页;19×28cm.-线装.-本书从左往右行序,不断句,完好。

211-1

çi^{33}dzi̠^{55}su^{33}

祭奠亡灵经.-抄本.-云南省武定县万德乡万德村,清.-30 页;18.8×32.5cm.-线装.-本书从右往左行序,断句,完好;本书无题名,题名为拟订题名。

235-1

çi^{33}dzi̠^{55}su^{33}

祭奠亡灵经.-抄本.-云南省武定县万德乡万德村,清.-33 页;19.8×26cm.-线装.-本书从左往右行序,不断句,每页均有残;本书题名残,题名为拟订题名。

260

çi^{33} dzi̱^{55} su^{33}

祭奠亡灵经 . -抄本 . -云南省武定县万德乡万德村,清 . -23 页; 27 × 35. 2cm. -线装 . -本书从左往右行序,断句,首尾残,每页均烧残一个洞;本书题名残,题名为拟订题名。

287

çi^{33} dzi̱^{55} su^{33}

祭奠亡灵经 . -抄本 . -云南省武定县万德乡万德村,清 . -26 页; 19 ×35cm. -线装 . -本书从右往左行序,断句,首尾残;本书题名残,题名为拟订题名。

288-1

çi^{33} dzi̱^{55} su^{33}

祭奠亡灵经 . -抄本 . -云南省武定县万德乡万德村,清 . -38 页; 17 ×26cm. -线装 . -本书从左往右行序,不断句,首残;本书题名残,题名为拟订题名。

289

çi^{33} dzi̱^{55} su^{33}

祭奠亡灵经 . -写本 . -云南省武定县万德乡万德村,清猴年 6 月写 . -19 页; 15 × 20cm. -线装 . -本书从左往右行序,断句,首残;本书题名残,题名为拟订题名。

292

çi^{33} dzi̱^{55} su^{33}

祭奠亡灵经/康宝呗耄写 – 写本 . -云南省禄劝县云龙乡康宝村,清 . -18 页; 23 × 16cm. -线装 . -本书从右往左行序,断句,首残,此书著者以“康宝(村名)呗耄(祭师)写”来表述的。

339

çi^{33}dzi̠^{55}su^{33}
祭奠亡灵经．-抄本．-云南省武定县万德乡万德村，清．-24 页；23×15cm. -线装．-本书从左往右行序，断句，首尾残；本书题名残，题名为拟订题名。

468-1

çi^{33}dzi̠^{55}su^{33}
祭奠亡灵经．-抄本．-云南省武定县万德乡万德村，清．-73 页；28.5×25.1cm. -线装．-本书从左往右行序，断句，首残；本书题名残，题名为拟订题名。

175
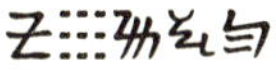
çi^{33}dzi̠^{55}ɳɐ^{11}dzɐ^{11}su^{33}
祭奠亡灵礼仪经．-抄本．-云南省武定县万德乡万德村，清．-23 页；25.4×33.3cm. -线装．-本书从左往右行序，不断句，尾残。

185-1
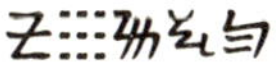
çi^{33}dzi̠^{55}ɳɐ^{11}dzɐ^{11}su^{33}
祭奠亡灵礼仪经/（清）沙腮写．-写本．-云南省武定县万德乡万德村，清．-34 页；24×18cm. -线装．-本书从左往右行序，不断句，完好。

186-1
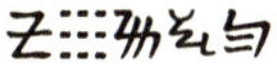
çi^{33}dzi̠^{55}ɳɐ^{11}dzɐ^{11}su^{33}
祭奠亡灵礼仪经/（清）罗骂思写．-写本．-云南省武定县万德乡木期亨村，清．-9 页；27×14cm. -线装．-本书从左往右行序，断句，完好；本书无题名，题名为拟订题名。

192-3

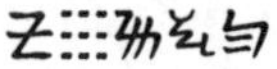

çi^{33} dzi̠^{55} ɳɐ^{11} dzɐ^{11} su^{33}

祭奠亡灵礼仪经 . -抄本 . -云南省武定县万德乡万德村,清 . -8 页; 20. 7 ×25. 7cm. -线装 . -本书从左往右行序,断句,完好。

203-1

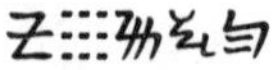

çi^{33} dzi̠^{55} ɳɐ^{11} dzɐ^{11} su^{33}

祭奠亡灵礼仪经 . -抄本 . -云南省武定县万德乡万德村,清 . -6 页; 24 ×20cm. -线装 . -本书从左往右行序,不断句,首稍残。

210-6

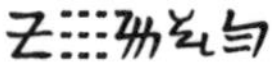

çi^{33} dzi̠^{55} ɳɐ^{11} dzɐ^{11} su^{33}

祭奠亡灵礼仪经/(清)阿老写 . -写本 . -云南省武定县万德乡万德村,清道光 21 年(1841)牛年 7 月 . -4 页; 19 ×28cm. -线装 . -本书从左往右行序,不断句,末 2 页有残损。

257-1

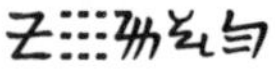

çi^{33} dzi̠^{55} ɳɐ^{11} dzɐ^{11} su^{33}

祭奠亡灵礼仪经 . -抄本 . -云南省武定县万德乡万德村,清 . -16 页; 28 ×19cm. -线装 . -本书从左往右行序,断句,首 2 页残书角。

266

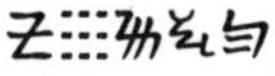

çi^{33} dzi̠^{55} ɳɐ^{11} dzɐ^{11} su^{33}

祭奠亡灵礼仪经/(清)者宝写 . -写本 . -云南省武定县万德乡万德村,清道光 23 年(1843). -12 页; 27 ×19cm. -线装 . -本书从右往左行序,断句,尾残;本书无题名,题名为拟订题名,此书是者宝写给鲁者的。

268

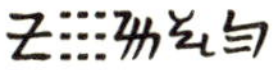

ɕi^{33} dzi̠^{55} ɳɐ^{11} dzɐ^{11} su^{33}

祭奠亡灵礼仪经．-抄本．-云南省武定县万德乡万德村，清．-8 页；20 ×15cm. -线装．-本书从左往右行序，断句，完好。

282

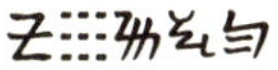

ɕi^{33} dzi̠^{55} ɳɐ^{11} dzɐ^{11} su^{33}

祭奠亡灵礼仪经．-抄本．-云南省武定县万德乡万德村，清．-12 页；15.8 ×16cm. -线装．-本书从左往右行序，断句，完好；本书无题名，题名为拟订题名。

126-2

ɕi^{33} dzi̠^{55} dʑɔ^{11} fɔ^{11} su^{33}

转祭奠亡灵场经/（清）者波写．-写本．-云南省武定县万德乡万德村，清民国 14 年（1925）牛年 6 月．-5 页；19 ×24.5cm. -线装．-本书从左往右行序，断句，完好。

226-1

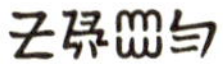

ɕi^{33} sa̠^{55} tsa̠^{33} su^{33}

给亡者接气经/（清）诺宗写．-写本．-云南省武定县万德乡万德村，清虎年 3 月．-1 页：神座插枝图；15 ×22.7cm. -线装．-本书从右往左行序，不断句，完好。

109-1

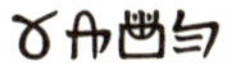

ji^{11} ɬɯ^{33} ʈər^{11} su^{33}

为亡灵加水经．-抄本．-云南省武定县万德乡万德村，清．-4 页；23.2 ×32cm. -线装．-本书从左往右行序，不断句，完好。

105-6

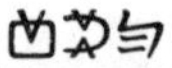

khɯ^{2}ɣɯ^{2}su^{33}

砍出殡树经 . -抄本 . -云南省武定县万德乡万德村,清 . -1 页; 20. 2 ×28. 5cm. -线装 . -本书从左往右行序,不断句,稍残。

270-12

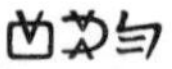

khɯ^{2}ɣɯ^{2}su^{33}

砍出殡树经/(清)阿立写 . -写本 . -云南省武定县万德乡万德村,清嘉庆 21 年(1816)猪年 . -1 页; 20 ×14cm. -线装 . -本书从左往右行序,不断句,末有残。

34-2

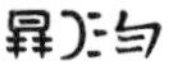

ŋɯ^{33}khɤ^{33}su^{33}

劝哭经 . -抄本 . -云南省武定县万德乡万德村,清 . -11 页; 18 ×14cm. -线装 . -从右往左行序,不断句,完好。

135-1

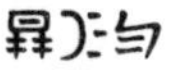

ŋɯ^{33}khe^{33}su^{33}

劝哭经 . -抄本 . -云南省武定县万德乡万德村,清 . -12 页; 18 ×22. 2cm. -线装 . -本书从右往左行序,断句,前四页残损严重;有“那振兴印”朱印。

136-1

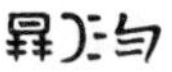

ŋɯ^{33}khɤ^{33}su^{33}

劝哭经/(清)阿涛写 . -写本 . -云南省武定县万德乡万德村,清咸丰元年(1851)8 月 . -4 页;21 ×14cm. -线装 . -本书从右往左行序,断句,完好。

145

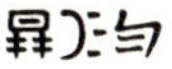

ŋɯ^{33}khɤ^{33}su^{33}

劝哭经 . -写本 . -云南省武定县万德乡万德村,清道光 10 年(1830)4 月 . -8 页; 27 × 21cm. -线装 . -本书从右往左行序,断句,完好,此书著者写给铺麻的。

154-2

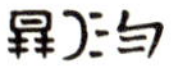

ŋɯ^{33}khɤ^{33}su^{33}

劝哭经 . -抄本 . -云南省武定县万德乡万德村,清 . -8 页; 24. 8 ×26. 5cm. -线装 . -本书从左往右行序,不断句,首页有残。

203-8

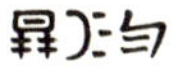

ŋɯ^{33}kɤ^{33}su^{33}

劝哭经 . -抄本 . -云南省武定县万德乡万德村,清 . -4 页; 24 ×20cm. -线装 . -本书从左往右行序,不断句,完好。

216

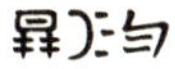

ŋɯ^{33}khɤ^{33}su^{33}劝哭经/(清)李崇新写 . -写本 . -云南省武定县万德乡万德村公所鲁布古村,清 . -17 页; 21 ×18cm. -线装 . -本书从右往左行序,不断句,完好。

244-7

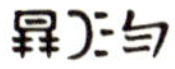

ŋɯ^{33}ŋkhɤ^{33}su^{33}

劝哭经 . -抄本 . -云南省武定县万德乡万德村,清 . -17 页; 26 ×20cm. -线装 . -本书从右往左行序,断句,完好。

272

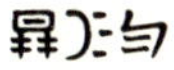

ŋɯ^{33}khɤ^{33}su^{33}

劝哭经．-抄本．-云南省武定县万德乡万德村，清．-22 页；22 ×16cm. -线装．-本书从右往左行序，断句，首尾几页有残。

185-3

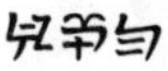

ɣo̱^{2}·ju^{11}su^{33}

受礼经/（清）沙腮写．-写本．-云南省武定县万德乡万德村，清．-9 页：神座插枝图；24 ×18cm. -线装．-本书从左往右行序，断句，完好。

mɐ^{33}no^{33}ʂɯ^{55}

供牲经

45-2

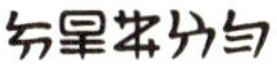

a^{55}phu^{33}dʐe^{33}bi^{55}su^{33}

祭祖妣供牲经/（清）阿沙写 . -写本 . -云南省禄劝县撒营盘镇贵能高升康村，清咸丰 4 年（1854）虎年腊月 . -5 页；18 ×24cm. -线装 . -从左往右行序，不断句，完好。

200

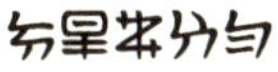

a^{55}phu^{33}dʐe^{33}bi^{55}su^{33}

祭祖妣供牲经/（清）铺字写 . -写本 . -云南省武定县万德乡万德村，清道光 10 年（1830）. -12 页；23 ×17cm. -线装 . -本书从右往左行序，断句，完好。

55-3

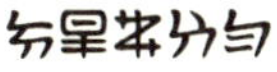

a^{55}phu^{33}dʐe^{33}dʑe^{55}su^{33}

祭祖妣供牲经/（清）诺文殊珠写 . -云南省武定县已衣乡汤德古办事处诺文村，清乾隆（具体时间已残损）. -24 页；28 ×22cm. -线装 . -从右往左行序，断句，年代半残，每页中间烧残一个洞缺三个字；本书著者以“诺文（村名）殊珠（教师）写”来表述。

381-2

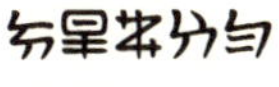

a^{55}phu^{33}dʐe^{33}dʑe^{55}su^{33}

祭祖妣供牲经/（清）发窝呗毫写 . -写本 . -云南省武定县发窝乡发窝村，清蛇年 2

月 . -2 页; 20 ×26cm. -线装 . -本书从右往左行序,断句,完好;本书著者以“发窝(村名)呗耄(祭师)写”来表述的。

98

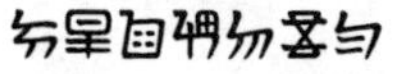

a^{55}phu^{33}tʂɯ^{55}mɐ^{33}no^{33}ʂɯ^{55}su^{33}

供奉祖灵献牲经 . -抄本 . -云南省武定县万德乡万德村,清 . -17 页:神座插枝图; 28 ×18cm. -线装 . -本书从右往左行序,断句,完好。

64-1

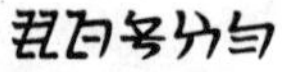

pho^{55}mo^{11}dʐe^{33}bi^{55}su^{33}

祭祖妣供牲经 . -抄本 . -云南省武定县万德乡万德村,清道光 4 年(1824)猴年三月 . -4页; 22 ×28cm. -线装 . -本书从左往右行序,不断句,完好。

61-1

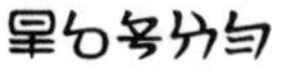

phu^{55}phi^{33}dʐe^{33}bi^{55}su^{33}

祭祖妣供牲经 . -抄本 . -云南省武定县万德乡万德村,清 . -4 页; 22 ×29cm. -线装 . -从左往右行序,不断句,完好。

117-1

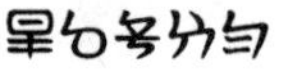

phu^{55}phi^{33}dʐe^{33}bi^{55}su^{33}

祭祖妣供牲经 . -抄本 . -云南省武定县万德乡万德村,清 . -21 页; 26 ×20cm. -线装 . -本书从左往右行序,不断句,完好。

2-1

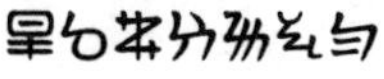

phu^{55}phi^{33}dʐe^{33}bi^{55}ɳɐ^{11}dzɐ^{11}su^{33}

祭祖妣供牲礼仪经 . -抄本 . -云南省武定县万德乡万德村,清 . -3 页:神座插枝图;

24 ×27cm. -线装 . -从左往右行序,断句,完好。

45-1

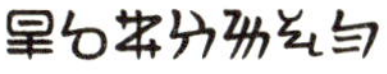

phu^{55}phi^{33}dʐe^{33}bi^{55}ɳɐ^{11}dzɐ^{11}su^{33}

祭祖妣供牲礼仪经/(清)阿沙写 . -写本 . -云南省禄劝县撒营盘镇贵能高升康村,清咸丰 4 年(1854)虎年腊月 . -3 页; 18 ×24cm. -线装 . -从左往右行序,不断句,残损严重。

15-2

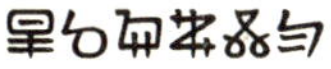

phu^{55}phi^{33}ɣo̠^{55}dʐe^{33}ʂɯ^{55}su^{33}

祭祖妣供牲经 . -抄本 . -云南省武定县万德乡万德村,清 . -5 页; 19 ×28cm. -线装 . -从左往右行序,断句,完好。

62-13

phu^{11}ɳɐ^{33}b̠i^{55}ʂɯ^{33}mɐ^{33}no^{33}ʂɯ^{55}su^{33}

解田地祸祟供牲经 . -抄本 . -云南省武定县万德乡万德村,清 . -1 页; 25 ×37cm. -线装 . -从右往左行序,断句,完好。

62-12

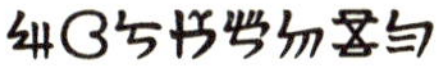

phu^{11}ɳɐ^{33}ve^{33}nthɤ^{33}mɐ^{33}no^{33}ʂɯ^{55}su^{33}

消除田地污秽供牲经 . -抄本 . -云南省武定县万德乡万德村,清 . -1 页; 25 ×37cm. -线装 . -从右往左行序,断句,完好。

62-11

phu^{11}ɳɐ^{33}tʂɔ^{55}tsa̠^{33}mɐ^{33}no^{33}ʂɯ^{55}su^{33}

祭田地护神供牲经 . -抄本 . -云南省武定县万德乡万德村,清 . -1 页; 25 ×37cm. -

线装. -从右往左行序,断句,完好。

209-7

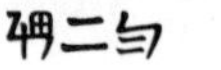

mɐ^{33}pu^{33}su^{33}

颂牲经. -抄本. -云南省武定县万德乡万德村,清. -8 页; 21 ×19. 5cm. -线装. -本书从左往右行序,不断句,尾残。

270-10

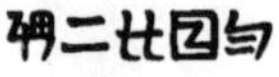

mɐ^{33}pu^{33}ɳtʂhɯ^{33}kɤ^{11}su^{33}

受礼颂牲经/(清)阿立写. -写本. -云南省武定县万德乡万德村,清嘉庆 21 年(1816)猪年. -3 页;线装,20 ×14cm. -本书从左往右行序,不断句,完好;武定县万德乡万德村那土司家收购。

194-1

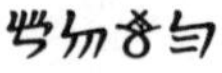

mɐ^{33}no^{33}mphɯ̠^{2}su^{33}

开冥路供牲经. -抄本. -云南省武定县万德乡万德村,清. -8 页; 28 ×18cm. -线装. -本书从右往左行序,断句,完好。

13-5

mɐ^{33}no^{33}zɔ̠^{2}su^{33}

赞颂祭牲经/(清)贝纳召你写. -写本. -云南省禄劝县撒营盘镇德嘎村,清. -1 页; 26 ×28cm. -线装. -从左往右行序,断句,完好。

126-1

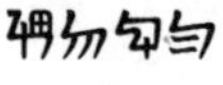

mɐ^{33}no^{33}tɕhe^{33}su^{33}

献牲经/(清)者波写. -写本. -云南省武定县万德乡万德村,清民国 14 年(1925)

牛年 6 月 . -14 页; 19 ×24. 5cm. -线装 . -本书从左往右行序,断句,完好。

143

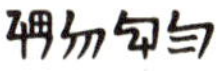

mɐ^{33}no^{33}tɕhe^{33}su^{33}

献牲经/(清)阿柴写 . -写本 . -云南省武定县万德乡万德村,清光绪 31 年(1905)蛇年 8 月 . -20 页; 24 ×18cm. -线装 . -本书从左往右行序,断句,有残,本书阿柴写给阿文儿的。

203-9

mɐ^{33}no^{33}ɕi^{33}tʂɯ^{55}mphɯ^{2}su^{33}

开冥路供牲经 . -抄本 . -云南省武定县万德乡万德村,清 . -4 页; 24 ×20cm. -线装 . -本书从左往右行序,不断句,完好。

232-3

mɐ^{33}sər^{11}mu^{11}su^{33}

献牲经 . -抄本 . -云南省武定县万德乡万德村,清 . -3 页; 17. 2 ×28cm. -线装 . -本书从左往右行序,断句,完好。

62-17

fər^{33}ŋər^{33}nthe^{33}mɐ^{33}no^{33}ʂɯ^{55}su^{33}

御活害鬼供牲经 . -抄本 . -云南省武定县万德乡万德村,清 . -1 页; 25 ×37cm. -线装 . -从右往左行序,断句,完好。

62-16

thər^{33}tʂhɯ^{2}mɐ^{33}no^{33}ʂɯ^{55}su^{33}

除祟供牲经 . -抄本 . -云南省武定县万德乡万德村,清 . -1 页; 25 ×37cm. -线装 . -

从右往左行序,断句,完好。

2-2

[illegible]

ne̠^{55}mu^{11}a^{55}phu^{33}dze^{33}bi^{55}su^{33}

氏族祭祖妣供牲经.-抄本.-云南省武定县万德乡万德村,清.-7 页; 24 ×27cm 没.-线装.-从左往右行序,断句,完好。

8-1

[illegible]

ne̠^{55}mu^{11}mɐ^{33}no^{33}ʂ̥ɯ^{55}su^{33}

氏族祭祖供牲经/(清)阿仲写.-写本.-云南省禄劝县双化乡坎邓村,清光绪 16 年(1890)虎年 7 月.-3 页; 26 ×31cm.-线装.-从左往右行序,断句,完好。

21-1

[illegible]

ne̠^{55}mu^{11}mɐ^{33}no^{33}ʂ̥ɯ^{55}su^{33}

氏族祭祖供牲经.-抄本.-云南省武定县万德乡万德村,清.-15 页; 21 ×14cm.-线装.-从左往右行序,断句,完好。

26

[illegible]

ne̠^{55}mu^{11}mɐ^{33}no^{33}ʂ̥ɯ^{55}su^{33}

氏族祭祖供牲经.-抄本.-云南省武定县万德乡万德村,清.-62 页; 20 ×13cm.-线装.-从左往右行序,断句,完好;本书无题名,题名根据 21 号同名书校对后拟订。

47

[illegible]

ne̠^{55}mu^{11}mɐ^{33}no^{33}ʂ̥ɯ^{55}su^{33}

氏族祭祖供牲经.-抄本.-云南省武定县万德乡万德村,清.-18 页; 15 ×21cm.-线装.-从左往右行序,断句,完好;本书无题名,题名根据 21 号同名书校对后拟订。

88

ne̠^{55} mu^{11} mɐ^{33} no^{33} ʂɯ^{55} su^{33}

氏族祭祖供牲经 . -抄本 . -云南省武定县万德乡万德村,清 . -6 页; 33 ×28cm. -线装 . -本书从右往左行序,不断句,尾残;本书无题名,题名为拟订题名。

165-2

ne̠^{55} mu^{11} mɐ^{33} no^{33} ʂɯ^{55} su^{33}

氏族祭祖供牲经 . -抄本 . -云南省武定县万德乡万德村,清 . -7 页; 28 ×21cm. -线装 . -本书从左往右行序,不断句,末页残一行。

439-2

ne̠^{55} mu^{11} mɐ^{33} no^{33} ʂɯ^{55} su^{33}

氏族祭祖供牲经 . -抄本 . -云南省武定县万德乡万德村,清 . -1 页; 17 ×28cm. -线装 . -本书从右往左行序,不断句,此书只有开头内容;本书无题名,题名为拟订题名。

545

ne̠^{55} mu^{11} mɐ^{33} no^{33} ʂɯ^{55} su^{33}

氏族祭祖供牲经-抄本 . -云南省禄劝县中屏乡昔南办事处巴洪村,清 . -16 页;25 ×28cm. -线装 . -本书从左往右行序,断句,首页稍残。

10-1

ne̠^{55} mu^{11} mɐ^{33} no^{33} ʂɯ^{55} so^{33} je^{11} ʂɯ^{55} su^{33}

氏族祭祖供牲祝福经/ (清)沙夺写 . -写本 . -云南省禄劝县撒营盘贵能村,清马年腊月 . -12 页:神座插枝图; 20 ×27cm. -线装 . -从左往右行序,断句,完好。

62-3

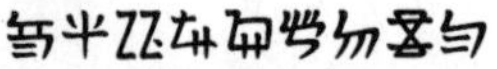

ne̠^{55}mu^{11}tʂhɔ^{55}ɬu^{33}ɣo̠^{2}ȵe^{33}mɐ^{33}no^{33}ʂɯ^{55}su^{33}

氏族祭祖超度祖灵供牲经.-抄本.-云南省武定县万德乡万德村,清.-2页;25×37cm.-线装.-从右往左行序,断句,完好。

62-5

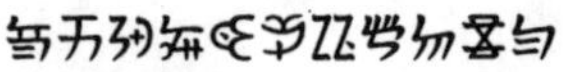

ne̠^{55}mu^{11}ɣu^{33}dʑɔ^{11}jɯ^{33}lɐ^{33}tʂhɔ^{55}mɐ^{33}no^{33}ʂɯ^{33}su^{33}

入祭场除污供牲经.-抄本.-云南省武定县万德乡万德村,清.-1页;25×37cm.-线装.-从右往左行序,断句,完好。

62-7

ne^{55}ve^{33}mɐ^{33}no^{33}ʂɯ^{55}su^{33}

氏族祭祖御鬼供牲经.-抄本.-云南省武定县万德乡万德村,清.-1页;25×37cm.-线装.-从右往左行序,断句,完好。

62-8

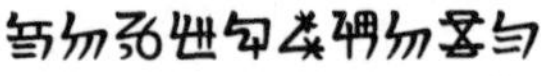

ne̠^{55}no^{33}va̠^{55}jo̠^{2}tɕhe^{33}tsi^{33}mɐ^{33}no^{33}ʂɯ^{55}su^{33}

氏族祭祖歌颂财神供牲经.-抄本.-云南省武定县万德乡万德村,清.-1页;25×37cm.-线装.-从右往左行序,断句,完好。

7-2

ne̠^{55}ȵi^{33}mɐ^{33}no^{33}ʂɯ^{55}su^{33}

巡视宗祠供牲经.-抄本.-云南省武定县万德乡万德村,清.-9页;20×27cm.-线装.-从左往右行序,不断句,尾残。

444-2

lu^{33}ɣa̠^{2}mɐ^{33}no^{33}ʂɯ̠^{55}su^{33}

祭福禄神供牲经/(清)久者写 . -写本 . -云南省禄劝县皎西乡很踏卡村,清乾隆 34 年(1769)牛年 8 月 . -6 页; 20 ×27cm. -线装 . -本书从左往右行序,不断句,完好。

62-15

tsɯ^{55}tɕe̠^{2}nthɤ^{33}mɐ^{33}no^{33}ʂɯ̠^{55}su^{33}

解口舌祸祟供牲经 . -抄本 . -云南省武定县万德乡万德村,清 . -1 页; 25 ×37cm. -线装 . -从右往左行序,断句,完好。

270-3

thsi^{33}bi^{55}mɐ^{33}no^{33}tɕhe^{33}su^{33}

献药供牲经/(清)阿立写 . -写本 . -云南省武定县万德乡万德村,清嘉庆 21 年(1816)猪年 . -7 页; 20 ×14cm. -线装 . -本书从左往右行序,不断句,完好。

148

tshi^{33}tɐ^{11}mɐ^{33}no^{33}ʂɯ̠^{55}su^{33}

献药供牲经 . -抄本 . -云南省武定县万德乡万德村,清 . -38 页; 22 ×16cm. -线装 . -本书从右往左行序,断句,完好;本书无题名,题名根据 193 号同名校对后拟订。

176

tsi^{33}tɐ^{11}mɐ^{33}no^{33}ʂɯ̠^{55}su^{33}

献药供牲经 . -抄本 . -云南省武定县万德乡万德村,清 . -18 页; 21.4 ×28.8cm. -线装 . -本书从右往左行序,断句,完好。

179

tshi^{33} tɐ^{11} mɐ^{33} no^{33} ʂɯ^{55} su^{33}

献药供牲经.-抄本.-云南省武定县万德乡万德村,清.-34 页; 29 ×23cm. -线装.-本书从右往左行序,断句,首尾残;本书题名残,题名根据 195 号同名校对拟订的。

187

tshi^{33} tɐ^{11} mɐ^{33} no^{33} ʂɯ^{55} su^{33}

献药供牲经.-抄本.-云南省武定县万德乡万德村,清.-14 页; 27 ×18cm. -线装.-本书从右往左行序,断句,首残;本书题名残,题名根据 193 号同名校对后拟订。

193

tshi^{33} tɐ^{11} mɐ^{33} no^{33} ʂɯ^{55} su^{33}

献药供牲经.-抄本.-云南省武定县万德乡万德村,清.-33 页; 26 ×17cm. -线装.-本书从右往左行序,断句,完好。

195-1

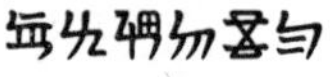

tshi^{33} tɐ^{11} mɐ^{33} no^{33} ʂɹ^{55} su^{33}

献药供牲经/(清)大西邑呗耄写.-写本.-云南省武定县万德乡发窝乡大西邑村,清.-15 页; 28 ×25cm. -线装.-本书从右往左行序,断句,完好;本书著者以"大西邑(村名)呗耄(祭师)写"来表述的。

196

tshi^{33} tɐ^{11} mɐ^{33} no^{33} ʂɯ^{55} su^{33}

献药供牲经.-抄本.-云南省武定县万德乡万德村,清.-26 页; 20 ×18cm. -线装.-本书从右往左行序,不断句,完好。

201

tshi^{33}tɐ^{11}mɐ^{33}no^{33}ʂɯ^{55}su^{33}
献药供牲经. -抄本. -云南省武定县万德乡万德村,清. -22 页; 20 ×26cm. -线装. -本书从左往右行序,断句,尾残。

238

tshi^{33}tɐ^{11}mɐ^{33}no^{33}ʂɯ^{55}su^{33}
献药供牲经/民才写. -写本. -云南省武定县发窝乡发窝村,民国 18 年(1929). -26 页; 19.5 ×20.2cm. -线装. -本书从右往左行序,断句,首残。

251-1

tshi^{33}tɐ^{11}mɐ^{33}no^{33}ʂɯ^{55}su^{33}
献药供牲经. -抄本. -云南省武定县万德乡万德村,清. -28 页; 33 ×26cm. -线装. -本书从右往左行序,断句,首 5 页有残。

259

tshi^{33}tɐ^{11}mɐ^{33}no^{33}ʂɯ^{55}su^{33}
献药供牲经. -抄本. -云南省武定县万德乡万德村,清. -10 页; 28.2 ×38cm. -线装. -本书从左往右行序,断句,首尾残;本书题名残,题名为拟订题名。

265

tshi^{33}tɐ^{33}mɐ^{33}no^{33}ʂɯ^{55}su^{33}
献药供牲经. -抄本. -云南省武定县万德乡万德村,清. -26 页; 25 ×15.3cm. -线装. -本书从左往右行序,断句,首几页有残;本书题名残,题名根据 193 号同名校对后拟订。

283

tshi^{33}tɐ^{11}mɐ^{33}no^{33}ʂɯ^{55}su^{33}

献药供牲经.-抄本.-云南省武定县万德乡万德村,清.-6 页; 18 ×32cm. -线装.-本书从左往右行序,不断句,首尾残缺;本书无题名,题名为拟订题名。

286

tshi^{33}tɐ^{11}mɐ^{33}no^{33}ʂi^{55}su^{33}

献药供牲经.-抄本.-云南省武定县万德乡万德村,清.-32 页; 21 ×13cm. -线装.-本书从左往右行序,断句,首尾残。本书题名残,题名为拟订题名。

192-1

dzi̱^{55}mu^{11}mɐ^{33}no^{33}ʂɯ^{55}su^{33}

祭奠亡灵供牲经.-抄本.-云南省武定县万德乡万德村,清.-12 页; 20. 7 ×25. 7cm. -线装.-本书从左往右行序,断句,完好;本书无题名,题名为拟订题名。

284-1

dzi̱^{55}mu^{11}mɐ^{33}no^{33}ʂɯ^{55}su^{33}

祭奠亡灵供牲经.-抄本.-云南省武定县万德乡万德村,清.-4 页; 17 ×16cm. -线装.-本书从左往右行序,断句,首残;本书题名残,题名为拟订题名。

62-10

zi̱^{2}thɔ^{33}mɐ^{33}no^{33}ʂɯ^{55}su^{33}

镇恶邪供牲经.-抄本.-云南省武定县万德乡万德村,清.-1 页; 25 ×37cm. -线装.-从右往左行序,断句,完好。

327-2

ʈo̠^{55}tsi^{33}mɐ^{33}no^{33}ʂɯ^{55}su^{33}

火炬驱邪献牲经 . -抄本 . -云南省武定县万德乡万德村,清 . -13 页; 27 ×19. 8cm. -线装 . -本书从右往左行序,断句,完好。

328

ʈo̠^{55}tsi^{33}mɐ^{33}no^{33}ʂɯ^{55}su^{33}

火炬驱邪献牲经 . -抄本 . -云南省武定县万德乡万德村,清乾隆 60 年(1795). -14 页; 27 ×19cm. -线装 . -本书从左往右行序,不断句,首页稍残;本书题名残,题名根据 327 号同名校对后拟订。

471

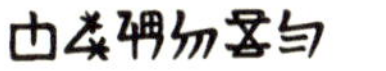

ʈo̠^{55}tsi^{33}mɐ^{33}no^{33}ʂɯ^{55}su^{33}

火炬驱邪献牲经 . -抄本 . -云南省武定县万德乡万德村,清 . -23 页; 21 ×14cm. -线装 . -本书从右往左行序,断句,完好。

62-4

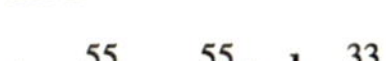

tʂɔ^{55}mɐ^{55}tɕhe^{33}mɐ^{33}no^{33}tʂɯ^{55}su^{33}

超度清净供牲经 . -抄本 . -云南省武定县万德乡万德村,清 . -1 页; 25 ×37cm. -线装 . -从右往左行序,断句,完好。

76-1

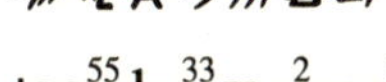

tʂɔ^{55}ɬu^{33}ɣo̠^{2}me^{33}mo^{33}ʂɯ^{55}su^{33}

超荐祖灵供牲经 . -抄本 . -云南省武定县万德乡万德村,清 . -20 页:5 副神座插枝图;20 ×20cm. -线装 . -从右往左行序,断句,完好。

146-1

tʂɯ^{55}mphɯ̱^{2}mɐ^{33}no^{33}ʂɯ̱^{55}su^{33}

开冥路供牲经．-写本．-云南省武定县万德乡万德村，清道光23年（1843）2月．-16页；17.6×19.8cm. -线装．-本书从左往右行序，断句，完好。

184-3

tʂɯ^{55}mphɯ̱^{2}mɐ^{33}si^{11}mu^{11}su^{33}

开冥路供牲经．-写本．-云南省武定县万德乡万德村，清光绪33年（1907）9月．-37页；23×19cm. -线装．-本书从左往右行序，断句，尾残。

62-18

tʂɯ^{55}ɣɯ̱^{2}mɐ^{33}no^{33}ʂɯ̱^{55}su^{33}

镇邪开路供牲经．-抄本．-云南省武定县万德乡万德村，清．-1页；25×37cm. -线装．-从右往左行序，断句，稍残。

93-1

dʐe^{33}dʑe^{55}mɐ^{33}no^{33}ʂɯ̱^{55}su^{33}

献牲经．-抄本．-云南省武定县万德乡万德村，清．-11页；20×28.3cm. -线装．-本书从左往右行序，断句，完好。

6-1

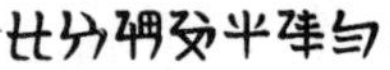

ɳtʂhɯ^{33}bi^{55}mɐ^{33}si^{11}mu^{11}su^{33}

酬谢供牲经．-写本．-云南省武定县万德乡万德村，清光绪20年（1894）蛇年七月．-14页；21×22cm. -线装．-从左往右行序，断句，完好。

62-14

ȵi^{33}ȵo̠^{2}mɐ^{33}no^{33}ʂɯ̠^{55}su^{33}

解役牛罪供牲经 . -抄本 . -云南省武定县万德乡万德村，清 . -1 页；25 ×37cm. -线装 . -从右往左行序，断句，完好。

329-1

ji̠^{2}bo^{11}ʈo^{55}tsi^{33}mɐ^{33}no^{33}ʂɯ̠^{55}su^{33}

火炬驱邪献牲经 . -抄本 . -云南省武定县万德乡万德村，清 . -14 页；28 ×19cm. -线装 . -本书从右往左行序，断句，首残。

78-3

ji̠^{2}bo̠^{2}tɕhe^{11}tsi^{33}mɐ^{33}sər^{11}mu^{11}su^{33}

赞颂益博献牲经 . -抄本 . -云南省武定县万德乡万德村，清 . -10 页；21 ×15cm. -线装 . -本书从左往右行序，断句，完好。

62-6

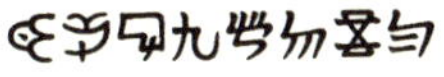

jɯ^{33}lɐ^{33}tɕhe^{33}kɯ^{55}no^{33}ʂɯ̠^{55}su^{33}

解冤愆供牲经 . -抄本 . -云南省武定县万德乡万德村，清 . -1 页；25 ×37cm. -线装 . -从右往左行序，断句，完好。

296

kɯ^{33}tʂhɔ^{33}mɐ^{33}no^{33}zɔ̠^{2}su^{33}

祭奠威荣神献牲经/（清）期台抄写 . -云南省武定县万德乡万德村，清光绪 30 年（1904）4 月 . -18 页；21 ×15cm. -线装 . -本书从右往左行序，断句，完好。

107-2

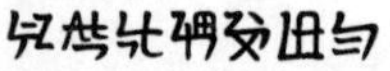

ɣo̠^{2}je^{11}tʂɐ^{33}mɐ^{33}sər^{11}mu^{11}su^{33}

祈成功吉庆献牲经.-抄本.-云南省武定县万德乡万德村,清.-4 页; 18.8 ×27.3cm.-线装.-本书从左往右行序,断句,完好。

62-9

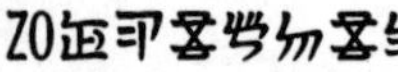

ɦɯ^{33}pi^{55}fa̠^{55}ʂɯ̠^{2}mɐ^{33}no^{33}ʂɯ^{55}su^{33}

封宗祠岩洞除霉邪供牲经.-抄本.-云南省武定县万德乡万德村,清.-1 页; 25 ×37cm.-线装.-从右往左行序,断句,完好。

dʐo̠^{2}mo^{55}

指路经

101-2

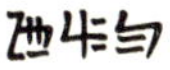

dʐo̠^{2}mo^{55}su^{33}

指路经/(清)左骂写. -写本. -云南省禄劝县皎西乡很踏卡村,清. -12 页;20.5 × 27.5cm. -线装. -本书从左往右行序,不断句,完好;首残。

108-1

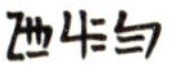

dʐo̠^{2}mo^{55}su^{33}

指路经. -抄本. -云南省武定县万德乡万德村,清. -14 页; 27 ×20cm. -线装. -本书从左往右行序,不断句,每页均有残。

112-2

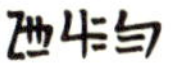

dʐo̠^{2}mo^{55}su^{33}

指路经. -写本. -云南省武定县万德乡万德村,清光绪 10 年(1884)猴年. -10 页; 27 ×19cm. -线装. -本书从左往右行序,不断句,完好。

118

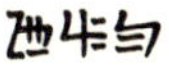

dʐo̠^{2}mo^{55}su^{33}

指路经. -抄本. -云南省武定县万德乡万德村,清. -13 页; 28.5 ×22.2cm. -线装. -本书从左往右行序,断句,完好。

120-4

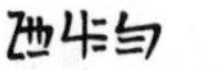

dʑo̠^{2}mo^{55}su^{33}

指路经.-抄本.-云南省武定县万德乡万德村,清.-14 页;19.5×28.7cm.-线装.-本书从左往右行序,断句,完好。

121-2

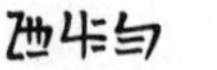

dʑo̠^{2}mo^{55}su^{33}

指路经/(清)阿颂写.-写本.-云南省武定县万德乡酒老阔村,清猪年冬月.-10 页;18×24cm.-线装.-本书从左往右行序,断句,完好。

122

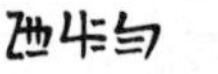

dʑo̠^{2}mo^{55}su^{33}

指路经.-抄本.-云南省武定县万德乡万德村,清.-12 页;21×25.5cm.-线装.-本书从左往右行序,断句,完好。

134-1

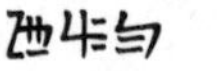

dʑo̠^{2}mo^{55}su^{33}

指路经/(清)德坡写.-写本.-云南省禄劝县撒营盘镇宜岔乌尼更村,清.-18 页;27×20cm.-线装.-本书从左往右行序,断句,完好。

134-2

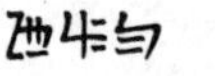

dʑo̠^{2}mo^{55}su^{33}

指路经/(清)德坡写.-写本.-云南省禄劝县撒营盘镇宜岔乌尼更村,清.-18 页;27×20cm.-线装.-本书从左往右行序,断句,完好。

141

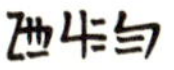

dʐo̠^{2}mo^{55}su^{33}

指路经．-抄本．-云南省武定县万德乡万德村，清．-25 页；21 ×17cm. -线装．-本书从左往右行序，断句，完好。

149

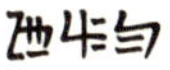

dʐo̠^{2}mo^{55}su^{33}

指路经．-抄本．-云南省武定县万德乡万德村，清．-16 页；24 ×14cm. -线装．-本书从左往右行序，断句，完好。

151-2

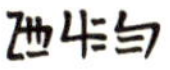

dʐo̠^{2}mo^{55}su^{33}

指路经．-写本．-云南省武定县万德乡万德村，清道光 24 年(1844)6 月．-8 页：神座插枝图；27 ×20cm. -线装．-本书从右往左行序，断句，完好。

155-1

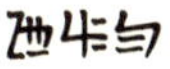

dʐo̠^{2}mo^{55}su^{33}

指路经．-抄本．-云南省武定县万德乡万德村，清．-18 页；28 ×20cm. -线装．-本书从左往右行序，不断句，首页有残；本书无题名，题名为拟订题名。

158

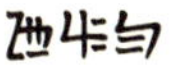

dʐo̠^{2}mo^{55}su^{33}

指路经．-抄本．-云南省武定县万德乡万德村，清．-10 页；28 ×22cm. -线装．-本书从左往右行序，断句，末三页有残；本书无题名，题名为拟订题名。

159-2

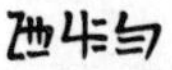

dʑo̱^{2}mo^{55}su^{33}

指路经/(清)发窝呗耄写.-写本.-云南省武定县发窝乡发窝村,清.-11 页;29×23cm.-线装.-本书从右往左行序,断句,完好;本书著者以“发窝(村名)呗耄(祭师)写”来表述的。

160

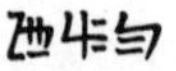

dʑo̱^{2}mo^{55}su^{33}

指路经.-抄本.-云南省武定县万德乡万德村,清.-12 页;29×19cm.-线装.-本书从右往左行序,断句,首页有残。

163-2

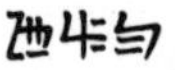

dʑo̱^{2}mo^{55}su^{33}

指路经.-抄本.-云南省武定县万德乡万德村,清嘉庆 15 年(1810).-9 页;28×19cm.-线装.-本书从右往左行序,不断句,完好。

185-2

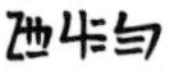

dʑo̱^{2}mo^{55}su^{33}

指路经/(清)沙腮写.-写本.-云南省武定县万德乡万德村,清.-20 页;24×18cm.-线装.-本书从左往右行序,断句,完好。

194-2

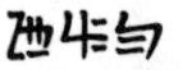

dʑo̱^{2}mo^{55}su^{33}

指路经.-抄本.-云南省武定县万德乡万德村,清.-14 页;28×18cm.-线装.-本书从右往左行序,断句,完好。

198

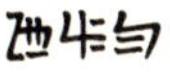

dʑo̠^{2}mo^{55}su^{33}

指路经 . -抄本 . -云南省武定县万德乡万德村，清 . -21 页；26 ×16cm. -线装 . -本书从右往左行序，断句，完好；本书无题名，题名为拟订题名。

202-5

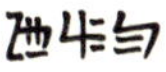

dʑo̠^{2}mo^{55}su^{33}

指路经/（清）阿东康呗耄写 . -写本 . -云南省禄劝县团街乡治安办事处阿东康村，清道光 15 年（1835）6 月 . -11 页；22 ×26.1cm. -线装 . -本书从左往右行序，断句，完好；本书著者以“阿东康（村名）呗耄（祭师）写”来表述的。

206-1

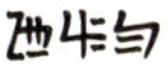

dʑo̠^{2}mo^{55}su^{33}

指路经/（清）杨应德抄写 . -抄本 . -云南省武定县万德乡万德村，清 . -16 页；18.5 ×22cm. -线装 . -本书从左往右行序，断句，首页和末 2 页稍残；本书无题名，题名为拟订题名。

221-1

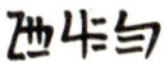

dʑo̠^{2}mo^{55}su^{33}

指路经/（清）沙尼写 . -写本 . -云南省武定县万德乡万德村，清 . -21 页：神座插枝图；17.4 ×27.5cm. -线装 . -本书从左往右行序，断句，首 4 页有残；本书是沙尼写给万德乡万德村额而的。

252

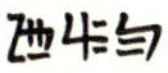

dʑo̠^{2}mo^{55}su^{33}

指路经 . -抄本 . -云南省武定县万德乡万德村，清 . -17 页；29 ×22cm. -线装 . -本书从左往右行序，断句，尾残。

253-2

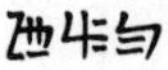

dʑo̱^{2}mo^{55}su^{33}

指路经．-抄本．-云南省武定县万德乡万德村，清．-10 页：神座插枝图；27 × 22cm. -线装．-本书从右往左行序，断句，完好。

255-1

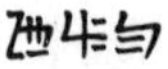

dʑo̱^{2}mo^{55}su^{33}

指路经．-抄本．-云南省武定县万德乡万德村，清．-11 页；28 × 20cm. -线装．-本书从左往右行序，断句，末页有残。

257-5

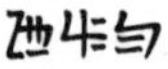

dʑo̱^{2}mo^{55}su^{33}

指路经．-抄本．-云南省武定县万德乡万德村，清．-3 页；28 × 19cm. -线装．-本书从左往右行序，断句，每页均有残；本书题名残，题名为拟订题名。

262-2

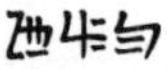

dʑo̱^{2}mo^{55}su^{33}

指路经．-抄本．-云南省武定县万德乡万德村，清．-16 页；27 × 20cm. -线装．-本书从左往右行序，断句，完好。

263

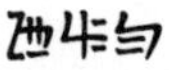

dʑo̱^{2}mo^{55}su^{33}

指路经．-抄本．-云南省武定县万德乡万德村，清．-10 页；26 × 20cm. -线装．-本书从左往右行序，断句，完好。

270-13

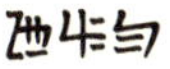

dʑo̠^{2}mo^{55}su^{33}

指路经/(清)阿立写. -写本. -云南省武定县万德乡万德村,清嘉庆21年(1816)猪年. -8页; 20×14cm. -线装. -本书从左往右行序,不断句,每页均有残。

274

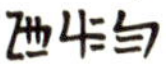

dʑo̠^{2}mo^{55}su^{33}

指路经. -抄本. -云南省武定县万德乡万德村,清. -13页; 24×15cm. -线装. -本书从右往左行序,断句,完好。

281

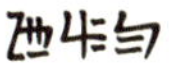

dʑo̠^{2}mo^{55}su^{33}

指路经. -抄本. -云南省武定县万德乡万德村,清. -14页; 16×13cm. -线装. -本书从左往右行序,不断句,完好;本书无题名,题名为拟订题名。

288-2

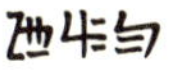

dʑo̠^{2}mo^{55}su^{33}

指路经. -抄本. -云南省武定县万德乡万德村,清. -18页; 17×26cm. -线装. -本书从左往右行序,不断句,完好。

375-1

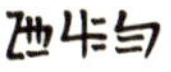

dʑo̠^{2}mo^{55}su^{33}

指路经. -抄本. -云南省武定县万德乡万德村,清. -11页; 25×16cm. -线装. -本书从左往右行序,断句,首残损严重;本书题名残,题名为拟订题名。

423-3

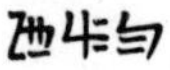

dʑo̱^{2}mo^{55}su^{33}

指路经/(清)沙似写.-写本.-云南省禄劝县双化乡芝兰办事处万晡古村,清道光15年(1835)11月.-8页;26.3×38cm.-线装.-本书从左往右行序,断句,完好。

468-3

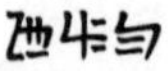

dʑo̱^{2}mo^{55}su^{33}

指路经.-抄本.-云南省武定县万德乡万德村,清.-21页;28.5×25.1cm.-线装.-本书从左往右行序,断句,每页稍残。

549

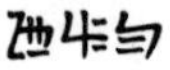

dʑo̱^{2}mo^{55}su^{33}

指路经.-抄本.-云南省禄劝县中屏乡昔南办事处巴洪村,清.-10页;27×36cm.-线装.-本书从左往右行序,断句,首尾有残。

tshi³³tɐ¹¹

献药经

107-1

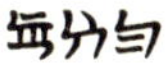

tshi³³bi⁵⁵su³³

献药经．-抄本．-云南省武定县万德乡万德村，清．-4 页；18.8 × 27.3cm. -线装．-本书从左往右行序，断句，首页稍残。

116-1

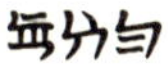

tshi³³bi⁵⁵su³³

献药经．-抄本．-云南省武定县万德乡万德村，清．-6 页；28 × 20cm. -线装．-本书从左往右行序，不断句，完好。

119-2

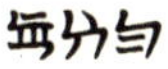

tshi³³bi⁵⁵su³³

献药经．-抄本．-云南省武定县万德乡万德村，清．-7 页；21.5 × 25.8cm. -线装．-本书从左往右行序，断句，完好。

125-1

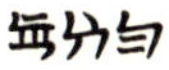

tshi³³bi⁵⁵su³³

献药经/（清）召发抄写．-抄本．-云南省武定县万德乡万德村，清光绪 26 年（1900）鼠年正月．-6 页；20 × 16cm. -线装．-本书从左往右行序，断句，完好。

131-1

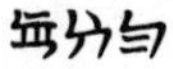

tshi^{33}bi^{55}su^{33}

献药经.-抄本.-云南省武定县万德乡万德村,清.-6 页; 24 ×27.5cm. -线装.-本书从左往右行序,断句,每页均有残;本书题名残,题名为拟订题名。

132-1

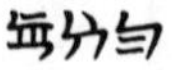

tshi^{33}bi^{55}su^{33}

献药经/(清)嫂瑙写.-写本.-云南省禄劝县撒营盘镇撒老乌海宜村,清道光 11 年(1831).-12 页; 27 ×19cm. -线装.-本书从左往右行序,断句,每页均有残;本书题名残,题名根据 107 号同名书校对后拟订。

133-1

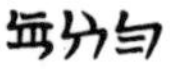

tshi^{33}bi^{55}su^{33}

献药经/(清)期曼写.-写本.-云南省武定县万德乡万德村,清嘉庆 20 年(1815).-41 页; 27 ×19cm. -线装.-本书从右往左行序,断句,前 8 页残损严重。

140-1

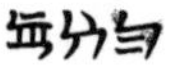

tshi^{33}bi^{55}su^{33}

献药经.-抄本.-云南省武定县万德乡万德村,清.-11 页; 21.8 ×27.4cm. -线装.-本书从左往右行序,断句,完好。

142-1

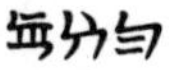

tshi^{33}bi^{55}su^{33}

献药经.-抄本.-云南省武定县万德乡万德村,清.-39 页; 24 ×16cm. -线装.-本书从左往右行序,断句,首页稍残。

157

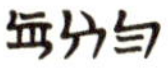

$tshi^{33}bi^{55}su^{33}$

献药经．-抄本．-云南省武定县万德乡万德村，清．-14 页；28 ×19cm. -线装．-本书从左往右行序，不断句，首残；本书题名残，题名为拟订题名。

191-1

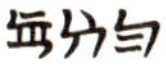

$tshi^{33}bi^{55}su^{33}$

献药经．-抄本．-云南省武定县万德乡万德村，清．-4 页；28 ×21cm. -线装．-本书从左往右行序，不断句，完好。

202-1

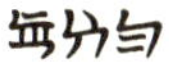

$tsi^{33}bi^{55}su^{33}$

献药经/（清）阿东康呗耄写．-写本．-云南省禄劝县团街乡治安办事处阿东康村，清道光 15 年（1835）6 月．-5 页；23 ×26.1cm. -线装．-本书从左往右行序，断句，首 3 页残损严重；本书著者以“阿东康（村名）呗耄（祭师）写”来表述的。

209-2

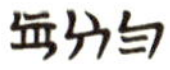

$tshi^{33}bi^{55}su^{33}$

献药经．-抄本．-云南省武定县万德乡万德村，清．-8 页；21 ×19.5cm. -线装．-本书从左往右行序，不断句，完好。

213-1

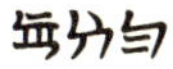

$tshi^{33}bi^{55}su^{33}$

献药经．-抄本．-云南省武定县万德乡万德村，清．-10 页；19.5 ×22cm. -线装．-本书从左往右行序，断句，首 4 页书角残缺。

237-1

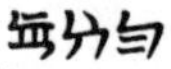

tshi^{33}bi^{55}su^{33}

献药经 . -抄本 . -云南省武定县万德乡万德村,清 . -20 页; 21 ×12cm. -线装 . -本书从左往右行序,断句,首残;本书题名残,题名根据 245 号同名书校对后拟订。

243

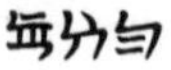

tshi^{33}bi^{55}su^{33}

献药经 . -抄本 . -云南省武定县万德乡万德村,清 . -52 页; 26 ×20cm. -线装 . -本书从右往左行序,断句,首尾残;本书题名残,题名为拟订题名。

245

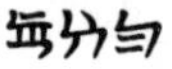

tshi^{33}bi^{55}su^{33}

献药经 . -写本 . -云南省武定县万德乡万德村,清光绪 15 年(1889)牛年腊月 . -13 页; 29 ×21cm. -线装 . -本书从左往右行序,断句,首几页书角有残,尾残。

246

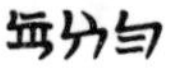

tshi^{33}bi^{55}su^{33}

献药经 . -抄本 . -云南省武定县万德乡万德村,清 . -48 页; 24 ×20cm. -线装 . -本书从左往右行序,断句,首尾稍残;本书题名残,题名根据 191 号同名书校对后拟订。

247-2

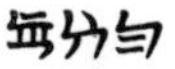

tshi^{33}bi^{55}su^{33}

献药经 . -抄本 . -云南省武定县万德乡万德村,清 . -2 页; 25. 7 ×26. 7cm. -线装 . -本书从左往右行序,不断句,只有开头一段。

253-1

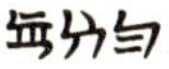

tshi^{33}bi^{55}su^{33}

献药经．-抄本．-云南省武定县万德乡万德村，清．-13 页；27×22cm. -线装．-本书从右往左行序，断句，首残；本书题名残，题名根据 213 号同名校对后拟订。

276

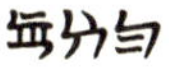

tshi^{33}bi^{55}su^{33}

献药经．-抄本．-云南省武定县万德乡万德村，清．-15 页；20×14cm. -线装．-本书从左往右行序，断句，首尾几页有残；本书题名残，题名为拟订题名。

294

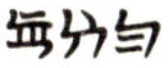

tshi^{33}bi^{55}su^{33}

献药经．-抄本．-云南省武定县万德乡万德村，清．-18 页；22×17cm. -线装．-本书从左往右行序，断句，首尾残。本书题名残，题名为拟订题名。

410-2

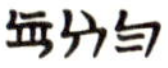

tshi^{33}bi^{55}su^{33}

献药经．-抄本．-云南省武定县万德乡万德村，清．-4 页；16×27cm. -线装．-本书从左往右行序，断句，尾残。

423-4

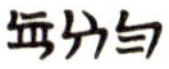

tshi^{33}bi^{55}su^{33}

献药经/（清）沙似写．-写本．-云南省禄劝县双化乡芝兰办事处万晡古村，清道光 15 年（1835）11 月．-14 页；26.3×37.5cm. -线装．-本书从左往右行序，断句，完好。

109-3

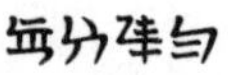

tshi^{33}bi^{55}thɯ^{55}su^{33}

献药经 . -抄本 . -云南省武定县万德乡万德村，清 . -5 页；23. 2 ×32cm. -线装 . -本书从左往右行序，不断句，完好。

184-1

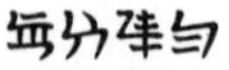

tshi^{33}bi^{55}thɯ^{55}su^{33}

献药经 . -写本 . -云南省武定县万德乡万德村，清光绪 33 年(1907)9 月 . -8 页；23 ×19cm. -线装 . -本书从左往右行序，断句，完好。

103-1

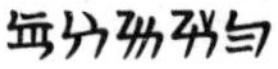

tshi^{33}bi^{55}ɳɐ^{11}dzɐ^{11}su^{33}

献药礼仪经 . -写本 . -云南省武定县万德乡万德村，清咸丰 5 年(1855)冬月 . -3 页；26 ×20cm. -线装 . -本书从左往右行序，断句，首残；本书题名残，题名为拟订题名。

138-1

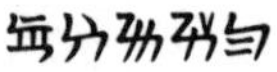

tshi^{33}bi^{55}ɳɐ^{11}dzɐ^{11}su^{33}

献药礼仪经 . -抄本 . -云南省武定县万德乡万德村，清 . -7 页；19. 8 ×20cm. -线装 . -本书从左往右行序，断句，完好。

191-4

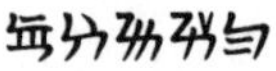

tshi^{33}bi^{55}ɳɐ^{11}dzɐ^{11}su^{33}

献药礼仪经 . -抄本 . -云南省武定县万德乡万德村，清 . -8 页；28 ×21cm. -线装 . -本书从左往右行序，不断句，完好。

192-2

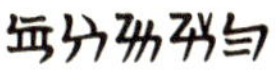

tshi^{33}bi^{55}ɳɐ^{11}dzɐ^{11}su^{33}

献药礼仪经 . -抄本 . -云南省武定县万德乡万德村,清 . -13 页; 20. 7 ×25. 7cm. -线装 . -本书从左往右行序,断句,完好。

199-3

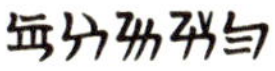

tshi^{33}bi^{55}ɳɐ^{11}dzɐ^{11}su^{33}

献药礼仪经 . -抄本 . -云南省武定县万德乡万德村,清 . -8 页; 26 ×19cm. -线装 . -本书从右往左行序,断句,完好。

207-1

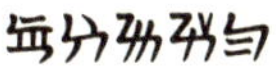

tshi^{33}bi^{55}ɳɐ^{11}dzɐ^{11}su^{33}

献药礼仪经 . -抄本 . -云南省武定县万德乡万德村,清 . -10 页;线装,19 ×17cm. -本书从右往左行序,断句,完好。

209-1

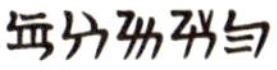

tshi^{33}bi^{55}ɳɐ^{11}dzɐ^{11}su^{33}

献药礼仪经 . -抄本 . -云南省武定县万德乡万德村,清 . -6 页; 21 ×19. 5cm. -线装 . -本书从左往右行序,不断句,首残;本书题名残,题名为拟订题名。

224

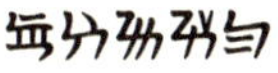

tshi^{33}bi^{55}ɳɐ^{11}dzɐ^{11}su^{33}

献药礼仪经 . -抄本 . -云南省武定县万德乡万德村,清 . -10 页; 19 ×13cm. -线装 . -本书从左往右行序,断句,完好。

232-1

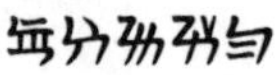

tshi^{33}bi^{55}ɳɐ^{11}dzɐ^{11}su^{33}

献药礼仪经.-抄本.-云南省武定县万德乡万德村,清.-4 页; 17.2 ×28cm. -线装.-本书从左往右行序,断句,首两页书角残。

244-1

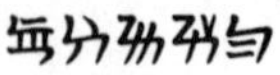

tshi^{33}bi^{55}ɳɐ^{11}dzɐ^{11}su^{33}

献药礼仪经.-抄本.-云南省武定县万德乡万德村,清.-8 页; 26 ×20cm. -线装.-本书从右往左行序,断句,完好。

254

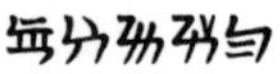

tshi^{33}bi^{55}ɳɔ^{11}dzɐ^{11}su^{33}

献药礼仪经.-抄本.-云南省武定县万德乡万德村,清.-20 页; 27 ×17cm. -线装.-本书从右往左行序,断句,完好;本书题名残,题名为拟订题名。

261-2

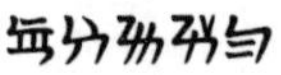

tshi^{33}bi^{55}ɳɔ^{11}dzɐ^{11}su^{33}

献药礼仪经.-抄本.-云南省武定县万德乡万德村,清.-9 页; 27 ×20cm. -线装.-本书从右往左行序,断句,尾残。

270-4

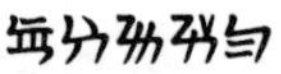

tshi^{33}bi^{55}ɳɔ^{11}dzɐ^{11}su^{33}

献药礼仪经/(清)阿立写.-写本.-云南省武定县万德乡万德村,清嘉庆 21 年(1816).-11 页; 20 ×14cm. -线装.-本书从左往右行序,不断句,完好。

291-3

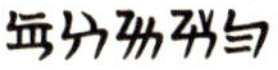

tshi^{33}bi^{55}ȵɔ^{11}dzɐ^{11}su^{33}

献药礼仪经 . -抄本 . -云南省武定县万德乡万德村,清 . -5 页; 20 × 19cm. -线装 . -本书从左往右行序,断句,完好。

467-1

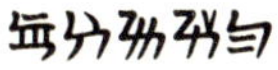

tshi^{33}bi^{55}ȵɔ^{11}dzɐ^{11}su^{33}

献药礼仪经/(清) 贼嘎写 . -写本 . -云南省武定县万德乡万德村,清 . -49 页; 23 × 15cm. -线装 . -本书从左往右行序,不断句,完好。

107-6

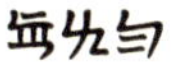

tshi^{33}tɐ^{11}su^{33}

喂药经 . -抄本 . -云南省武定县万德乡万德村,清 . -6 页; 18.8 ×27.3cm. -线装 . -本书从左往右行序,断句,完好。

119-6

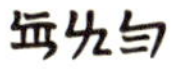

tshi^{33}tɐ^{11}su^{33}

喂药经 . -抄本 . -云南省武定县万德乡万德村,清 . -3 页; 21.6 ×25.8cm. -线装 . -本书从左往右行序,断句,完好。

125-2

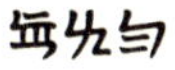

tshi^{33}tɐ^{11}su^{33}

喂药经/(清) 召发抄写 . -抄本 . -云南省武定县万德乡万德村,清光绪 26 年(1900)鼠年正月 . -19 页; 20 ×16cm. -线装 . -本书从左往右行序,断句,完好。

131-5

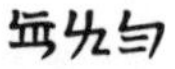

tshi^{33}tɐ^{11}su^{33}

喂药经．-抄本．-云南省武定县万德乡万德村，清．-8 页；24 ×27．5cm. -线装．-本书从左往右行序，断句，每页均有残。

140-6

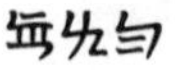

tshi^{33}tɐ^{11}su^{33}

喂药经．-抄本．-云南省武定县万德乡万德村，清．-2 页；21．8 ×27．8cm. -线装．-本书从左往右行序，断句，完好。

172

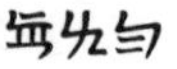

tshi^{33}dɐ^{11}su^{33}

喂药经／（清）张自新写．-写本．-云南省武定县万德乡万德村，清．-30 页；17 ×13cm. -线装．-本书从右往左行序，断句，完好。

183-1

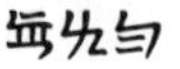

tshi^{33}tɐ^{11}su^{33}

喂药经／（清）木期亨呗耄写．-写本．-云南省武定县万德乡木期亨村，清光绪 15 年（1889）7 月．-14 页；26 ×16cm. -线装．-本书从右往左行序，断句，完好，文中有一半字用汉字代音或代意；本书无题名，题名根据 208 号同名书校对后拟订；著者以“木期亨（村名）呗耄（祭师）写”来表述的。

208

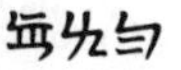

tshi^{33}tɐ^{11}su^{33}

喂药经．-抄本．-云南省武定县万德乡万德村，清嘉庆 14 年（1809）．-31 页；23 ×14cm. -线装．-本书从右往左行序，断句，完好。

220

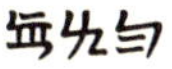

tshi^{33}tɐ^{11}su^{33}

喂药经. -抄本. -云南省武定县万德乡万德村,清. -26 页; 18.1×17cm. -线装. -本书从左往右行序,断句,首残;本书题残,题名为拟订题名。

242

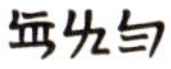

tshi^{33}tɐ^{11}su^{33}

喂药经. -抄本. -云南省武定县万德乡万德村,清. -27 页; 27×21cm. -线装. -本书从左往右行序,不断句,首尾残;本书题名残,题名为拟订题名。

298

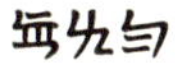

tshi^{33}tɐ^{11}su^{3}

喂药经/(清)自乌呗耄写. -写本. -云南省武定县万德乡自乌村,清光绪 10 年(1884). -31 页; 10×6cm. -线装. -本书从左往右行序,断句,首残。本书题名残,题名根据 208 号同名校对后拟订;此书著者以"自乌(村名)呗耄(祭师)写"来表述的。

132-5

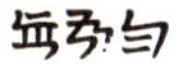

tsi^{33}ɬi^{55}su^{33}

配药经/(清)嫂瑙写. -写本. -云南省禄劝县撒营盘镇撒老乌海宜村,清道光 11 年(1831). -10 页;线装,27×19cm. -本书从左往右行序,断句,每页均有残。

213-5

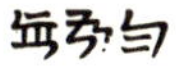

tshi^{33}ɬi^{55}su^{33}

配药经. -抄本. -云南省武定县万德乡万德村,清. -11 页; 19.5×22cm. -线装. -本书从左往右行序,断句,完好。

219

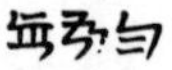

tshi^{33}ɬi^{55}su^{33}

配药经．-抄本．-云南省武定县万德乡万德村，清．-13 页；15.5×20.5cm. -线装．-本书从左往右行序，断句，完好。

270-11

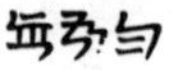

tshi^{33}ɬi^{55}su^{33}

配药经/（清）阿立写．-写本．-云南省武定县万德乡万德村，清嘉庆21 年（1816）．-14 页；线装，20×14cm. -本书从左往右行序，不断句，末几页残半。

280

tshi^{33}dzi̠^{55}su^{33}

颂药经．-抄本．-云南省武定县万德乡万德村，清．-13 页；20×20cm. -线装．-本书从右往左行序，断句，首两页有残。

531

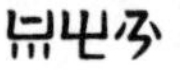

tɕhi^{33}tɐ^{11}su^{33}

献药经．-抄本．-贵州省，清．-64 页；27×15cm. -线装．-本书从左往右行序，断句，首尾残；本书题名残，题名为拟订题名。

çe^{33}tər^{33}

献祭经

69

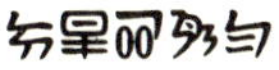

a^{55}phu^{33}çe^{33}tər^{33}su^{33}

家堂祭祖经/(清)阿窟普写．-写本．-云南省武定县万德乡万德村,清．-14 页；25.7×17cm. -线装．-从右往左行序,断句,完好。

92-1

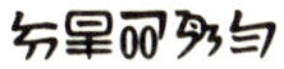

a^{55}phu^{33}çe^{33}tər^{33}su^{33}

家堂祭祖经．-写本．-云南省武定县万德乡万德村,清道光 30 年(1850)5 月．-12 页；26×18cm. -线装．-本书从右往左行序,断句,完好;本书无题名,题名根据 69 号同名校对后拟订。

301-4

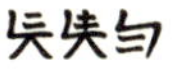

phe^{33}dʐɐ^{11}su^{33}

分等级献礼经/(清)阿迪图抄写．-抄本．-云南省武定县万德乡万德村,清．-4 页；22×28cm. -线装．-本书从左往右行序,不断句,完好。

303-4

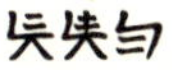

phe^{33}dʐɐ^{11}su^{33}

分等级献礼经．-抄本．-武定县云南省万德乡万德村,清．-1 页；24×19cm. -线

装 . -本书从左往右行序，断句，完好。

308-4

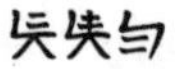

phe^{33}dʑɐ^{11}su^{33}

分等级献礼经/（清）阿枣写 . -写本 . -云南省武定县万德乡万德村，清 . -1 页；25 ×26cm. -线装 . -本书从左往右行序，不断句，完好。

11-4

phu^{11}ɳɐ^{33}tʂɔ^{55}tsa̠^{33}su^{33}

祭奠田地护神经/（清）者烧写 . -写本 . -云南省禄劝县双化乡照块村，清道光 4 年(1824)猴 4 月 . -2 页；22 ×28cm. -线装 . -从左往右行序，不断句，完好。

338

pu^{11}ɳɐ^{33}tʂɔ^{55}tsa̠^{33}su^{33}

祭奠田地护神经 . -抄本 . -云南省武定县万德乡万德村，清 . -6 页：神座插枝图；30 ×20. 3cm. -线装 . -本书从左往右行序，断句，首残；本书题名残，题名为拟订题名。

527

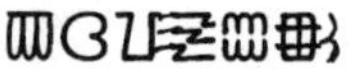

pu^{11}ɳɐ^{33}tʂɔ^{55}tsa̠^{33}su^{33}

继承土地经-抄本 . -贵州省，清 . -12 页：神座插枝图；25 ×29cm. -线装 . -本书从左往右行序，断句，完好。

11-3

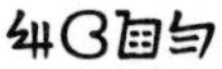

phu^{11}ɳɐ^{33}tʂɯ^{55}su^{33}

置田地神经/（清）者烧写 . -写本 . -云南省禄劝县双化乡照块村，清道光 4 年

(1824)猴 4 月 . -2 页; 22 ×28cm. -线装 . -从左往右行序,不断句,完好。

353-2

mi^{33} sər^{33} tər^{33} su^{33}

祭土地神经 . -抄本 . -云南省武定县万德乡万德村,清 . -6 页; 18. 3 ×25. 3cm. -线装 . -本书从左往右行序,不断句,尾残。

356-3

mi^{33} sər^{33} tər^{33} su^{33}

祭土地神经 . -抄本 . -云南省武定县万德乡万德村,清 . -2 页; 18. 5 ×27. 8cm. -线装 . -本书从左往右行序,断句,有残。

25-10

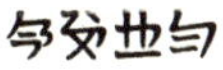

mi^{33} sər^{33} the^{33} su^{33}

请各方土地神经/清)沙合写 . -云南省武定县万德乡万德村,清乾隆 38 年(1773)蛇年 8 月 . -2 页; 19. 5 ×26. 8cm. -线装 . -从左往右行序,不断句,完好。

133-2

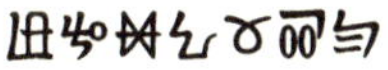

mu^{11} ɖo̠^{2} tsi^{33} ʂɔ^{33} ji^{11} çe^{33} su^{33}

向慈奢先祖献水经/(清)期曼写 . -写本 . -云南省武定县万德乡万德村,清嘉庆 20 年(1815). -5 页; 27 ×19cm. -线装 . -本书从右往左行序,断句,完好。

56-3

ve^{33} dz̠i^{55} su^{33}

祭鬼经 . -抄本 . -云南省武定县万德乡万德村,清 . -8 页; 26 ×22cm. -线装 . -从右往左行序,断句,完好。

308-9

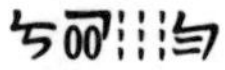

ve^{33}çe^{11}dzi̠^{55}su^{33}

祭奠鬼魂经/(清)阿枣写．-写本．-云南省武定县万德乡万德村，清．-12 页；25 × 26cm. -线装．-本书从左往右行序，不断句，完好。

332-1

ve^{33}çe^{11}dzi̠^{55}su^{33}

祭奠鬼魂经．-抄本．-云南省武定县万德乡万德村，清．-6 页；25 ×21cm. -线装．-本书从左往右行序，不断句，完好。

554

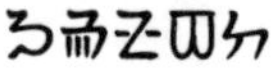

no^{33}tɕhi^{33}su^{33}ŋɤ^{33}dzu^{33}

请天地神经．-抄本．-云南省红河州，清．-85 页；19 ×13cm. -毛装．-本书从右往左行序，断句，完好。

20-1

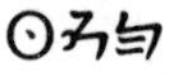

ɬo̠^{2}tər^{33}su^{33}

祭奠财神经/（清）沙洁写．-写本．-云南省武定县万德乡万德村，清咸丰元年猪年(1851)8 月．-8 页；19 ×20cm. -线装．-从左往右行序，断句，完好。

371-2

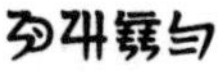

lu^{33}ɣa̠^{2}ɬɔ^{55}su^{33}

祭福禄神经．-写本．-云南省武定县万德乡万德村，清同治 10 年(1871)5 月．-14 页；25 ×19cm. -线装．-本书从右往左行序，断句，首页有残；有“连山号本衙记”、“青山”朱印。

376-1

[illegible]

lu^{33}ɣa̠^{2}ɬɔ^{55}su^{33}

祭福禄神经.-抄本.-云南省武定县万德乡万德村,清.-9页;27×21cm.-线装.-本书从右往左行序,断句,完好;本书无题名,题名为拟订题名。

377

[illegible]

lu^{33}ɣa̠^{2}ɬɔ^{55}su^{33}

祭福禄神经.-抄本.-云南省武定县万德乡万德村,清.-14页;25×16cm.-线装.-本书从右往左行序,断句,尾残;本书无题名,题名根据371号同名书校对后拟订。

380

[illegible]

lu^{33}ɣa̠^{2}ɬɔ^{55}su^{33}

祭福禄神经.-抄本.-云南省武定县万德乡万德村,清.-28页;21×28cm.-线装.-本书从左往右行序,断句,末几页残损严重。

381-1

[illegible]

lu^{33}ɣa̠^{2}ɬɔ^{55}su^{33}

祭福禄神经/(清)发窝呗耄写.-写本.-云南省武定县发窝乡发窝村,清蛇年二月.-5页;20×26cm.-线装.-本书从右往左行序,断句,完好;本书著者以"发窝(村名)呗耄(祭师)写"来表述的。

382

[illegible]

lu^{33}ɣa̠^{2}ɬɔ^{55}su^{33}

祭福禄神经.-抄本.-云南省武定县万德乡万德村,清.-20页;20×15cm.-线装.-本书从右往左行序,断句,首2页有残。

384

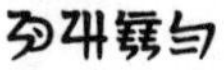

lu^{33}ɣa̠^{2}ɬɔ^{55}su^{33}

祭福禄神经．-抄本．-云南省武定县万德乡万德村，清．-25 页；16 ×17cm. -线装．-本书从右往左行序，断句，首页有残。

385

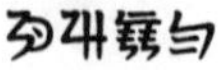

lu^{33}ɣa̠^{2}ɬɔ^{55}su^{33}

祭福禄神经．-抄本．-云南省武定县万德乡万德村，清．-10 页；19 ×16cm. -线装．-本书从左往右行序，断句，首尾残。

386

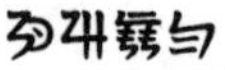

lu^{33}ɣa̠^{2}ɬɔ^{55}su^{33}

祭福禄神经．-抄本．-云南省武定县万德乡万德村，清．-46 页；20.3 ×15.3cm. -线装．-本书从左往右行序，不断句，尾残。

392

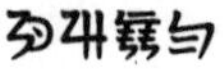

lu^{33}ɣa̠^{2}ɬɔ^{55}su^{33}

祭福禄神经．-抄本．-云南省武定县万德乡万德村，清．-14 页；22 ×13cm. -线装．-本书从右往左行序，断句，完好。

444-3

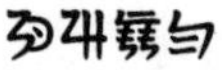

lu^{33}ɣa̠^{2}ɬɔ^{55}su^{33}

祭福禄神经/（清）久者写．-写本．-云南省禄劝县皎西乡很踏卡村，清乾隆 34 年（1769）牛年 8 月．-9 页；20 ×27cm. -线装．-本书从左往右行序，不断句，末几页有残损。

473

lu^{33}ɣa̠^{2}ɬɔ^{55}su^{33}

祭福禄神经．-写本．-云南省武定县万德乡万德村，清嘉庆 14 年（1809）．-25 页；21 ×24cm. -线装．-本书从右往左行序，不断句，首残。

544-2

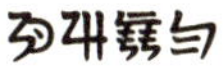

lu^{33}ɣa̠^{2}ɬɔ^{55}su^{33}

祭福禄神经-抄本．-云南省禄劝县中屏乡昔南办事处巴洪村，清．-11 页；27 ×17cm. -线装．-本书从左往右行序，断句，完好。

301-5

lɯ^{55}ntshɯ^{33}lɯ^{55}mɐ^{55}tʂhɔ^{55}su^{33}

超度贤君明臣经/（清）阿迪图抄写．-抄本．-云南省武定县万德乡万德村，清．-4 页；22 ×28cm. -线装．-本书从左往右行序，不断句，完好。

309-1

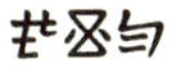

tse^{11}ɬɐ^{33}su^{33}

祭奠威荣主宰神经．-抄本．-云南省武定县万德乡万德村，清．-8 页：神座插枝图；24 ×18cm. -线装．-本书从右往左行序，断句，完好。

16-4

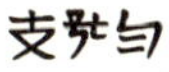

tso̠^{55}tʂhɔ^{55}su^{33}

祭奠火神经/（清）贝夫擦写．-写本．-云南省武定县万德乡万德村，清．-7 页；19 ×19cm. -线装．-从左往右行序，不断句，完好。

247-3

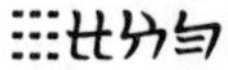

dzi̠^{55} ɳtʂhɯ^{33} bi^{55} su^{33}

酬谢经.-抄本.-云南省武定县万德乡万德村,清.-5 页;25.7×26.7cm.-线装.-本书从左往右行序,不断句,缺尾。

303-7

dzo^{33} phu^{55} mthɐ^{11} phi^{55} tʂhɔ^{55} su^{33}

祭祖妣献饮食经.-抄本.-云南省武定县万德乡万德村.-1 页;24×19cm.-线装.-本书从左往右行序,断句,完好。

306-6

dzo^{33} phu^{55} mthɐ^{11} phi^{55} tʂhɔ^{55} su^{33}

祭祖妣献饮食经/(清)阿嫘写.-写本.-云南省武定县万德乡万德村,清乾隆 12 年(1747)兔年 4 月.-1 页;24×23cm.-线装.-本书从左往右行序,不断句,完好。

308-7

dzo^{33} phu^{55} mthɐ^{11} phi^{55} tʂhɔ^{55} su^{33}

祭祖妣献饮食经/(清)阿枣写.-写本.-云南省武定县万德乡万德村,清.-1 页;25×26cm.-线装.-本书从左往右行序,不断句,完好。

381-3

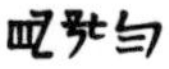

dzo^{11} tʂhɔ^{55} su^{33}

献饭经/(清)发窝呗耄写.-写本.-云南省武定县发窝乡发窝村,清蛇年 2 月.-1 页;20×26cm.-线装.-本书从右往左行序,断句,完好;本书著者以“发窝(村名)呗耄(祭师)写”来表述的。

303-6

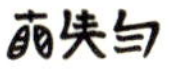

tʂɯ^{11}dʐɐ^{11}su^{33}

献份额礼经．-抄本．-云南省武定县万德乡万德村，清．-2 页；24 ×19cm. -线装．-本书从左往右行序，断句，完好。

308-6

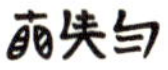

tʂɯ^{11}dʐɐ^{11}su^{33}

献份额礼经/（清）阿枣写．-写本．-云南省武定县万德乡万德村，清．-1 页；25 ×26cm. -线装．-本书从左往右行序，不断句，完好。

548-1

ɳtʂho̠^{2}to^{33}su^{33}

祭村社神祈保佑经．-抄本．-云南省禄劝县中屏乡昔南办事处巴洪村，清．-8 页；21 ×27cm. -线装．-本书从左往右行序，断句，首尾有残。

207-3

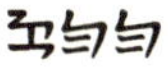

ɳtʂho̠^{2}su^{11}su^{33}

祭村社神祈保佑经．-抄本．-云南省武定县万德乡万德村，清．-9 页；19 ×17cm. -线装．-本书从左往右行序，不断句，完好；本书无题名，题名根据 226 号同名校对后拟订。

226-3

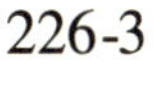

ɳtʂho̠^{2}su^{11}su^{33}

祭村社神祈保佑经/（清）诺宗写．-写本．-云南省武定县万德乡万德村，清虎年 3 月．-5 页；15 ×22. 7cm. -线装．-本书从左往右行序，不断句，完好。

544-1

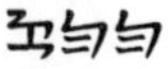

ɳtʂho̱^{2}su^{11}su^{33}

祭村社神祈保佑经-抄本.-云南省禄劝县中屏乡昔南办事处巴洪村,清.-11 页;27×17cm.-线装.-本书从左往右行序,断句,完好。

37-1

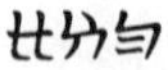

ɳtʂhɯ^{33}bi^{55}su^{33}

酬谢经.-抄本.-云南省武定县万德乡万德村,清.-10 页;26×19cm.-线装.-从右往左行序,断句,首残;本书题名残,题名为拟订题名。

72-1

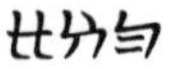

ɳtʂhɯ^{33}bi^{55}su^{33}

酬谢经.-抄本.-云南省武定县万德乡万德村,清.-4 页;37×22cm.-线装.-本书从左往右行序,不断句,第一页书角残损;本书无题名,题名为拟订题名。

79-1

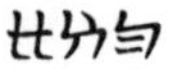

ɳtʂhɯ^{33}bi^{55}su^{33}

酬谢经.-抄本.-云南省武定县万德乡万德村,清.-24 页;17×14cm.-线装.-从右往左行序,断句,首残;本书题名残,题名为拟订题名。

80

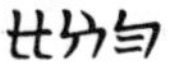

ɳtʂhɯ^{33}bi^{55}su^{33}

酬谢经.-抄本.-云南省武定县万德乡万德村,清.-64 页;27×38cm.-线装.-本书从左往右行序,不断句,首尾残;本书题名残,题名为拟订题名。

90-1

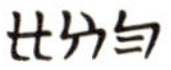

ɳtʂhɯ^{33} bi^{55} su^{33}

酬谢经/(清)者阿写 . -写本 . -云南省禄劝县茂山乡甲甸办事处甲毛村,清牛年腊月 . -25 页; 20 × 28. 3cm. -线装 . -本书从左往右行序,不断句,完好;本书题名残,题名为拟订题名。

119-1

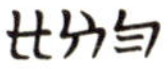

ɳtʂhɯ^{33} bi^{55} su^{33}

酬谢经 . -抄本 . -云南省武定县万德乡万德村,清 . -1 页; 21. 5 × 25. 8cm. -线装 . -本书从左往右行序,断句,完好。

129-1

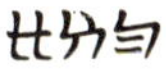

ɳtʂhɯ^{33} bi^{55} su^{33}

酬谢经/(清)阿文写 . -写本 . -云南省武定县万德乡万德村,清乾隆 21 年(1756)鼠年腊月 . -4 页; 20 × 27cm. -线装 . -本书从左往右行序,不断句,残损严重。

197

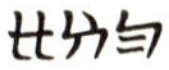

ɳtʂhɯ^{33} bi^{55} su^{33}

酬谢经 . -抄本 . -云南省武定县万德乡万德村,清 . -16 页; 24 × 22cm. -线装 . -本书从左往右行序,断句,尾残;本书无题名,题名为拟订题名。

204

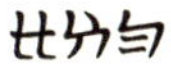

ɳtʂhɯ^{33} bi^{55} su^{33}

酬谢经 . -写本 . -云南省武定县万德乡万德村,清道光 20 年(1840)4 月 . -20 页; 20 × 18cm. -线装 . -本书从右往左行序,不断句,完好,著者写给阿演的;本书题名页的书名为《献水经》,但内容为《酬谢经》的内容,故书名拟订为《酬谢经》。

205-1

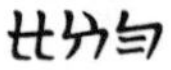

ɳtʂhɯ^{33} bi^{55} su^{33}

酬谢经.-写本.-云南省武定县万德乡万德村,清咸丰 7 年(1857)8 月.-10 页;20.5×26.5cm.-线装.-本书从左往右行序,不断句,首 2 页残损严重;本书题名残,题名根据 342 号同名书校对后拟订,著者名已残。

342-2

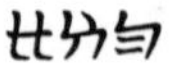

ɳtʂhɯ^{33} bi^{55} su^{33}

酬谢经.-抄本.-云南省武定县万德乡万德村,清.-43 页;22×32cm.-线装.-本书从左往右行序,不断句,末 2 页有残。

356-1

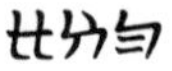

ɳtʂhɯ^{33} bi^{55} su^{33}

酬谢经.-抄本.-云南省武定县万德乡万德村,清.-3 页;18.5×27.8cm.-线装.-本书从左往右行序,断句,完好;本书无题名,题名为拟订题名。

366

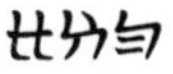

ɳtʂhɯ^{33} bi^{55} su^{33}

酬谢经.-抄本.-云南省武定县万德乡万德村,清.-18 页;20×14cm.-线装.-本书从左往右行序,断句,尾残。

93-2

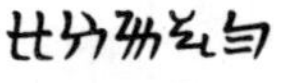

ɳtʂhɯ^{33} bi^{55} ɳɐ^{11} dzɐ^{11} su^{33}

举行酬谢礼.-抄本.-云南省武定县万德乡万德村,清.-7 页;20×28.3cm.-线装.-本书从左往右行序,断句,完好。

116-2

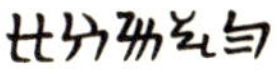

ɳʈʂhɯ^{33}bi^{55}ɳɐ^{11}dzɐ^{11}su^{33}

举行酬谢礼.-抄本.-云南省武定县万德乡万德村,清.-12 页;28 ×20cm.-线装.-本书从左往右行序,不断句,完好。

244-5

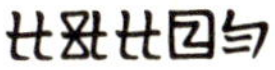

ɳʈʂhɯ^{11}ʈʂhɔ^{55}ɳʈʂhɯ^{11}kɤ^{11}su^{33}

献酒祝颂经.-抄本.-云南省武定县万德乡万德村,清.-2 页;26 ×20cm.-线装.-本书从右往左行序,断句,完好。

13-6

ɳʈʂhɯ^{11}ɕe^{11}lo^{55}ɖo̱^{2}su^{33}

献酒茶经/(清)贝纳召你写.-写本.-云南省禄劝县撒营盘镇德嘎村,清.-3 页;26 ×28cm.-线装.-从左往右行序,断句,完好。

92-2

ɳʈʂhɯ^{11}ɕe^{11}lo^{55}ɖo̱^{2}su^{33}

献酒茶经.-写本.-云南省武定县万德乡万德村,清道光 30 年(1850)5 月.-9 页;26 ×18cm.-线装.-本书从右往左行序,断句,完好。

372

ɳʈʂhɯ^{11}ɕe^{11}lo^{55}ɖo̱^{2}su^{33}

献酒茶经.-抄本.-云南省武定县万德乡万德村,清.-11 页;22 ×19cm.-线装.-本书从左往右行序,断句,首尾残;本书题名残,题名根据 389 号同名书校对后拟订。

376-2

ɳʈʂhɯ^{11} ɕe^{11} lo^{55} ɖo̠^{2} su^{33}

献酒茶经．-抄本．-云南省武定县万德乡万德村，清．-6 页；27×21cm. -线装．-本书从右往左行序，断句，尾几页有残。

387

ɳʈʂhɯ^{11} ɕe^{11} lo^{55} ɖo̠^{2} su^{33}

献酒茶经．-抄本．-云南省武定县万德乡万德村，清．-28 页；15×22cm. -线装．-本书从左往右行序，断句，首 3 页残。

389

ɳʈʂhɯ^{11} ɕe^{11} lo^{55} ɖo̠^{2} su^{33}

献酒茶经．-抄本．-云南省武定县万德乡万德村，清．-34 页；18×18cm. -线装．-本书从左往右行序，断句，完好。

390-1

ɳʈʂhɯ^{11} ɕe^{11} lo^{55} ɖo̠^{2} su^{33}

献酒茶经．-抄本．-云南省武定县万德乡万德村，清．-5 页；19×31cm. -线装．-本书从右往左行序，断句，完好。

13-12

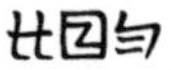

ɳʈʂhɯ^{11} kɤ̠^{2} su^{33}

受礼赞礼经/（清）贝纳召你写．-写本．-云南省禄劝县撒营盘镇德嘎村，清．-1 页；26×28cm. -线装．-从左往右行序，断句，完好。

303-5

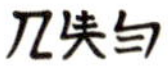

tɕhi^{11}dʑɐ^{11}su^{33}

论功献礼经. -抄本. -云南省武定县万德乡万德村. -1 页; 24 ×19cm. -线装. -本书从左往右行序,断句,完好。

306-4

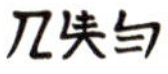

tɕhɯ^{11}dʑɐ^{11}su^{33}

论功献礼经/(清)阿嫘写. -写本. -云南省武定县万德乡万德村,清乾隆 12 年(1747)兔年 4 月. -2 页; 24 ×23cm. -线装. -本书从左往右行序,不断句,完好。

308-5

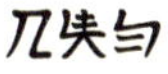

tɕhɯ^{11}dʑɐ^{11}su^{33}

论功献礼经/(清)阿枣写. -写本. -云南省武定县万德乡万德村,清. -1 页; 25 ×26cm. -线装. -本书从左往右行序,不断句,完好。

25-9

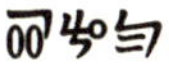

ɕe^{33}ɖo̱^{2}su^{33}

献祭经/清)沙合写. -云南省武定县万德乡万德村,清乾隆 38 年(1773)蛇年 8 月. -3 页; 19.5 ×26.7cm. -线装. -从左往右行序,不断句,完好。

78-2

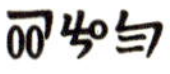

ɕe^{33}ɖo̱^{2}su^{33}

献祭经. -抄本. -云南省武定县万德乡万德村,清. -7 页; 21 ×15cm. -线装. -本书从左往右行序,断句,完好。

207-4

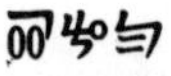

çe^{33}ɖo̠^{2}su^{33}

献祭经 . -抄本 . -云南省武定县万德乡万德村,清 . -10 页; 19 × 17cm. -线装 . -本书从右往左行序,断句,完好;本书无题名,题名为拟订题名。

133-3

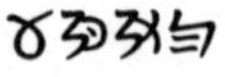

ji^{11}lu^{33}ɬɐ^{33}su^{33}

祭龙经/(清)期曼写 . -写本 . -云南省武定县万德乡万德村,清嘉庆 20 年(1815). -8 页; 27 × 19cm. -线装 . -本书从右往左行序,断句,完好。

388-1

ji^{11}lu^{33}ɬɔ^{33}su^{33}

祭龙经 . -抄本 . -云南省武定县万德乡万德村,清 . -4 页; 20 × 13cm. -线装 . -本书从右往左行序,断句,完好;本书无题名,题名为拟订题名。

103-7

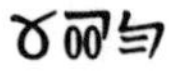

ji^{11}çe^{33}su^{33}

献水经 – 写本 . -云南省武定县万德乡万德村,清咸丰 5 年(1855)冬月 . -7 页;线装,26 × 20cm. -本书从左往右行序,断句,完好;武定县万德乡万德村那土司家收购。

104

ji^{11}çe^{33}su^{33}

献水经/(清)塔究写 – 写本 . -云南省武定县万德乡万德村,清 . -16 页; 19 × 16cm. -线装 . -本书从左往右行序,断句,首尾残;本书题名残,题名为拟订题名。

124

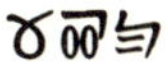

ji^{11}çe^{33}su^{33}

献水经 . -抄本 . -云南省武定县万德乡万德村,清 . -27 页; 14. 5 ×21cm. -线装 . -本书从左往右行序,断句,完好。

127-2

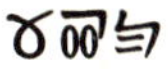

ji^{11}çe^{33}su^{33}

献水经/(清)期宗写 . -写本 . -云南省禄劝县皎西乡治超村,清 . -18 页; 18 ×28. 4cm. -线装 . -本书从左往右行序,断句,每页均有残。

132-6

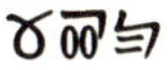

ji^{11}çe^{33}su^{33}

献水经/(清)嫂瑙写 . -写本 . -云南省禄劝县撒营盘镇撒老乌海宜村,清道光 11 年(1831). -7 页; 27 ×19cm. -线装 . -本书从左往右行序,断句,每页均有残。

137-2

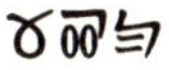

ji^{11}çe^{33}su^{33}

献水经/(清)召赤写 . -写本 . -云南省武定县万德乡万德村,清兔年 2 月 . -13 页; 21 ×14cm. -线装 . -本书从左往右行序,断句,完好。

144-2

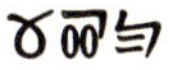

ji^{11}çe^{33}su^{33}

献水经 . -抄本 . -云南省武定县万德乡万德村,清 . -4 页; 17. 3 ×18cm. -线装 . -本书从左往右行序,断句,完好。

207-2

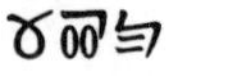

ji^{11} çe^{33} su^{33}

献水经. -抄本. -云南省武定县万德乡万德村,清. -14 页; 19 ×17cm. -线装. -本书从左往右行序,不断句,完好;本书无题名,题名为拟订题名。

214-2

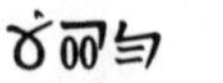

ji^{11} çe^{33} su^{33}

献水经. -抄本. -云南省武定县万德乡万德村,清. -9 页; 17.5 ×30.5cm. -线装. -本书从左往右行序,断句,完好。

217

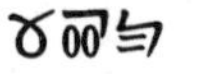

ji^{11} çe^{33} su^{33}

献水经. -抄本. -云南省武定县万德乡万德村,清. -16 页; 15.6 ×21.2cm. -线装. -本书从右往左行序,断句,完好。

227

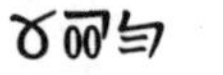

ji^{11} çe^{33} su^{33}

献水经. -抄本. -云南省武定县万德乡万德村,清. -16 页; 16.6 ×15.4cm. -线装. -本书从右往左行序,断句,首残;本书题名残,题名为拟订题名。

228-2

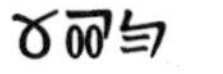

ji^{11} çe^{33} su^{33}

献水经. -抄本. -云南省武定县万德乡万德村,清. -9 页; 17.6 ×27cm. -线装. -本书从左往右行序,断句,首残;本书题名残,题名为拟订题名。

230

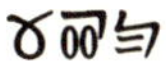

ji^{11}ɕe^{33}su^{33}

献水经. -抄本. -云南省武定县万德乡万德村,清. -22 页; 14.8 ×21cm. -线装. -本书从左往右行序,断句,首 2 页有残。

231

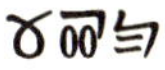

ji^{11}ɕe^{33}su^{33}

献水经. -抄本. -云南省武定县万德乡万德村,清. -14 页; 21 ×14cm. -线装. -本书从左往右行序,不断句,完好。

233-2

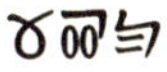

ji^{11}ɕe^{33}su^{33}

献水经/(清)杨正写. -写本. -云南省禄劝县皎西乡法塔村,清光绪 13 年(1887)猪年 6 月. -12 页; 17.2 ×20.7cm. -线装. -本书从左往右行序,断句,第 2、3 页有残。

236-2

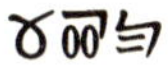

ji^{11}ɕe^{33}su^{33}

献水经/(清)期宗写. -写本. -云南省禄劝县皎西乡治超村,清猴年正月. -12 页; 线装,19.6 ×19cm. -本书从左往右行序,断句,尾残;此书是皎西乡治超村期宗写给已厦村阿政的。

261-1

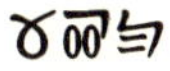

ji^{11}ɕe^{33}su^{33}

献水经. -抄本. -云南省武定县万德乡万德村,清. -10 页; 27 ×20cm. -线装. -本书从右往左行序,断句,完好。

271-2

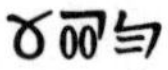

ji^{11} çe^{33} su^{33}

献水经．-抄本．-云南省武定县万德乡万德村，清．-9 页；20 ×15cm. -线装．-本书从左往右行序，不断句，完好。

273-2

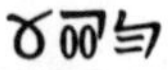

ji^{11} çe^{33} su^{33}

献水经．-抄本．-云南省武定县万德乡万德村，清．-5 页；19.5 ×21.4cm. -线装．-本书从左往右行序，断句，完好。

290

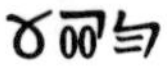

ji^{11} çe^{33} su^{33}

献水经．-抄本．-云南省武定县万德乡万德村，清．-9 页；16 ×20cm. -线装．-本书从左往右行序，断句，首尾残；本书题名残，题名为拟订题名购。

291-2

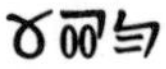

ji^{11} çe^{33} su^{33}

献水经．-抄本．-云南省武定县万德乡万德村．-6 页；20 ×19cm. -线装．-本书从左往右行序，断句，完好。

293-1

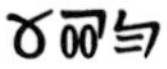

ji^{11} çe^{33} su^{33}

献水经．-抄本．-云南省武定县万德乡万德村，清．-8 页；19 ×28cm. -线装．-本书从左往右行序，不断句，完好。

295-2

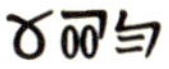

ji^{11}çe^{33}su^{33}

献水经．-抄本．-云南省武定县万德乡万德村，清．-12 页；20×14cm. -线装．-本书从左往右行序，断句，末页稍残。

413-2

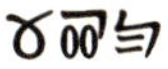

ji^{11}çe^{33}su^{33}

献水经．-抄本．-云南省武定县万德乡万德村，清．-9 页；14×19cm. -线装．-本书从左往右行序，断句，完好。

423-5

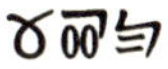

ji^{11}çe^{33}su^{33}

献水经/（清）沙似写．-写本．-云南省禄劝县双化乡芝兰办事处万晡古村，清道光15 年（1835）4 月．-1 页；26.3×37.5cm. -线装．-本书从左往右行序，断句，完好。

548-3

ji̠^{2}tər^{11}su^{33}

慰藉祖神经．-抄本．-云南省禄劝县中屏乡昔南办事处巴洪村，清．-7 页；21×27cm. -线装．-本书从左往右行序，断句，首尾有残。

303-8

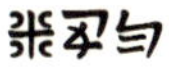

ji̠^{2}kho̠^{55}su^{33}

招魂经．-抄本．-云南省武定县万德乡万德村，清．-1 页；24×19cm. -线装．-本书从左往右行序，断句，尾残。

306-3

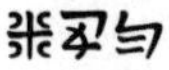

ji̠^{2}kho̠^{55}su^{33}

招魂经/(清)阿嫘写.-写本.-云南省武定县万德乡万德村,清乾隆12年(1747)兔年4月.-1页;24×23cm.-线装.-本书从左往右行序,不断句,完好。

308-8

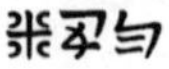

ji̠^{2}kho̠^{55}su^{33}

招魂经/(清)阿枣写.-写本.-云南省武定县万德乡万德村,清.-6页;25×26cm.-线装.-本书从左往右行序,不断句,完好。

364-4

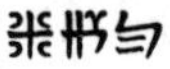

ji̠ɣɔ^{33}su^{33}

招魂经.-抄本.-云南省武定县万德乡万德村,清.-3页;20.5×13.5cm.-线装.-本书从右往左行序,断句,尾残。

331-1

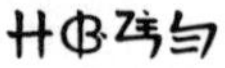

khɤ^{33}ɦo^{33}dʐɯ̠^{55}su^{33}

供奉威荣神经.-抄本.-云南省武定县万德乡万德村,清.-4页;28.3×22.1cm.-线装.-本书从左往右行序,断句,完好;本书无题名,题名为拟订题名。

tʂɔ^{55}tɘe^{11}ɳtɕhɯ^{33}

祈祷祝颂经

32-5

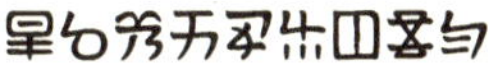

phu^{55}phi^{33}ɡo^{55}mu^{11}kho̠^{55}ʂɯ^{55}ɳo̠^{2}ʂɯ̠^{1}su^{33}

宗支祭祖祈祷年吉月利经/(清)登科呗耄写.-云南省禄劝县云龙乡登科村,清宣统元年(1909)正月.-5 页;18×16cm.-线装.-从右往左行序,不断句,完好;本书著者是以“登科(村名)呗耄(祭师)写”来叙述。

11-5

phu^{11}ɳɐ^{33}ji̠^{2}tər^{11}su^{33}

慰藉田地护神经/(清)者烧写.-写本.-云南省禄劝县双化乡照块村,清道光 4 年(1824)猴 4 月.-2 页;22×28cm.-线装.-从左往右行序,不断句,完好。

13-11

ma̠^{2}lu^{33}su^{33}

祈祷吉利经/(清)贝纳召你写.-写本.-云南省禄劝县撒营盘镇德嘎村,清.-1 页;26×28cm.-线装.-从左往右行序,断句,完好。

244-6

ma̠^{2}lɯ^{11}su^{33}

祈祷吉利经.-抄本.-云南省武定县万德乡万德村,清.-2 页;26×20cm.-线装.-

本书从右往左行序,断句,完好。

29-3

tho^{55}ɬo̠^{2}su^{33}

良辰祝颂经.-抄本.-云南省武定县万德乡万德村,清.-4 页;27×22cm.-线装.-从右往左行序,不断句,完好。

146-2

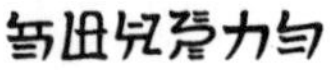

ne̠^{55}mu^{11}ɣo̠^{2}tɯ̠^{2}su^{33}

祭祖大典祈福经.-写本.-云南省武定县万德乡万德村,清道光 23 年(1843)2 月.-7 页;17.6×19.8cm.-线装.-本书从左往右行序,断句,完好。

226-2

ne̠^{55}mu^{11}ɣo̠^{2}tɯ̠^{2}zo̠^{2}su^{33}

祭祖大典祈福经/(清)诺宗写.-写本.-云南省武定县万德乡万德村,清虎年三月.-12 页;15×22.7cm.-线装.-本书从左往右行序,不断句,完好。

59-2

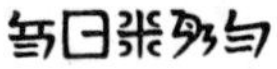

ne̠^{55}ɳu^{33}ɹ̠i^{2}tər^{11}su^{33}

氏族祭祖祝福经.-抄本.-云南省武定县万德乡万德村,清.-4 页;16×20cm.-线装.-从左往右行序,不断句,完好;本书无题名,题名为拟订题名。

65-3

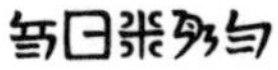

ne̠^{55}ʈhu^{33}ɹ̠i^{2}tər^{11}su^{33}

氏族祭祖祝福经.-抄本.-云南省武定县万德乡万德村,清.-5 页;24×20cm.-线装.-从右往左行序,不断句,完好。

391-2

ne̠^{55}ʈhu^{33}ji̠^{2}tər^{11}su^{33}

氏族祭祖祝福经．-抄本．-云南省武定县万德乡万德村，清．-8 页；22×14cm. -线装．-本书从左往右行序，不断句，尾残。

73

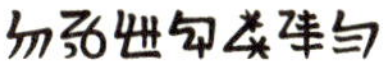

no^{33}va̠^{55}jo̠^{2}tɕhe^{33}tsi^{33}thɯ̠^{55}su^{33}

祝颂财神经．-抄本．-云南省武定县万德乡万德村，清．-24 页；23×15cm. -线装．-本书从左往右行序，不断句，完好。

96-2

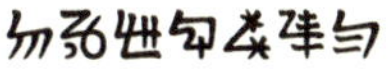

no^{33}va̠^{55}jo̠^{2}tɕhe^{33}tsi^{33}su^{33}

祝颂财神经/（清）期台写．-写本．-云南省禄劝县皎西乡很踏卡村，清．-14 页；18.3×18cm. -线装．-本书从左往右行序，断句，完好。

25-11

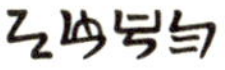

lɯ^{55}ne^{33}pu^{33}su^{33}

歌颂嫘奶神经/清）沙合写．-云南省武定县万德乡万德村，清乾隆 38 年（1773）蛇年 8 月．-10 页；19.5×26.8cm. -线装．-从左往右行序，不断句，完好。

67-5

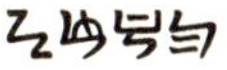

lɯ^{55}ne^{33}pu^{33}su^{33}

歌颂嫘奶神经．-写本．-云南省武定县万德乡万德村，清光绪 10 年（1884）正月．-2 页；18×26.7cm. -线装．-本书从左往右行序，不断句，完好。

13-9

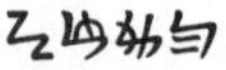

lɯ^{55}ne^{33}ȵtɕhɯ^{33}su^{33}

祝颂嫘奶神经/（清）贝纳召你写．-写本．-云南省禄劝县撒营盘镇德嘎村，清．-1页；26×28cm. -线装．-从左往右行序，断句，完好。

103-5

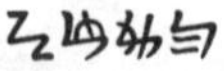

lɯ^{55}ne^{33}ȵtɕhɯ^{33}su^{33}

祝颂嫘奶神经－写本．-云南省武定县万德乡万德村，清咸丰5年（1855）冬月．-3页；26×20cm. -线装．-本书从左往右行序，断句，完好。

107-5

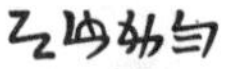

lɯ^{55}ne^{33}ȵtɕhɯ^{33}su^{33}

祝颂嫘奶神经．-抄本．-云南省武定县万德乡万德村，清．-2页；18.8×27.3cm. -线装．-本书从左往右行序，断句，完好。

119-4

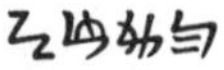

lɯ^{55}ne^{33}ȵtɕhɯ^{33}su^{33}

祝颂嫘奶神经．-抄本．-云南省武定县万德乡万德村，清．-1页；21.5×25.8cm. -线装．-本书从左往右行序，断句，完好。

120-3

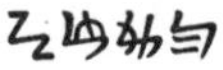

lɯ^{55}ne^{33}ȵtɕhɯ^{33}su^{33}

祝颂嫘奶神经．-抄本．-云南省武定县万德乡万德村，清．-1页；19.5×28.7cm. -线装．-本书从左往右行序，断句，完好。

131-4

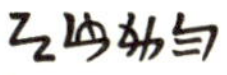

lɯ^{55} ne^{33} ȵtɕhɯ^{33} su^{33}

祝颂嫘奶神经 . -抄本 . -云南省武定县万德乡万德村,清 . -3 页; 24 ×27. 5cm. -线装 . -本书从左往右行序,断句,每页均有残。

132-4

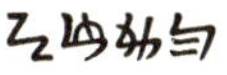

lɯ^{55} ne^{33} ȵtɕhɯ^{33} su^{33}

祝颂嫘奶神经/(清)嫂瑙写 . -写本 . -云南省禄劝县撒营盘镇撒老乌海宜村,清道光 11 年(1831). -2 页;线装,27 ×19cm. -本书从左往右行序,断句,每页均有残。

140-3

lɯ^{55} ne^{33} ȵtɕhɯ^{33} su^{33}

祝颂嫘奶神经 . -抄本 . -云南省武定县万德乡万德村,清 . -1 页; 21. 8 ×27. 4cm. -线装 . -本书从左往右行序,断句,完好。

188-2

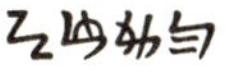

lɯ^{55} ne^{33} ȵtɕhɯ^{33} su^{33}

祝颂嫘奶神经/(清)龚宗写 . -写本 . -云南省禄劝县云龙乡多康村,清 . -6 页; 24 ×29. 5cm. -线装 . -本书从右往左行序,断句,完好。

199-7

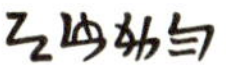

lɯ^{55} ne^{33} ȵtɕhɯ^{33} su^{33}

祝颂嫘奶神经 . -抄本 . -云南省武定县万德乡万德村,清 . -3 页; 26 ×19cm. -线装 . -本书从右往左行序,断句,完好。

202-3

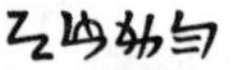

lɯ^{55} ne^{33} ŋ̩tɕhɯ^{33} su^{33}

祝颂嫘奶神经/(清)阿东康呗耄写. -写本. -云南省禄劝县团街乡治安办事处阿东康村,清道光15年(1835)6月. -1页; 23×26.1cm. -线装. -本书从左往右行序,断句,完好;本书著者以“阿东康(村名)呗耄(祭师)写”来表述的。

203-5

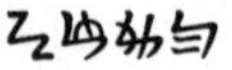

lɯ^{55} ne^{33} ŋ̩tɕhɯ^{33} su^{33}

祝颂嫘奶神经. -抄本. -云南省武定县万德乡万德村,清. -4页; 24×20cm. -线装. -本书从左往右行序,不断句,完好。

209-6

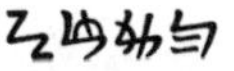

lɯ^{55} ne^{33} ŋ̩tɕhɯ^{33} su^{33}

祝颂嫘奶神经. -抄本. -云南省武定县万德乡万德村,清. -3页; 21×19.5cm. -线装. -本书从左往右行序,不断句,完好。

210-4

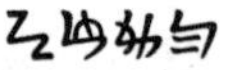

lɯ^{55} ne^{33} ŋ̩tɕhɯ^{33} su^{33}

祝颂嫘奶神经/(清)阿老写. -写本. -云南省武定县万德乡万德村,清道光21年(1841)牛年7月. -1页; 19×28cm. -线装. -本书从左往右行序,不断句,完好。

213-4

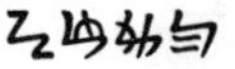

lɯ^{55} ne^{33} ŋ̩tɕhɯ^{33} su^{33}

祝颂嫘奶神经. -抄本. -云南省武定县万德乡万德村,清. -2页; 19.5×22cm. -线装. -本书从左往右行序,断句,完好。

232-5

lɯ^{55}ne^{33}ȵtɕhɯ^{33}su^{33}

祝颂嫘奶神经．-抄本．-云南省武定县万德乡万德村，清．-1 页；17.2 ×28cm. -线装．-本书从左往右行序，断句，完好。

244-4

lɯ^{55}ne^{33}ȵtɕhɯ^{33}su^{33}

祝颂嫘奶神经．-抄本．-云南省武定县万德乡万德村，清．-1 页；26 ×20cm. -线装．-本书从右往左行序，断句，完好。

270-9

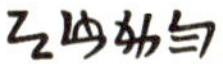

lɯ^{55}ne^{33}ȵtɕhɯ^{33}su^{33}

祝颂嫘奶神经/（清）阿立写．-写本．-云南省武定县万德乡万德村，清嘉庆 21 年（1816）. -2 页；20 ×14cm. -线装．-本书从左往右行序，不断句，完好。

301-7

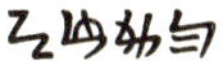

lɯ^{55}ne^{33}ȵtɕhɯ^{33}su^{33}

祝颂嫘奶神经/（清）阿迪图抄写．-抄本．-云南省武定县万德乡万德村，清，. -1 页；22 ×28cm. -线装．-本书从左往右行序，不断句，完好。

50-3

tsho̱^{55}kɔ^{55}ta̱^{55}su^{33}

向火神祈吉经．-抄本．-云南省武定县万德乡万德村，清．-2 页；25 ×29cm. -线装．-从左往右行序，不断句，完好。

85-5

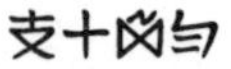

tsho̱^{55}kɔ^{55}ta̱^{55}su^{33}

向火神祈吉经/(清)阿罗写.-写本.-云南省禄劝县云龙乡动康村,清.-3 页;28×20cm.-线装.-本书从左往右行序,不断句,完好。

35

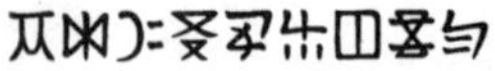

ntshɯ^{33}ɡu^{11}mɔ^{33}bi^{55}kho̱^{55}ʂɯ^{55}ɳo̱^{2}ʂɯ^{2}su^{33}

王宫祈祷年吉月利经.-抄本.-云南省武定县万德乡万德村,清.-6 页;20×17cm.-线装.-从右往左行序,不断句,完好。

90-7

zo^{33}ṉi^{11}tho^{55}li^{11}su^{33}

男子合心经/(清)者阿写.-写本.-云南省禄劝县茂山乡甲甸办事处甲毛村,清虎年3月.-3 页;20×28.3cm.-线装.-本书从左往右行序,不断句,完好。

29-4

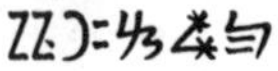

tʂɔ^{55}mɐ^{33}tɕhe^{33}tsi^{33}su^{33}

超度祝颂经.-抄本.-云南省武定县万德乡万德村,清.-6 页;27×22cm.-线装.-从右往左行序,不断句,完好。

30-6

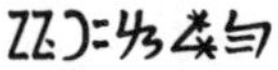

tʂɔ^{55}mɐ^{33}tɕhe^{33}tsi^{33}su^{33}

超度祝颂经/(清)沙额写.-云南省禄劝县双化乡坎邓村,清光绪 12 年(1886)狗年4月.-2 页;29×37cm.-线装.-从左往右行序,断句,完好。

539-6

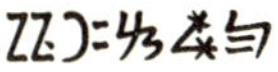

tʂɔ^{55}mɔ^{33}tɕhe^{33}tsi^{33}su^{33}

超度祝颂经-抄本 . -云南省禄劝县中屏乡昔南办事处巴洪村,清 . -2 页;28 × 37cm. -线装 . -本书从左往右行序,断句,完好。

86-1

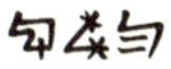

tɕhe^{33}tsi^{33}su^{33}

赞颂经 . -写本 . -云南省禄劝县撒营盘镇更撒更村,清 . -18 页; 20 ×26cm. -线装 . -本书从左往右行序,断句,完好。

305

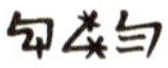

tɕhe^{33}tsi^{33}su^{33}

赞颂经 . -抄本 . -云南省武定县万德乡万德村,清 . -61 页; 20. 2 ×28. 5cm. -线装 . -本书从左往右行序,不断句,首尾残;本书题名残,题名根据 307 号同名校对后拟订。

306-2

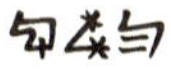

tɕhe^{33}tsi^{33}su^{33}

赞颂经/(清)阿嫘写 . -写本 . -云南省武定县万德乡万德村,清乾隆 12 年(1747)兔年 4 月 . -30 页:神座插枝图; 24 ×23cm. -线装 . -本书从左往右行序,不断句,完好。

307

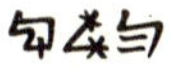

tɕhe^{33}tsi^{33}su^{33}

赞颂经-抄本 . -云南省武定县万德乡万德村,清 . -90 页:神座插枝图; 21 ×23cm. -线装 . -本书从左往右行序,不断句,首 3 页稍残。

18-2

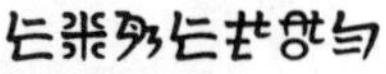

ȵi^{11}ji̠^{2}ter^{11}ȵi^{11}tse^{11}xɐ^{11}su^{33}

家宅消灾祝福经/（清）沙久写－写本．-云南省禄劝县云龙乡古尼村，清嘉庆2年（1797）蛇年．-9页；20×27cm. -线装．-从左往右行序，不断句，完好。

337

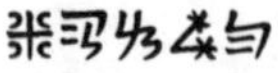

ji̠^{2}bo^{11}tɕhe^{11}tsi̠^{33}su^{33}

赞颂益博经/（清）期达写．-写本．-．-云南省武定县万德乡万德村，清牛年腊月写．-24页；27×21cm. -线装．-本书从左往右行序，断句，首尾残。

551-2

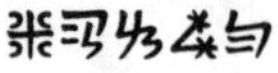

ji̠^{2}bo^{11}tɕhe^{11}tsi̠^{33}su^{33}

赞颂益博经．-复制本．-云南省禄劝县中屏乡昔南办事处巴洪村，清．-19页；29×20cm. -精装．-本书从左往右行序，断句，完好。

13-8

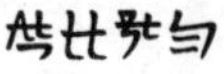

je^{11}ɳtʂhɯ^{11}tʂhɔ^{55}su^{33}

祝福献酒经/（清）贝纳召你写．-写本．-云南省禄劝县撒营盘镇德嘎村，清．-1页；26×28cm. -线装．-从左往右行序，断句，完好。

13-7

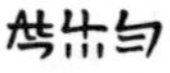

je^{11}ʂɯ^{55}su^{33}

祝福经/（清）贝纳召你写．-写本．-云南省禄劝县撒营盘镇德嘎村，清．-2页；26×28cm. -线装．-从左往右行序，断句，完好。

22-1

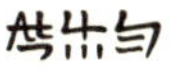

je^{11}ʂɯ^{55}su^{33}

祝福经．-抄本．-云南省武定县万德乡万德村，清．-7 页；20 ×26cm. -线装．-从左往右行序，断句，首残；本书题名残，题名根据 140 号同名书校对后拟订。

103-4

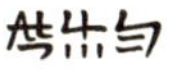

je^{11}ʂɯ^{55}su^{33}

祝福经－写本．-云南省武定县万德乡万德村，清咸丰 5 年(1855)冬月．-12 页；26 ×20cm. -线装．-本书从左往右行序，断句，完好。

119-3

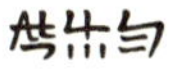

je^{11}ʂɯ^{55}su^{33}

祝福经．-抄本．-云南省武定县万德乡万德村，清．-7 页；21. 5 ×25. 8cm. -线装．-本书从左往右行序，断句，完好。

140-4

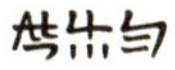

je^{11}ʂɯ^{55}su^{33}

祝福经．-抄本．-云南省武定县万德乡万德村，清．-7 页；21. 8 ×27. 4cm. -线装．-本书从左往右行序，断句，完好。

199-1

je^{11}ʂɯ^{55}su^{33}

祝福经．-抄本．-云南省武定县万德乡万德村，清．-7 页；26 ×19cm. -线装．-本书从右往左行序，断句，完好。

202-4

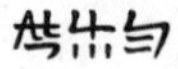

je^{11}ʂɯ^{55}su^{33}

祝福经/(清)阿东康呗耄写．-写本．-云南省禄劝县团街乡治安办事处阿东康村，清道光15年(1835)6月．-4页；23×26.1cm. -线装．-本书从左往右行序，断句，完好；本书著者以“阿东康(村名)呗耄(祭师)写”来表述的。

209-4

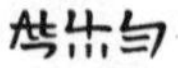

je^{11}ʂɯ^{55}su^{33}

祝福经．-抄本．-云南省武定县万德乡万德村，清．-10页；21×19.5cm. -线装．-本书从左往右行序，不断句，完好。

205-4

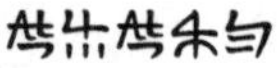

je^{11}ʂɯ^{55}je^{11}ɖɔ^{11}su^{33}

祝福经．-写本．-云南省武定县万德乡万德村，清咸丰7年(1857)8月．-7页；20.5×26.5cm. -线装．-本书从左往右行序，不断句，完好，著者名已残。

18-4

kho̱^{55}ʂɯ^{55}ɳo̱^{2}ʂi^{2}su^{33}

祈祷年吉月利经/(清)沙久写－写本．-云南省禄劝县云龙乡古尼村，清嘉庆2年(1797)蛇年．-4页；20×27cm. -线装．-从左往右行序，不断句，完好。

22-4

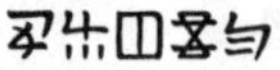

kho̱^{55}ʂɯ^{55}ɳo̱^{2}ʂɯ^{2}su^{33}

祈祷年吉月利经．-抄本．-云南省武定县万德乡万德村，清．-4页；20×26cm. -线装．-从左往右行序，不断句，完好。

34-1

kho̠^{55}ʂɯ^{55}ɳo̠^{2}ʂɯ̠^{2}su^{33}S

祈祷年吉月利经 . -抄本 . -云南省武定县万德乡万德村,清 . -8 页; 18 ×14cm. -线装 . -从右往左行序,不断句,完好。

59-1

kho̠^{55}ʂɯ^{55}ɳo̠^{2}ʂɯ̠^{2}su^{33}

祈祷年吉月利经 . -抄本 . -云南省武定县万德乡万德村 . -3 页; 16 ×20cm. -线装 . -从左往右行序,不断句,完好。

65-2

kho̠^{55}ʂɯ^{55}ɳo̠^{2}ʂɯ̠^{2}su^{33}

祈祷年吉月利经 . -抄本 . -云南省武定县万德乡万德村,清 . -5 页; 24 ×20cm. -线装 . -从右往左行序,不断句,完好。

388-3

kho̠^{55}ʂɯ^{55}ɳo̠^{2}ʂi̠^{2}su^{33}

祈祷年吉月利经 . -抄本 . -云南省武定县万德乡万德村,清 . -2 页; 20 ×13cm. -线装 . -本书从右往左行序,不断句,尾残。

391-1

kho̠^{55}ʂɯ^{55}ɳo̠^{2}ʂi̠^{2}su^{33}

祈祷年吉月利经 . -抄本 . -云南省武定县万德乡万德村,清 . -11 页; 22 ×14cm. -线装 . -本书从左往右行序,不断句,完好。

515-1

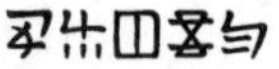

kho̱^{55}ʂɯ^{55}ɳo̱^{2}ʂɯ^{2}su^{33}

祈祷年吉月利经．-抄本．-云南省武定县万德乡万德村，清．-2 页；20. 5 ×26. 8cm. -线装．-本书从左往右行序，断句，完好。

29-2

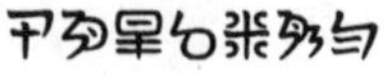

ŋɔ^{33}lu^{33}phu^{55}phi^{33}ʝi̱^{2}tər^{33}su^{33}

慰藉祖妣赞英灵．-抄本．-云南省武定县万德乡万德村，清．-4 页； 27 ×22cm. -线装．-从右往左行序，断句，完好。

565

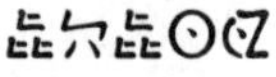

ɣe^{11}khu^{33}ɣe^{11}tho^{33}ɣo^{11}

四季运转经．-抄本．-云南省红河州，清．-43 页；28 ×25. 3cm. -毛装．-本书从左往右行序，断句，完好。

93-3

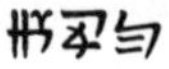

ɣɔ^{33}kho̱^{55}su^{33}

祈求成功圆满经．-抄本．-云南省武定县万德乡万德村，清．-2 页； 20 ×28. 3cm. -线装．-本书从左往右行序，断句，完好。

132-2

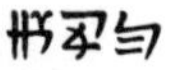

ɣɔ^{33}kho̱^{55}su^{33}

祈求成功圆满经/(清)嫂瑙写．-写本．-云南省禄劝县撒营盘镇撒老乌海宜村，清道光 11 年(1831)．-2 页； 27 × 19cm. -线装．-本书从左往右行序，断句，每页均有残。

199-6

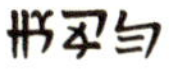

ɣɔ^{33}kho̱^{55}su^{33}

祈求成功圆满经.-抄本.-云南省武定县万德乡万德村,清.-3 页; 26 ×19cm. -线装.-本书从右往左行序,断句,完好。

210-2

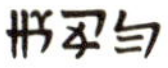

ɣɔ^{33}kho̱^{55}su^{33}

祈求成功圆满经/(清)阿老写.-写本.-云南省武定县万德乡万德村,清道光 21 年(1841)牛年 7 月.-2 页; 19 ×28cm. -线装.-本书从左往右行序,不断句,完好。

232-4

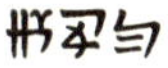

ɣɔ^{33}kho̱^{55}su^{33}

祈求成功圆满经.-抄本.-云南省武定县万德乡万德村,清.-3 页; 17.2 ×28cm. -线装.-本书从左往右行序,断句,完好。

436-2

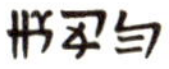

ɣɔ^{33}kho̱^{55}su^{33}

祈求成功圆满经.-抄本.-云南省武定县万德乡万德村,清.-5 页; 28 ×21cm. -线装.-本书从左往右行序,断句,完好。

25-8

ɣɔ^{33}kho̱^{55}ɣɔ^{33}ɬo̱^{2}su^{33}

祈求成功圆满经/清)沙合写.-云南省武定县万德乡万德村,清乾隆 38 年(1773)蛇年 8 月.-2 页; 19.5 ×26.8cm. -线装.-从左往右行序,不断句,完好。

103-3

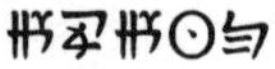

ɣɔ^{33}kho̠^{55}ɣɔ^{33}ɬo̠^{2}su^{33}

祈求成功圆满经－写本. -云南省武定县万德乡万德村,清咸丰5年(1855)冬月. -3页; 26×20cm. -线装. -本书从左往右行序,断句,完好。

107-3

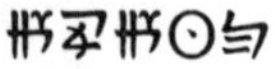

ɣɔ^{33}kho̠^{55}ɣɔ^{33}ɬo̠^{2}su^{33}

祈求成功圆满经. -抄本. -云南省武定县万德乡万德村,清. -2页; 18.8×27.3cm. -线装. -本书从左往右行序,断句,完好。

140-2

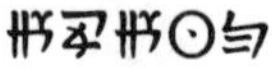

ɣɔ^{33}kho̠^{55}ɣɔ^{33}ɬo̠^{2}su^{33}

祈求成功圆满经. -抄本. -云南省武定县万德乡万德村,清. -2页; 21.8×27.4cm. -线装. -本书从左往右行序,断句,完好。

195-2

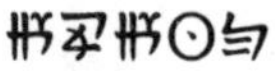

ɣɔ^{33}kho̠^{55}ɣɔ^{33}ɬo̠^{2}su^{33}

祈求成功圆满经/(清)大西邑呗耄写. -写本. -云南省武定县万德乡发窝乡大西邑村,清. -9页; 28×25cm. -线装. -本书从右往左行序,断句,完好;本书无题名,题名为拟订题名;本书著者以“大西邑(村名)呗耄(祭师)写”来表述的。

203-3

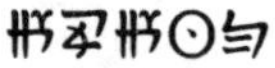

ɣɔ^{33}kho̠^{55}ɣɔ^{33}ɬo̠^{2}su^{33}

祈求成功圆满经. -抄本. -云南省武定县万德乡万德村,清. -5页; 24×20cm. -线装. -本书从左往右行序,不断句,完好。

205-2

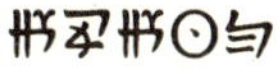

ɣɔ^{33}kho̱^{55}ɣɔ^{33}ɬo̱^{2}su^{33}

祈求成功圆满经 . -写本 . -云南省武定县万德乡万德村,清咸丰 7 年(1857)8 月 . -1 页; 20. 5 ×26. 5cm. -线装 . -本书从左往右行序,不断句,完好,著者名已残。

209-3

ɣɔ^{33}kho̱^{55}ɣɔ^{33}ɬo̱^{2}su^{33}

祈求成功圆满经 . -抄本 . -云南省武定县万德乡万德村,清 . -2 页; 21 ×19. 5cm. -线装 . -本书从左往右行序,不断句,完好。

213-2

ɣɔ^{33}kho̱^{55}ɣɔ^{33}ɬo̱^{2}su^{33}

祈求成功圆满经 . -抄本 . -云南省武定县万德乡万德村,清 . -2 页; 19. 5 ×22cm. -线装 . -本书从左往右行序,断句,完好。

235-2

ɣɔ^{33}kho̱^{55}ɣɔ^{33}ɬo̱^{2}su^{33}

祈求成功圆满经 . -抄本 . -云南省武定县万德乡万德村,清 . -2 页; 26 ×20cm. -线装 . -本书从左往右行序,不断句,每页均有残。

270-7

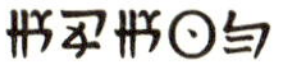

ɣɔ^{33}kho̱^{55}ɣɔ^{33}ɬo̱^{2}su^{33}

祈求成功圆满经/(清)阿立写 . -写本 . -云南省武定县万德乡万德村,清嘉庆 21 年(1816). -3 页; 20 ×14cm. -线装 . -本书从左往右行序,不断句,完好。

277

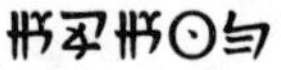

ɣɔ^{33}kho̠^{55}ɣɔ^{33}ɬo̠^{2}su^{33}

祈求成功圆满经 . -写本 . -云南省武定县万德乡万德村,清道光 24 年(1844). -6 页; 27 ×21cm. -线装 . -本书从右往左行序,断句,首页有残。

92-3

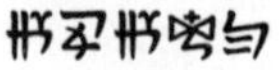

ɣɔ^{33}kho̠^{55}ɣɔ^{33}ɬo̠^{2}su^{33}

祈求成功圆满经 . -写本 . -云南省武定县万德乡万德村,清道光 30 年(1850)5 月 . -3 页; 26 ×18cm. -线装 . -本书从右往左行序,断句,末页有残。

131-2

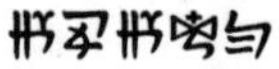

ɣɔ^{33}kho̠^{55}ɣɔ^{33}ɬo̠^{2}su^{33}

祈求成功圆满经 . -抄本 . -云南省武定县万德乡万德村,清 . -2 页; 24 ×27. 5cm. -线装 . -本书从左往右行序,断句,每页均有残。

191-2

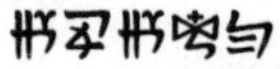

ɣɔ^{33}kho̠^{55}ɣɔ^{33}ɬo̠^{2}su^{33}

祈求成功圆满经 . -抄本 . -云南省武定县万德乡万德村,清 . -2 页; 28 ×21cm. -线装 . -本书从左往右行序,不断句,完好。

244-3

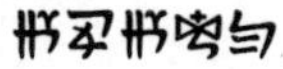

ɣɔ^{33}kho̠^{55}ɣɔ^{33}ɬo̠^{2}su^{33}

祈求成功圆满经 . -抄本 . -云南省武定县万德乡万德村,清 . -3 页; 26 ×20cm. -线装 . -本书从右往左行序,断句,完好。

94

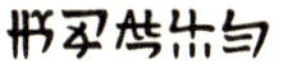

ɣɔ^{33}kho̱^{55}je^{11}ʂɯ^{55}su^{33}

祈求成功圆满祝福经．-抄本．-云南省武定县万德乡万德村，清．-22 页；20 × 15cm. -线装．-本书从左往右行序，不断句，完好。

21-2

ɣo̱^{2}tɯ̱^{55}zɔ̱^{2}su^{33}

祈吉祝福经．-抄本．-云南省武定县万德乡万德村，清．-7 页；21 ×14cm. -线装．-从右往左行序，断句，尾残；本书无题名，题名为拟订题名。

40-2

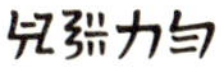

ɣo̱^{2}tɯ̱^{55}zɔ̱^{2}su^{33}

祈吉祝福经/（清）钟沙洁写．-云南省武定县万德乡万德，清同治 13 年（1874）2 月．-8 页：神座插枝图：24 × 19cm. -，线装．-从左往右行序，断句，完好；本书由钟沙洁写给莫作库（村名）杨政的。

70-2

ɣo̱^{2}tɯ̱^{55}zɔ̱^{2}su^{33}

祈吉祝福经．-抄本．-云南省武定县万德乡万德村，清．-7 页；24. 7 × 19cm. -线装．-本书从左往右行序，不断句，完好。

153-2

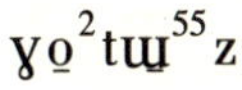

ɣo̱^{2}tɯ̱^{55}zɔ̱^{2}su^{33}

祈吉祝福经．-写本．-云南省武定县万德乡万德村，清．-5 页；25 ×19cm. -线装．-本书从左往右行序，断句，完好。

186-2

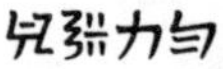

ɣo̠^{2}tɯ^{55}zɔ^{2}su^{33}

祈吉祝福经/(清)罗骂思写 . -写本 . -云南省武定县万德乡木期亨村,清 . -6 页; 27 ×14cm. -线装 . -本书从左往右行序,断句,完好。

103-2

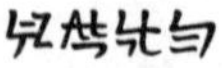

ɣo̠^{2}je^{11}tʂɐ^{33}su^{33}

祈成功吉庆经－写本 . -云南省武定县万德乡万德村,清咸丰 5 年(1855)冬月 . -6 页; 26 ×20cm. -线装 . -本书从左往右行序,断句,完好。

138-2

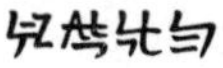

ɣo̠^{2}je^{11}tʂɔ^{33}su^{33}

祈成功吉庆经 . -抄本 . -云南省武定县万德乡万德村,清 . -4 页; 19. 8 ×20cm. -线装 . -本书从左往右行序,断句,完好。

188-1

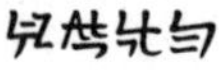

ɣo̠^{2}je^{11}tʂɐ^{33}su^{33}

祈成功吉庆经/(清)龚宗写 . -写本 . -云南省禄劝县云龙乡多康村,清 . -1 页; 24 ×29. 5cm. -线装 . -本书从右往左行序,断句,完好。

199-4

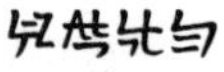

ɣo̠^{2}je^{11}tʂɐ^{33}su^{33}

祈成功吉庆经 . -抄本 . -云南省武定县万德乡万德村,清 . -2 页; 26 ×19cm. -线装 . -本书从右往左行序,断句,完好。

232-2

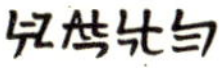

ɣo̠^{2}tɯ̠^{2}zɔ^{2}su^{33}

祈成功吉庆经．-抄本．-云南省武定县万德乡万德村，清．-2 页；17.2 × 28cm. -线装．-本书从左往右行序，断句，完好。

244-2

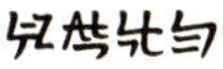

ɣo̠^{2}je^{11}tʂɐ^{33}su^{33}

祈成功吉庆经．-抄本．-云南省武定县万德乡万德村，清．-5 页；26 × 20cm. -线装．-本书从右往左行序，断句，完好。

270-5

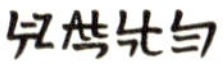

ɣo̠^{2}je^{11}tʂɐ^{33}su^{33}

祈成功吉庆经/（清）阿立写．-写本．-云南省武定县万德乡万德村，清嘉庆 21 年（1816）．-4 页；20 × 14cm. -线装．-本书从左往右行序，不断句，完好。

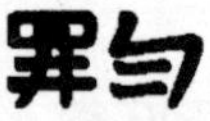

ȵi^{33}su^{33}

预测书

401-1

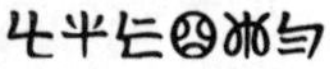

pe^{33}mu^{33}ȵi^{11}ɦa̠^{55}tʂa̠^{2}su^{33}

择举行百解日.-抄本.-云南省武定县万德乡万德村,清.-1页; 19×26cm.-线装.-本书从左往右行序,不断句,稍残。

413-3

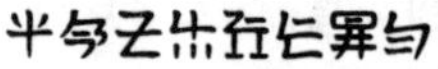

mu^{33}mi^{33}ɕi^{33}ʂɯ^{55}za̠^{55}ȵi^{11}ȵi^{33}su^{33}

查看下死诏日.-抄本.-云南省武定县万德乡万德村,清.-2页; 14×19cm.-线装.-本书从左往右行序,断句,完好。

352-3

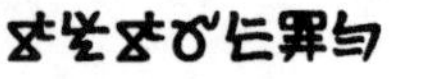

dɯ^{11}sɯ̠^{2}dɯ^{11}ʂa̠^{2}ȵi^{11}ȵi^{1133}su^{33}

测算清扫邪凶日.-抄本.-云南省武定县万德乡万德村,清.-3页; 17.5×21.2cm.-线装.-本书从右往左行序,断句,完好。

431

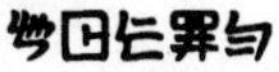

no^{11}zɐ^{11}ȵi^{11}ȵi^{33}su^{33}

患病日预测.-抄本.-云南省武定县万德乡万德村,清.-2页; 18×13cm.-线装.-本书从左往右行序,断句,首残;本书无题名,题名为拟订题名。

560

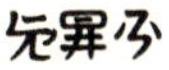

no^{11}ȵi^{33}su^{33}

预测疾病吉凶书 . -抄本 . -云南省红河州，清 . -10 页；26 ×29. 5cm. -毛装 . -本书从左往右行序，断句，完好；本书无题名，题名为拟订题名。

567

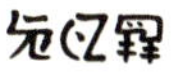

no^{11}wo^{11} ȵi^{33}

预测疾病吉凶书 . -抄本 . -云南省红河州，清 . -40 页；23 ×28. 5cm. -毛装 . -本书从左往右行序，断句，完好；本书无题名，题名为拟订题名。

269-3

lɯ^{55}zɐ^{11}dʐɐ^{11}khọ^{55}ȵi^{33}su^{33}

测克女灾星所在方位书/张自新抄写 . -抄本 . -云南省武定县万德乡万德村，民国16 年(1927)7 月 . -7 页； 23 ×16cm. -线装 . -本书从右往左行序，不断句，完好。

404-1

zɔ^{11}ʂɯ^{55}zɔ^{11}ʂi^{2}su^{33}

算命书 . -抄本 . -云南省武定县万德乡万德村，清 . -9 页； 24 ×26cm. -线装 . -本书从左往右行序，断句，每页均有残。

557

dʑi^{33}nɤ^{33}tso^{33}xɯ^{11}de^{55}ŋɯ^{33}

算命书 . -抄本 . -云南省红河州，清 . -61 页；22. 5 ×28cm. -毛装 . -本书从左往右行序，断句，完好。

2-5

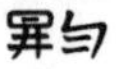

ȵi^{33}su^{33}

预测书.-抄本.-云南省武定县万德乡万德村,清.-3 页; 24×27cm.-线装.-从左往右行序,断句,完好,有三种预测。

270-1

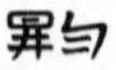

ȵi^{33}su^{33}

预测书/(清)阿立写.-写本.-云南省武定县万德乡万德村,清嘉庆 20 年(1815)猪年.-17 页; 20×14cm.-线装.-本书从左往右行序,不断句,完好;本书无总题名,题名为拟订题名,有七种预测。

393

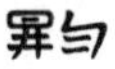

ȵi^{33}su^{33}

预测书.-写本.-云南省武定县万德乡万德村,清嘉庆 10 年(1805).-17 页; 21×27cm.-线装.-本书从右往左行序,断句,首残,有 15 种预测;本书无总题名,题名为拟订题名。

394-2

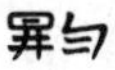

ȵi^{33}su^{33}

预测书.-抄本.-云南省武定县万德乡万德村,清.-61 页; 23×34cm.-线装.-本书从左往右行序,不断句,稍残,有 4 种预测;本书无总题名,题名为拟订题名。

395

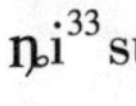

ȵi^{33}su^{33}

预测书.-抄本.-云南省武定县万德乡万德村,清.-33 页; 28×21cm.-线装,.-本书从左往右行序,断句,每页均有残;本书无总题名,题名为拟订题名。

396

[illegible]

ȵi^{33}su^{33}

预测书．-抄本．-云南省武定县万德乡万德村，清．-53 页；19×25cm. -线装．-本书从左往右行序，断句，首尾残，有 47 种预测；本书无总题名，题名为拟订题名。

397

[illegible]

ȵi^{33}su^{33}

预测书．-抄本．-云南省武定县万德乡万德村，清．-116 页；26. 6×19. 2cm. -线装．-本书从右往左行序，断句，每页均有残，有 60 种预测；本书无总题名，题名为拟订题名。

398

[illegible]

ȵi^{33}su^{33}

预测书．-抄本．-云南省武定县万德乡万德村，清．-26 页；28×38cm. -线装．-本书从左往右行序，不断句，首尾残，有 57 种预测；本书无总题名，题名为拟订题名。

399

[illegible]

ȵi^{33}su^{33}

预测书．-抄本．-云南省武定县万德乡万德村，清．-56 页；27×21cm. -线装．-本书从右往左行序，断句，每页均有残，有 34 种预测；本书无总题名，题名为拟订题名。

400

[illegible]

ȵi^{33}su^{33}

预测书．-写本．-云南省武定县万德乡万德村，清猪年 9 月．-26 页；23×18cm. -线装．-本书从左往右行序，不断句，首尾几页残损严重，有 12 种预测；本书无总题名，题名为拟订题名。

402

罤匀

ȵi^{33} su^{33}

预测书/(清)阿磊抄写．-抄本．-云南省禄劝县皎西乡万晡古村,清乾隆 26 年(1761)7 月,．-56 页; 19×26cm. -线装．-本书从左往右行序,断句,每页均稍残,有 40 种预测;本书无总题名,题名为拟订题名。

403-2

罤匀

ȵi^{33} su^{33}

预测书．-抄本．-云南省武定县万德乡万德村,清．-10 页; 24×16cm. -线装．-本书从左往右行序,断句,完好,有 2 种预测。

405

罤匀

ȵi^{33} su^{33}

预测书．-抄本．-云南省武定县万德乡万德村,清．-106 页; 25×17cm. -线装．-本书从左往右行序,断句,首尾残,每页均有残,有 46 种预测;本书无总题名,题名为拟订题名。

406

罤匀

ȵi^{33} su^{33}

预测书．-写本．-云南省武定县万德乡万德村,清道光 10 年(1830). -10 页; 24×17cm. -线装．-本书从右往左行序,不断句,完好,有 5 种预测;本书无总题名,题名为拟订题名。

407

罤匀

ȵi^{33} su^{33}

预测书．-抄本．-云南省武定县万德乡万德村,清．-17 页; 20×14cm. -线装．-本书从右往左行序，不断句，首尾残，有 4 种预测；本书无总题名，题名为拟订题名。

408

罪匀

ȵi^{33} su^{33}

预测书．-抄本．-云南省武定县万德乡万德村，清．-16 页；21 × 14cm. -线装．-本书从左往右行序，断句，首尾残，有 2 种预测；本书无总题名，题名为拟订题名。

409

罪匀

ȵi^{33} su^{33}

预测书．-抄本．-云南省武定县万德乡万德村，清．-24 页；19 × 24cm. -线装．-本书从左往右行序，断句，首尾几页有残，有 15 种预测；本书无总题名，题名为拟订题名。

410-1

罪匀

ȵi^{33} su^{33}

预测书．-抄本．-云南省武定县万德乡万德村，清．-4 页；16 × 27cm. -线装．-本书从左往右行序，断句，完好，有 3 种预测；本书无总题名，题名为拟订题名。

411

罪匀

ȵi^{33} su^{33}

预测书．-抄本．-云南省武定县万德乡万德村，清．-48 页；20 × 22cm. -线装．-本书从左往右行序，断句，尾残，有 50 种预测；本书无总题名，题名为拟订题名。

412

罪匀

ȵi^{33} su^{33}

预测书．-抄本．-云南省武定县万德乡万德村，清．-21 页；20 × 24cm. -线装．-本书从左往右行序，断句，首页稍残，有 10 种预测；本书无总题名，题名为拟订题名。

414

[illegible]

ȵi^{33}su^{33}

预测书．-抄本．-云南省武定县万德乡万德村，清．-67 页；25×18cm. -线装．-本书从右往左行序，断句，首残，有 5 种预测；本书无总题名，题名为拟订题名。

415

[illegible]

ȵi^{33}su^{33}

预测书．-抄本．-云南省武定县万德乡万德村，清．-23 页；26×23cm. -线装．-本书从左往右行序，不断句，首尾残，有 33 种预测；本书无总题名，题名为拟订题名。

416

[illegible]

ȵi^{33}su^{33}

预测书．-抄本．-云南省武定县万德乡万德村，清．-95 页；20.3×25.5cm. -线装．-本书从左往右行序，断句，首尾残，有 60 种预测；本书无总题名，题名为拟订题名。

417

[illegible]

ȵi^{33}su^{33}

预测书．-抄本．-云南省武定县万德乡万德村，清．-35 页；28×23cm. -线装．-本书从左往右行序，不断句，首尾残，有 46 种预测；本书无总题名，题名为拟订题名。

418

[illegible]

ȵi^{33}su^{33}

预测书．-抄本．-云南省武定县万德乡万德村，清．-101 页；27×23cm. -线装．-本书从右往左行序，不断句，首尾残缺，每页均有残，有 60 种预测；本书无总题名，题名为拟订题名。

419

羿匀

ȵi^{33}su^{33}

预测书.-抄本.-云南省武定县万德乡万德村,清.-81 页;27.9×22.6cm.-线装.-本书从右往左行序,断句,首尾残缺,每页均有残,有 43 种预测;本书无总题名,题名为拟订题名。

420

羿匀

ȵi^{33}su^{33}

预测书.-写本.-云南省武定县万德乡万德村,清乾隆 57 年(1792).-62 页;28×23cm.-线装.-本书从左往右行序,断句,首尾残缺,有 38 种预测;本书无总题名,题名为拟订题名。

421

羿匀

ȵi^{33}su^{33}

预测书.-抄本.-云南省武定县万德乡万德村,清.-76 页;27×22cm.-线装.-本书从右往左行序,断句,首尾残缺,有 45 种预测;本书无总题名,题名为拟订题名。

422

羿匀

ȵi^{33}su^{33}

预测书/(清)阿期写.-写本.-云南省武定县万德乡万德村,清道光 29 年(1849)10 月.-12 页;26×22cm.-线装.-本书从右往左行序,断句,完好,有 3 种预测;本书无总题名,题名为拟订题名。

423-1

羿匀

ȵi^{33}su^{33}

预测书/(清)沙似写.-写本.-云南省禄劝县双化乡芝兰办事处万晡古村,清道光15年(1835)4月.-7页;26.3×37.5cm.-线装.-本书从左往右行序,断句,首残,有12种预测;本书无总题名,题名为拟订题名。

424

罪匀

ȵi^{33}su^{33}

预测书.-抄本.-云南省武定县万德乡万德村,清.-9页:命宫方位图;21×18cm.-线装.-本书从左往右行序,断句,有残,有3种预测;本书无总题名,题名为拟订题名。

425

罪匀

ȵi^{33}su^{33}

预测书/(清)习阿子写.-写本.-云南省武定县万德乡万德村,清同治10年(1871)3月.-26页;37×23cm.-线装.-本书从左往右行序,断句,首尾残,有28种预测;本书无总题名,题名为拟订题名。

426

罪匀

ȵi^{33}su^{33}

预测书.-抄本.-云南省武定县万德乡万德村,清.-25页;14.3×20.2cm.-线装.-本书从左往右行序,断句,每页均有残,有16种预测;本书无总题名,题名为拟订题名。

427-3

罪匀

ȵi^{33}su^{33}

预测书.-写本.-云南省武定县万德乡万德村,清咸丰11年(1861)4月.-4页;14×20cm.-线装.-本书从左往右行序,断句,完好。有2种预测;本书无总题名,题名为拟订题名。

428

[illegible]

ȵi^{33}su^{33}

预测书/（清）老诗多呗耄写．-写本．-云南省武定县发窝乡老诗多村，清牛年正月．-105 页；25×24cm. -线装．-本书从左往右行序，不断句，每页均有残，有 26 种预测；本书无总题名，题名为拟订题名；本书著者以“老诗多（村名）呗耄（祭师）写”来表示。

429

[illegible]

ȵi^{33}su^{33}

预测书/（清）杨文明写．-写本．-云南省武定县万德乡万德村，清嘉庆 25 年（1820）．-95 页；28×22cm. -线装．-本书从右往左行序，断句，每页均有残，有 66 种预测；本书无总题名，题名为拟订题名。

430

[illegible]

ȵi^{33}su^{33}

预测书．-写本．-云南省武定县万德乡万德村，清．-81 页；26×24cm. -线装．-本书从右往左行序，断句，首尾残，有 47 种预测；此书里夹着一张用彝文音译记录清同治十年的全年二十四节令；本书无总题名，题名为拟订题名。

432

[illegible]

ȵi^{33}su^{33}

预测书．-抄本．-云南省武定县万德乡万德村，清．-70 页；34×21cm. -线装．-本书从右往左行序，不断句，首尾稍残，有 53 种预测；本书无总题名，题名为拟订题名。

512-2

[illegible]

ȵi^{33}su^{33}

预测书．-抄本．-云南省武定县万德乡万德村，清．-50 页；16.8×26.8cm. -线装．-本书前 10 叶从左往右行序，有 10 种预测；后 15 叶从右往左行序，有 12 种预测，断句，完好；本书无总题名，题名为拟订题名。

546-4

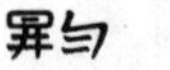

ȵi^{33}su^{33}

预测书．-抄本．-云南省禄劝县中屏乡昔南办事处巴洪村，清．-8 页；27×18cm. -线装．-本书从左往右行序，断句，完好，有 3 种预测；本书无总题名，题名为拟订题名。

61-4

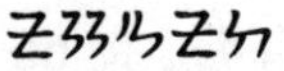

ɕi^{33}tho^{55}su^{33}

推算下死诏时间．-抄本．-云南省武定县万德乡万德村，清．-1 页；22×27cm. -线装．-从左往右行序，不断句，完好。

72-4

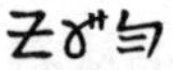

ɕi^{33}ʈhər^{55}su^{33}

查看投生书．-抄本．-云南省武定县万德乡万德村，清．-2 页；37×22cm. -线装．-本书从左往右行序，不断句，每页均残损；本书题名残，题名根据 401 号同名书校对后拟订。

131-6

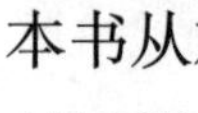

ɕi^{33}ʈhər^{55}su^{33}

查看投生书．-抄本．-云南省武定县万德乡万德村，清．-2 页；24×27.5cm. -线装．-本书从左往右行序，断句，每页均有残；本书题名残，题名根据 401 号同名书校对后拟定。

237-3

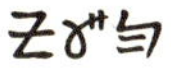

çi^{33} ʈə̠r^{55} su^{33}

查看投生书．-抄本．-云南省武定县万德乡万德村，清．-6 页；21 ×12cm. -线装．-本书从左往右行序，断句，尾残。

293-2

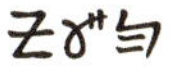

çi^{33} ʈə̠r^{55} su^{33}

查看投生书．-抄本．-云南省武定县万德乡万德村，清．-2 页；19 ×28cm. -线装．-本书从左往右行序，不断句，完好。

375-2

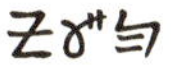

çi^{33} ʈhə̠r^{55} su^{33}

查看投生经．-抄本．-云南省武定县万德乡万德村，清．-6 页；25 ×16cm. -线装．-本书从左往右行序，断句，完好；本书无题名，题名根据 293 号同名书校对后拟订。

401-2

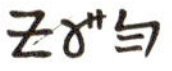

çi^{33} ʈhə̠r^{55} su^{33}

查看投生书．-抄本．-云南省武定县万德乡万德村，清．-4 页；19 ×26cm. -线装．-本书从左往右行序，不断句，每页均稍残。

467-2

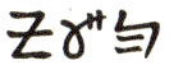

çi^{33} ʈhə̠r^{55} su^{33}

查看投生经/（清）贼嘎写．-写本．-云南省武定县万德乡万德村，清．-4 页；23 ×15cm. -线装．-本书从左往右行序，不断句，完好。

121-3

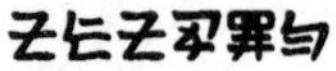

ɕi^{33}ȵi^{11}ɕi^{33}kho̱^{55}ȵi^{33}su^{33}

测逝者降死年日书/(清)阿颂写．-写本．-云南省武定县万德乡酒老阔村,清猪年冬月．-4 页；18 ×24cm. -线装．-本书从左往右行序,断句,完好。

142-2

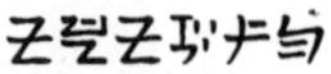

ɕi^{33}tɕɔ^{33}ɕi^{33}tʂhɯ̱^{2}do̱^{2}su^{33}

查出现死难灾星邪污日．-抄本．-云南省武定县万德乡万德村,清．-1 页；24 × 16cm. -线装．-本书从左往右行序,不断句,有残。

234-3

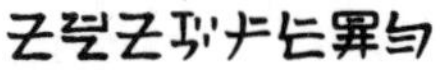

ɕi^{33}tɕɔ^{33}ɕi^{33}tʂhɯ̱^{2}do̱^{2}ȵi^{11}ȵi^{33}su^{33}

查出现死难灾星邪污日．-抄本．-云南省武定县万德乡万德村,清．-2 页；20.2 × 28.2cm. -线装．-本书从左往右行序,不断句,有残。

267-1

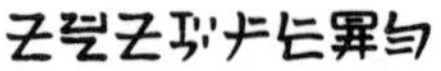

ɕi^{33}tɕɔ^{33}ɕi^{33}tʂhɯ̱^{2}ȵi^{11}ȵi^{33}su^{33}

查出现死难灾星邪污日．-抄本．-云南省武定县万德乡万德村,清．-5 页；25 × 19cm. -线装．-本书从左往右行序,不断句,每页残几字。

540-1

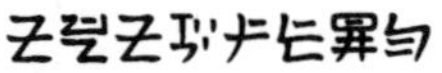

ɕi^{33}tɕɔ^{33}ɕi^{33}tʂhɤ^{2}do̱^{2}ȵi^{11}ȵi^{33}

查出现死难灾星邪污日-写本．-云南省禄劝县中屏乡昔南办事处巴洪村,清道光 4 年(1824)猴 10 月．-3 页;28 ×37cm. -线装．-本书从左往右行序,不断句,完好。

352-2

ja^{11}ko^{33}tɕi^{55}ȵi^{11}ȵi^{33}su^{33}

测算阳公忌日. -抄本. -云南省武定县万德乡万德村,清. -1 页; 17.5 ×21.2cm. -线装. -本书从右往左行序,断句,完好。

tʂa̠^{55}phɔ^{11}

占卜书

3-1

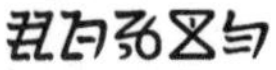

pho^{55}mo̠^{22}va^{55}phɔ^{11}su^{33}

祭亡父亡母猪膀卜卦经/（清）尼也写.-抄本.-云南省武定县发窝乡老诗多村，清鼠年8月.-76页；22×30cm.-线装.-从左往右行序，不断句，首残。

324-1

ve^{33}nthɤ^{33}n̥i^{11}ŋkhɐ^{11}su^{33}

御鬼抽牛膀卜卦经.-抄本.-云南省武定县万德乡万德村，清.-2页；28×19cm.-线装.-本书从右往左行序，断句，完好。

23

va̠^{55}phɔ^{11}su^{33}

祭祖献牲占验猪膀卦经.-抄本.-云南省武定县万德乡万德村，清.-60页；20×27cm.-线装.-从左往右行序，不断句，首尾残；本书题名残，题名根据111号同名书校对后拟订。

95

va̠^{55}phɔ^{11}su^{33}

祭祖献牲占验猪膀卦经/（清）沙思写.-写本.-云南省武定县万德乡鲁布古村，清咸丰

11 年(1861)鸡年 8 月 . -90 页; 18 ×15cm. -线装 . -本书从右往左行序,断句,完好。

111

va̠^{55}phɔ^{11}su^{33}

祭祖献牲占验猪膀卦经 . -抄本 . -云南省武定县万德乡万德村,清 . -50 页; 21 × 25.8cm. -线装 . -本书从左往右行序,不断句,完好。

177

va̠^{55}phɔ^{11}su^{33}

祭祖献牲占验猪膀卦经/(清)罗波写 . -写本 . -云南省禄劝县团街乡聋猫村,清光绪 33 年(1907)11 月 . -44 页; 22 ×18cm. -线装 . -本书从左往右行序,断句,完好。

68-2

va̠^{55}phɔ^{11}mɐ^{33}no^{33}ʂɯ̠^{55}su^{33}

献牲占验猪膀卦经 . -抄本 . -云南省武定县万德乡万德村,清 . -5 页; 27.3 ×18.2cm. -线装 . -本书从左往右行序,断句,完好。

239

va̠^{55}phɔ^{11}mɐ^{33}no^{33}ʂɯ̠^{55}su^{33}

献牲占验猪膀卦经/(清)大西邑呗耄写 . -写本 . -云南省武定县发窝乡大西邑村,清虎年 2 月 . -12 页; 19.7 ×23.5cm. -线装 . -本书从右往左行序,断句,完好;本书著者以“大西邑(村名)呗耄(祭师)写”来表述的。

278

va̠^{55}phɔ^{11}mɐ^{33}no^{33}ʂɯ̠^{55}su^{33}

献牲占验猪膀卦经．-抄本．-云南省武定县万德乡万德村，清．-21 页；19×19cm.-线装．-本书从右往左行序，断句，尾稍残。

546-1

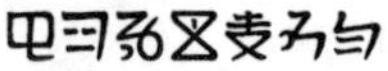

na̠^{2}li^{11}va̠^{55}phɔ^{11}tɕhər^{55}tər^{33}su^{33}

猪膀卜卦经-抄本．-云南省禄劝县中屏乡昔南办事处巴洪村，清．-11 页；27×18cm.-线装．-本书从左往右行序，断句，完好。

91

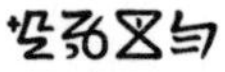

tsɯ^{55}va̠^{55}phɔ^{11}su^{33}

猪膀卜卦经/（清）博纳写．-写本．-云南省武定县万德乡万德村，清乾隆 24 年（1759）兔年 9 月．-70 页：神座插枝图；25×22cm.-线装．-本书从左往右行序，不断句，完好。

470-3

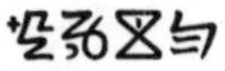

tsɯ^{55}va̠^{55}phɔ^{11}su^{33}

猪膀卜卦经/（清）沙高写．-写本．-云南省武定县万德乡万德村，清乾隆 11 年（1746）虎年 3 月．-14 页：神座插枝图；27×41cm.-线装．-本书从左往右行序，不断句，完好。

28-3

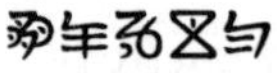

si^{55}ʂo^{33}va̠^{55}phɔ^{11}su^{33}

搜寻魔鬼猪膀卜卦经．-抄本．-云南省武定县万德乡万德村，清．-7 页；29×23cm.-线装．-从右往左行序，断句，完好。

115

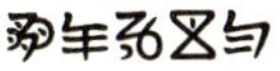

si^{55}ʂo^{33}va̠^{55}phɔ^{11}su^{33}

搜寻魔鬼猪膀卜卦经. -抄本. -云南省武定县万德乡万德村,清. -66 页; 24 × 18cm. -线装. -本书从左往右行序,不断句,完好。

152

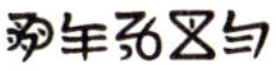

si^{55}ʂo^{33}va̠^{55}phɔ^{11}su^{33}

搜寻魔鬼猪膀卜卦经. -抄本. -云南省武定县万德乡万德村,清. -28 页; 27.5 × 36cm. -线装. -本书从右往左行序,断句,完好。

154-1

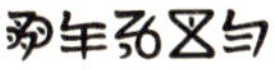

si^{55}ʂo^{33}va̠^{55}phɔ^{11}su^{33}

搜寻魔鬼猪膀卜卦经. -抄本. -云南省武定县万德乡万德村,清. -40 页:神座插枝图; 24.8 ×26.5cm. -线装. -本书从左往右行序,断句,首页有残。

165-1

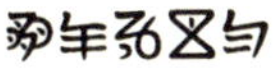

si^{55}ʂo^{33}va̠^{55}phɔ^{11}su^{33}

搜寻魔鬼猪膀卜卦经. -抄本. -云南省武定县万德乡万德村,清. -52 页; 28 × 21cm. -线装. -本书从左往右行序,不断句,完好。

108-3

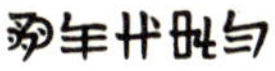

si^{55}ʂo^{33}ȵi^{11}ŋkhɐ^{11}su^{33}

搜寻魔鬼抽牛膀卜卦书. -抄本. -云南省武定县万德乡万德村,清. -3 页; 27 × 20cm. -线装. -本书从左往右行序,不断句,每页均有残。

129-5

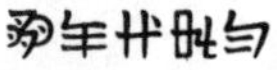

si^{55}ʂo^{33}ȵi^{11}ŋkhɐ^{11}su^{33}

搜寻魔鬼抽牛膀卜卦书/(清)阿文写.-写本.-云南省武定县万德乡万德村,清乾隆22年(1757)牛年5月.-7页;20×27cm.-线装.-本书从左往右行序,不断句,完好。

140-7

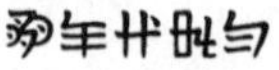

si^{55}ʂo^{33}ȵi^{11}ŋkhɐ^{11}su^{33}

搜寻魔鬼抽牛膀卜卦经.-抄本.-云南省武定县万德乡万德村,清.-3页;21.8×27.4cm.-线装.-本书从左往右行序,断句,完好。

215-2

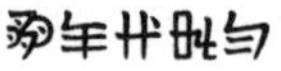

si^{55}ʂo^{33}ȵi^{11}ŋkhɐ^{11}su^{33}

搜寻魔鬼抽牛膀卜卦经.-写本.-云南省武定县万德乡万德村,清乾隆48年(1783)兔年7月.-9页;20×26.5cm.-线装.-本书从左往右行序,不断句,完好;本书著者姓名已残缺。

308-11

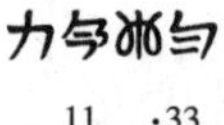

zɔ^{11}mi^{33}tʂa̱^{2}su^{33}

算命宫方位书/(清)阿枣写.-写本.-云南省武定县万德乡万德村,清.-2页;25×26cm.-线装.-本书从左往右行序,不断句,完好。

327-1

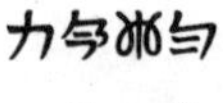

zɔ^{11}mi^{33}tʂa̱^{2}su^{33}

算命宫方位书.-抄本.-云南省武定县万德乡万德村,清.-1页;27×19.8cm.-线装.-本书从右往左行序,断句,完好。

369-2

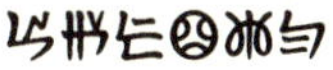

zo^{33} ɣɔ^{33} ȵi^{11} ɦa̱^{55} tʂa̱^{2} su^{33}

测男人命宫方位书/(清)铺左写．-写本．-云南省禄劝县皎西乡法塔村，清虎年9月．-3页：命宫方位图，线装，；19×21cm. -本书从左往右行序，不断句，尾残。

180

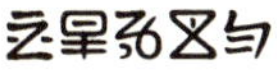

tɕho̱^{55} phu^{33} va̱^{55} phɔ^{11} su^{33}

祭六祖猪膀卜卦经/(清)召波写．-写本．-云南省武定县万德乡万德村，清．-33页：神座插枝图；26×25cm. -线装．-本书从左往右行序，不断句，完好。

128-1

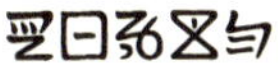

dʑi^{11} lu^{11} va̱^{55} phɔ^{11} su^{33}

招福禄献牲占验猪膀卦经/(清)窝夫写．-写本．-云南省禄劝县撒营盘镇卡柱海嘎村，清光绪7年(1881)蛇年3月．-20页；19.9×22.9cm. -线装．-本书从左往右行序，断句，每页均有残。

250-1

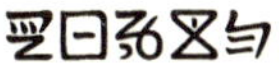

dʑi^{11} lu^{11} va̱^{55} phɔ^{11} su^{33}

招福禄献牲占验猪膀卦经．-抄本．-云南省武定县万德乡万德村，清．-7页：神座插枝图2幅；25.4×28.2cm. -线装．-本书从左往右行序，断句，残损严重。

525

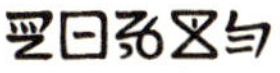

dʑi^{11} lu^{11} va̱^{55} phɔ^{11} su^{33}

招福禄献牲占验猪膀卦经-抄本．-云南省武定县万德乡万德村，清．-16页：18.5×29cm. -线装．-本书从左往右行序，不断句，尾残。

102-1

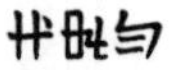

ȵi^{11} ŋkhɐ^{11} su^{33}

抽牛膀卜卦书. -写本. -云南省武定县万德乡万德村,清道光12年(1832)正月. -2页; 27×20cm. -线装. -本书从左往右行序,不断句,首残;本书题名残,题名为拟订题名。

112-5

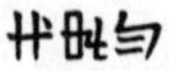

ȵi^{11} ŋkhɐ^{11} su^{33}

抽牛膀卜卦书. -写本. -云南省武定县万德乡万德村,清光绪10年(1884)猴年. -4页; 27×19cm. -线装. -本书从左往右行序,不断句,完好。

284-2

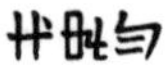

ȵi^{11} ŋkhɐ^{11} su^{33}

抽牛膀卜卦书. -抄本. -云南省武定县万德乡万德村,清. -4页; 17×16cm. -线装. -本书从左往右行序,断句,完好。

297-1

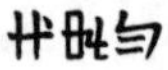

ȵi^{11} ŋkhɐ^{11} su^{33}

抽牛膀卜卦书. -抄本. -云南省武定县万德乡万德村,清. -7页; 27×20cm. -线装. -本书从左往右行序,断句,首残。

53

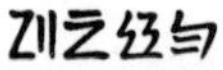

ɣa̠^{2} bu^{33} tsɯ^{55} su^{33}

鸡股骨卜卦书. -抄本. -云南省武定县万德乡万德村,清. -8页:上图下文;24×19cm. -线装. -从右往左行序,断句,完好;本书无题名,题名为拟订题名。

78-4

ɣa̱^{2}bu^{33}tsɯ̱^{55}su^{33}

鸡股骨卜卦书 . -抄本 . -云南省武定县万德乡万德村，清 . -7 页；21 × 15cm. -线装 . -本书从左往右行序，断句，完好。

250-2

ɣa̱^{2}bu^{33}tsɯ̱^{55}su^{33}

鸡股骨卜卦书 . -抄本 . -云南省武定县万德乡万德村，清 . -8 页：鸡股骨占卜图；25.4 ×28.2cm. -线装 . -本书从左往右行序，断句，末几页有残；本书题名残，题名为拟订题名。

375-3

ɣa̱^{2}bu^{33}tsɯ̱^{55}su^{33}

鸡股骨卜卦书 . -抄本 . -云南省武定县万德乡万德村，清 . -12 页：鸡股骨卜卦图（上图下文对应）；25 ×16cm. -线装 . -本书从左往右行序，断句，末页有残；本书无题名，题名为拟订题名。

378

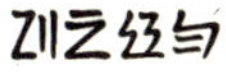

ɣa̱^{2}bu^{33}tsɯ̱^{55}su^{33}

鸡股骨卜卦书 . -抄本 . -云南省武定县万德乡万德村，清 . -12 页：鸡股骨卜卦图（上图下文对应）；23 ×30cm. -线装 . -本书从左往右行序，不断句，尾残；本书无题名，题名为拟订题名。

379

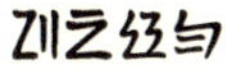

ɣa̱^{2}bu^{33}tsɯ̱^{55}su^{33}

鸡股骨卜卦书 . -抄本 . -云南省武定县万德乡万德村，清 . -25 页：鸡股骨卜卦图

（上图下文对应）;20×24.6cm. -线装．-本书从左往右行序，不断句，尾残；本书无题名，题名为拟订题名。

383
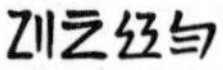
ɣa̠^{2}bu^{33}tsɯ̠^{55}su^{33}
鸡股骨卜卦书．-抄本．-云南省武定县万德乡万德村，清．-8页：鸡股骨卜卦图（上图下文对应）;27×36cm. -线装．-本书从左往右行序，不断句，首残；本书无题名，题名为拟订题名。

394-1
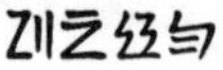
ɣa̠^{2}bu^{33}tsɯ̠^{55}su^{33}
鸡股骨卜卦经．-抄本．-云南省武定县万德乡万德村，清．-10页：鸡股骨卜卦图（上图下文）;23×34cm. -线装．-本书从左往右行序，不断句，每页均有残；本书题名残，题名为拟订题名。

19
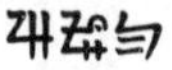
ɣa̠^{33}ɳtʂɐ̠^{33}su^{33}
祈祷鸡股显现吉卦经．-抄本．-云南省武定县万德乡万德村，清．-6页；26×26cm. -线装．-从左往右行序，不断句，完好。

pe^{33}mu^{33}

百解经

322

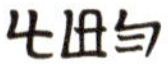

pe^{33}mu^{33}su^{33}

百解经. -抄本. -云南省武定县万德乡万德村,清. -26 页; 28 ×19cm. -线装. -本书从右往左行序,断句,首残;本书题名残,题名根据 325 号同名书校对后拟订。

325-1

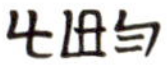

pe^{33}mu^{33}su^{33}

百解经. -抄本. -云南省武定县万德乡万德村,清. -20 页; 26.3 ×18.9cm. -线装. -本书从右往左行序,断句,完好。

326

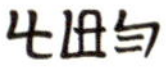

pe^{33}mu^{33}su^{33}

百解经. -抄本. -云南省武定县万德乡万德村,清. -34 页; 23 ×15cm. -线装. -本书从左往右行序,断句,首残;本书题名残,题名根据 325 号同名校对后拟订购。

330-1

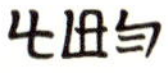

pe^{33}mu^{33}su^{33}

百解经. -抄本. -云南省武定县万德乡万德村,清. -9 页; 29 ×23cm. -线装. -本书从右往左行序,断句,首残缺严重;本书题名残,题名根据 325 号同名校对后拟订。

335-1

ꀟꃅꌠ

$pe^{33}mu^{33}su^{33}$

百解经 - 抄本 . -云南省武定县万德乡万德村,清 . -26 页; 27 × 14cm. -线装 . -本书从右往左行序,不断句,完好;本书无题名,题名为拟订题名。

355

ꀟꃅꌠ

$pe^{33}mu^{33}su^{33}$

百解经 . -抄本 . -云南省武定县万德乡万德村,清 . -36 页; 20 × 13cm. -线装 . -本书从右往左行序,断句,首几页残损严重;本书题名残,题名根据 325 号同名书校对后拟订。

361-1

ꀟꃅꌠ

$pe^{33}mu^{33}su^{33}$

百解经 . -抄本 . -云南省武定县万德乡万德村,清 . -7 页; 19 × 16cm. -线装 . -本书从左往右行序,断句,首几页有残损;本书题名残,题名根据 325 号同名书校对后拟订。

362-1

ꀟꃅꌠ

$pe^{33}mu^{33}su^{33}$

百解经 . -抄本 . -云南省武定县万德乡万德村,清 . -17 页; 15. 2 × 18. 5cm. -线装 . -本书从左往右行序,断句,首残;本书题名残,题名为拟订题名。

390-2

ꀟꃅꌠ

$pe^{33}mu^{33}su^{33}$

百解经 . -抄本 . -云南省武定县万德乡万德村,清 . -4 页; 19 × 31cm. -线装 . -本书从右往左行序,断句,尾残;本书无题名,题名为拟订题名。

333-1

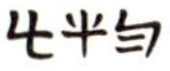

pe^{33}mu^{33}su^{33}

百解经 . -抄本 . -云南省武定县万德乡万德村,清 . -16 页; 27 ×22cm. -线装 . -本书从右往左行序,断句,首残;本书无题名,题名根据 325 号同名校对后拟订。

334-1

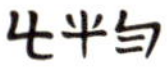

pe^{33}mu^{33}su^{33}

百解经 . -抄本 . -云南省武定县万德乡万德村,清 . -24 页; 29 ×23cm. -线装 . -本书从右往左行序,断句,尾 2 页稍残;本书无题名,题名根据 325 号同名校对后拟订。

427-4

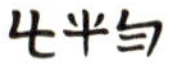

pe^{33}mu^{33}su^{33}

百解经 . -写本 . -云南省武定县万德乡万德村,清咸丰 11 年(1861)4 月 . -11 页; 14 ×20cm. -线装 . -本书从左往右行序,断句,完好。

78-1

pe^{33}mu^{33}mɐ^{33}no^{33}ʂɯ̥^{55}su^{33}

百解献牲经 . -抄本 . -云南省武定县万德乡万德村,清 . -7 页; 21 ×15cm. -线装 . -本书从左往右行序,断句,首残;本书题名残,题名为拟订题名。

360-4

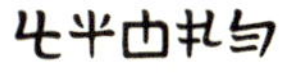

pe^{33}mu^{33}ʈo̱^{55}tʂi̱^{33}su^{33}

火炬驱邪经-抄本 . -云南省武定县万德乡万德村,民国 20 年(1931). -12 页; 18. 6 ×28. 4cm. -线装 . -本书从左往右行序,断句,完好。

323

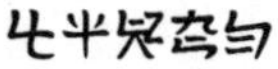

pe^{33}mu^{33}ʂo̱^{2}lɯ^{55}su^{33}

禳解灾祸经.-写本.-云南省武定县万德乡万德村,清光绪25年(1899).-11页;线装,25×19cm.-本书从右往左行序,断句,完好。

90-3

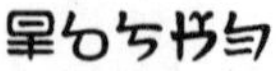

phu^{55}phi^{33}ve^{33}nthɤ^{33}su^{33}

为祖妣驱鬼经/(清)者阿写.-写本.-云南省禄劝县茂山乡甲甸办事处甲毛村,清虎年3月.-19页;20×28.3cm.-线装.-本书从左往右行序,不断句,完好。

32-3

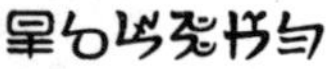

phu^{55}phi^{33}no^{11}tso^{33}mthɤ^{33}su^{33}

祭祖妣抵御瘟疫经/(清)登科呗耄写.-云南省禄劝县云龙乡登科村,清宣统元年(1909)正月.-1页;18×16cm.-线装.-从右往左行序,不断句,完好;本书著者是以“登科(村名)呗耄(祭师)写”来叙述。

90-4

phu^{55}phi^{33}tshi^{33}tsi^{33}su^{33}

清洗祖妣经/(清)者阿写.-写本.-云南省禄劝县茂山乡甲甸办事处甲毛村,清虎年3月.-8页;20×28.3cm.-线装.-本书从左往右行序,不断句,完好。

96-3

phu^{55}phi^{33}ɖo^{33}dzu^{33}ɦa̱^{33}ɣu^{33}nthe^{33}su^{33}

防御蜂鼠入祖灵筒筑巢经/(清)期台写.-写本.-云南省禄劝县皎西乡很踏卡村,清.-6页;18.3×18cm.-线装.-本书从左往右行序,断句,完好。

30-7

phu^{55}phi^{33}tʂhi̱^{55}tɕhi^{11}ʈhɤ^{55}su^{33}

祭祖妣献羊解症结经/(清)沙额写.-云南省禄劝县双化乡坎邓村,清光绪12年(1886)狗年4月.-1页;29×37cm.-线装.-从左往右行序,断句,完好。

539-7

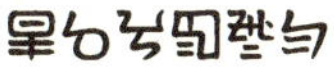

phu^{55}phi^{33}tʂhi̱^{55}tɕh^{11}ba̱^{11}ʈhɤ^{55}su^{33}

祭祖妣献羊解症结经-抄本.-云南省禄劝县中屏乡昔南办事处巴洪村,清.-1页;28×37cm.-线装.-本书从左往右行序,断句,完好。

11-1

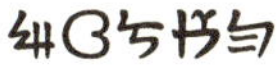

phu^{11}ɳɐ^{33}ve^{33}nthe^{33}su^{33}

消除田地污秽经/(清)者烧写.-写本.-云南省禄劝县双化乡照块村,清道光4年(1824)猴年4月.-8页;22×28cm.-线装.-从左往右行序,不断句,完好。

11-2

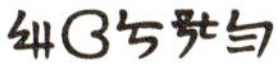

phu^{11}ɳɐ^{33}ve^{33}tʂhɔ^{55}su^{33}

祓田地冤愆经/(清)者烧写.-写本.-云南省禄劝县双化乡照块村,清道光4年(1824)猴4月.-1页;22×28cm.-线装.-从左往右行序,不断句,完好。

16-3

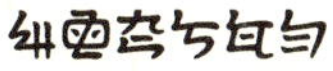

phu^{11}ȵtɕha̱^{2}lɯ^{55}ve^{33}tʂe^{55}su^{33}

禳解田地罪过驱鬼经/(清)贝夫擦写.-写本.-云南省武定县万德乡万德村,清.-2页;19×19cm.-线装.-从左往右行序,不断句,完好。

370

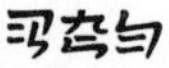

bo^{11}lɯ̱^{55}su^{33}

禳解混杂邪污经. -抄本. -云南省武定县万德乡万德村,清. -22 页; 21 ×13cm. -线装. -本书从左往右行序,断句,首残。

304-3

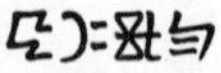

bu^{11}mɐ^{33}tʂ̥hɔ^{55}su^{33}

禳解毛辣虫邪污经/(清)沙夺写. -写本. -云南省禄劝县撒营盘镇贵能村,清牛年8 月. -3 页; 19.1 ×27.5cm. -线装. -本书从左往右行序,不断句,完好。

83-3

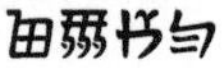

ma̱^{55}ntshi̱^{2}nthe^{33}su^{33}

御刀兵武鬼经. -抄本. -云南省武定县万德乡万德村,清. -8 页;线装,28 ×21cm. -线装. -本书从右往左行序,断句,完好。

87-5

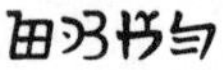

ma̱^{55}ŋər^{33}nthe^{33}su^{33}

御兵患经. -抄本. -云南省武定县万德乡万德村,清. -1 页; 26 ×26cm. -线装. -本书从左往右行序,不断句,完好。

315-2

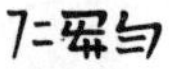

mɔ^{33}phɤ^{11}su^{33}

禳解死尸邪污经. -写本. -云南省武定县万德乡万德村,清同治 8 年(1869)7 月. -2 页; 23.5 ×15.5cm. -线装. -本书从左往右行序,断句,完好。

316-3

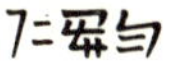

mɔ^{33}phɤ^{11}su^{33}

禳解死尸邪污经/（清）杨正写．-写本．-云南省禄劝县皎西乡法塔村，清光绪 13 年（1887）猪年 9 月．-2 页；21 ×28cm. -线装．-本书从左往右行序，断句，完好。

139-1

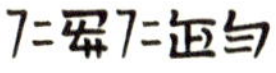

mɐ^{33}phɤ^{11}mɐ^{33}pi^{55}su^{33}

禳祓尸邪污秽经．-抄本．-云南省武定县万德乡万德村，清．-2 页：神座插枝图；23 ×27.7cm. -线装．-本书从左往右行序，不断句，首页有残。

64-3

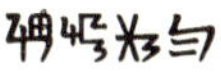

mɐ^{33}ɳɯ^{33}ŋkha̱^{55}su^{33}

驱风邪经．-抄本．-云南省武定县万德乡万德村，清道光 4 年（1824）猴年 3 月．-3 页；22 ×28cm. -线装．-本书从左往右行序，不断句，完好。

319-2

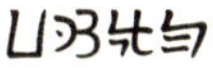

fə̱r^{33}ŋə̱r^{33}tʂɐ̱^{33}su^{33}

禳解活害鬼经/（清）乌龙德呗耄写．-写本．-云南省禄劝县云龙乡乌龙德村，清．-5 页；25 ×15cm. -线装．-本书从右往左行序，不断句，完好；本书著者以“乌龙德（村名）呗耄（祭师）写”来表述的。

347-1

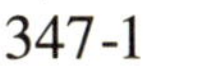

fə̱r^{33}ŋə̱r^{33}ŋkha̱^{55}su^{33}

驱活害鬼经．-抄本．-云南省武定县万德乡万德村，清．-18 页；20.5 ×22.3cm. -线装．-本书从左往右行序，不断句，完好；本书无题名，题名为拟订题名。

532

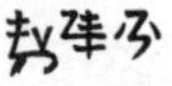

vi^{33}thɤ^{55}su^{33}ŋɤ^{33}

驱邪经．-抄本．-贵州省，清．-112 页；26 × 17cm. -线装．-本书从左往右行序，断句，完好。

2-3

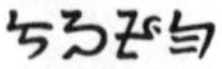

ve^{33}du^{33}ɳʈʂhɐ^{11}su^{33}

避鬼经．-抄本．-云南省武定县万德乡万德村，清．-2 页；24 × 27cm. -线装．-从左往右行序，断句，完好。

45-3

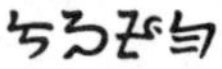

ve^{33}du^{33}ɳʈʂhɐ^{11}su^{33}

避鬼经/（清）阿沙写．-写本．-云南省撒营盘镇贵能高升康村，清咸丰 4 年（1854）虎年腊月．-2 页；18 × 24cm. -线装．-从左往右行序，不断句，完好。

103-6

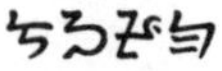

ve^{33}du^{33}ɳʈʂhɐ^{11}su^{33}

避鬼经．-写本．-云南省武定县万德乡万德村，清咸丰 5 年（1855）冬月．-3 页；26 × 20cm. -线装．-本书从左往右行序，断句，完好。

107-4

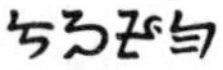

ve^{33}du^{33}ɳʈʂhɐ^{11}su^{33}

避鬼经．-抄本．-云南省武定县万德乡万德村，清．-2 页；18. 8 × 27. 3cm. -线装．-本书从左往右行序，断句，完好。

119-5

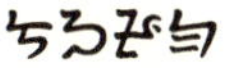

ve^{33}du^{33}ɳʈʂhɐ^{11}su^{33}

避鬼经．-抄本．-云南省武定县万德乡万德村，清．-2 页；21.5 ×25.8cm. -线装．-本书从左往右行序，断句，完好。

131-3

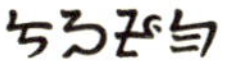

ve^{33}du^{33}ɳʈʂhɐ^{11}su^{33}

避鬼经．-抄本．-云南省武定县万德乡万德村，清．-2 页；24 ×27.5cm. -线装．-本书从左往右行序，断句，每页均有残。

132-3

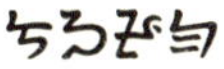

ve^{33}du^{33}ɳʈʂhɐ^{11}su^{33}

避鬼经/(清)嫂瑙写．-写本．-云南省禄劝县撒营盘镇撒老乌海宜村，清道光 11 年(1831)．-1 页；27 ×19cm. -线装．-本书从左往右行序，断句，每页均有残。

191-3

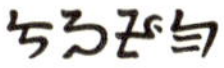

ve^{33}du^{33}ɳʈʂhɐ^{11}su^{33}

避鬼经．-抄本．-云南省武定县万德乡万德村，清．-2 页；28 ×21cm. -线装．-本书从左往右行序，不断句，完好。

199-5

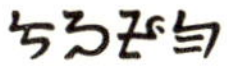

ve^{33}du^{33}ɳʈʂhɐ^{11}su^{33}

避鬼经．-抄本．-云南省武定县万德乡万德村，清．-2 页；26 ×19cm. -线装．-本书从右往左行序，断句，完好。

202-2

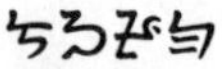

ve^{33}du^{33}ɳtʂhɐ^{11}su^{33}

避鬼经/(清)阿东康呗耄写.-写本.-云南省禄劝县团街乡治安办事处阿东康村,清道光15年(1835)6月.-2页;23×26.1cm.-线装.-本书从左往右行序,断句,完好;本书著者以“阿东康(村名)呗耄(祭师)写”来表述的。

203-4

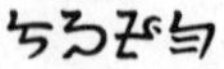

ve^{33}du^{33}ɳtʂhɐ^{11}su^{33}

避鬼经.-抄本.-云南省武定县万德乡万德村,清.-3页;24×20cm.-线装.-本书从左往右行序,不断句,完好。

205-3

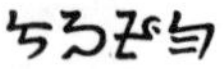

ve^{33}du^{33}ɳtʂhɐ^{11}su^{33}

避鬼经.-写本.-云南省武定县万德乡万德村,清咸丰7年(1857)8月.-3页;20.5×26.5cm.-线装.-本书从左往右行序,不断句,完好,著者名已残。

209-5

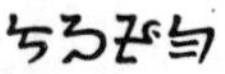

ve^{33}du^{33}ɳtʂhɐ^{11}su^{33}

避鬼经.-抄本.-云南省武定县万德乡万德村,清.-3页;21×19.5cm.-线装.-本书从左往右行序,不断句,完好。

210-3

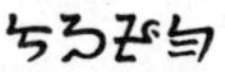

ve^{33}du^{33}ɳtʂhɐ^{11}su^{33}

避鬼经/(清)阿老写.-写本.-云南省武定县万德乡万德村,清道光21年(1841)牛年7月.-2页;19×28cm.-线装.-本书从左往右行序,不断句,完好。

213-3

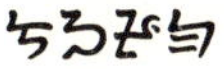

ve^{33}du^{33}ɳtʂhɐ^{11}su^{33}

避鬼经．-抄本．-云南省武定县万德乡万德村，清．-1 页；19.5 ×22cm. -线装．-本书从左往右行序，断句，完好。

235-3

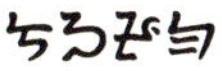

ve^{33}du^{33}ɳtʂhɐ^{11}su^{33}

避鬼经．-抄本．-云南省武定县万德乡万德村，清．-2 页；19.8 ×26cm. -线装．-本书从左往右行序，不断句，每页均有残；本书题名残，题名为拟订题名。

257-4

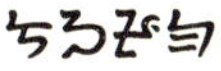

ve^{33}du^{33}ɳtʂhɐ^{11}su^{33}

避鬼经．-抄本．-云南省武定县万德乡万德村，清．-3 页；28 ×19cm. -线装．-本书从左往右行序，断句，有残。

270-8

ve^{33}du^{33}ɳtʂhɐ^{11}su^{33}避鬼经/（清）阿立写．-写本．-云南省武定县万德乡万德村，清嘉庆 21 年（1816）．-5 页；20 ×14cm. -线装．-本书从左往右行序，不断句，完好。

5-1

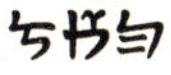

ve^{33}nthɤ^{33}su^{33}

御鬼经．-抄本．-云南省武定县万德乡万德村，清．-18 页；22 ×24cm. -线装．-从左往右行序，首残。

237-2

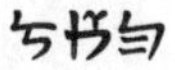

ve^{33}nthɤ^{33}su^{33}

御鬼经．-抄本．-云南省武定县万德乡万德村，清．-6 页；21 ×12cm. -线装．-本书从左往右行序，断句，完好。

331-2

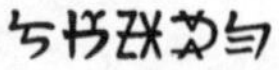

ve^{33}nthɤ^{33}ʂa̠^{55}ɣɯ̠^{2}su^{33}

御鬼镇丑遮羞经．-抄本．-云南省武定县万德乡万德村，清．-5 页；28. 3 ×22. 1cm. -线装．-本书从左往右行序，断句，完好；本书无题名，题名为拟订题名。

530

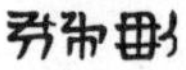

vi^{33}dzɤ^{33}ŋɤ^{33}

驱怪经．-抄本．-贵州省，清．-118 页；25. 5 ×28. 5cm. -线装．-本书从左往右行序，断句，完好。

86-3

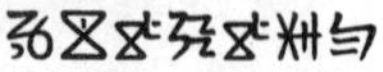

va̠^{55}phɔ^{11}dɯ^{11}vi^{55}dɯ^{11}bɤ^{11}su^{33}

猪膀卜卦避灾御祸经．-写本．-云南省禄劝县撒营盘镇更撒更村，清．-2 页；20 ×26cm. -线装．-本书从左往右行序，断句，完好。

279

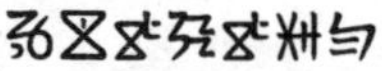

va̠^{55}phɔ^{11}dɯ^{11}vi^{55}dɯ^{11}bɤ^{11}su^{33}

猪膀卜卦避灾御祸经．-抄本．-云南省武定县万德乡万德村，清．-12 页；20 ×19. 2cm. -线装．-本书从右往左行序，不断句，完好。

139-3

va̱^{55}mo̱^{2}zo^{33}dzo^{33}nthe^{33}su^{33}

禳解母猪食崽冤孽经．-抄本．-云南省武定县万德乡万德村，清．-3 页；23 × 27.7cm. -线装．-本书从左往右行序，不断句，完好。

83-4

va̱^{55}tʂha̱^{2}lɯ^{55}su^{33}

解淫乱冤愆经．-抄本．-云南省武定县万德乡万德村，清．-3 页；28 ×21cm. -线装．-本书从右往左行序，断句，完好。

65-1

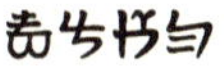

vər^{11}ɦa̱^{2}nthɤ^{33}su^{33}

祖灵筒防鼠经．-抄本．-云南省武定县万德乡万德村，清．-7 页；24 ×20cm. -线装，. -从右往左行序，不断句，完好。

96-5

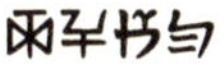

thɔ^{33}tʂ̰hɯ^{2}nthɤ^{33}su^{33}

除祟经/（清）期台写．-写本．-云南省禄劝县皎西乡很踏卡村，清．-2 页；18.3 × 18cm. -线装．-本书从左往右行序，断句，完好。

30-1

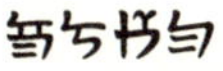

ne̱^{55}ve^{33}nthɤ^{33}su^{33}

氏族宗祠御鬼经/（清）沙额写．-云南省禄劝县双化乡坎邓村，清光绪 12 年（1886）狗年 4 月．-1 页；29 ×37cm. -线装．-从左往右行序，断句，完好。

539-1

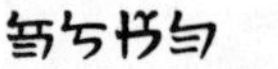

ne̠^{55}ve^{33}nthɤ^{33}su^{33}

氏族宗祠御鬼经-抄本．-云南省禄劝县中屏乡昔南办事处巴洪村，清．-1 页；28 × 37cm. -线装．-本书从左往右行序，断句，完好。

27-3

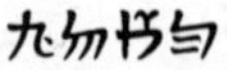

nər^{33}no^{33}nthɤ^{33}su^{33}

消除盟誓冤孽经．-抄本．-云南省武定县万德乡万德村．-5 页；22 ×15cm. -线装．-从左往右行序，不断句，完好。

50-6

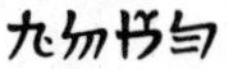

nər^{33}no^{33}nthe^{33}su^{33}

消除盟誓冤孽经．-抄本．-云南省武定县万德乡万德村，清．-3 页；25 ×29cm. -线装．-从左往右行序，不断句，完好。

535

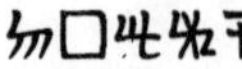

no^{11}thu^{55}thɤ^{11}ji^{33}ŋɤ^{33}

驱病经-抄本．-四川省，清．-16 页，扉图；23 ×35cm. -线装．-本书从左往右行序，断句，完好。

304-12

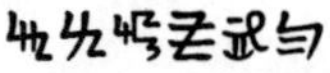

ɬu^{33}tɐ^{33}ɳɯ^{11}ʂɯ^{33}vɔ^{11}su^{33}

禳解鬼魅风邪经/（清）沙夺写．-写本．-云南省禄劝县撒营盘镇贵能村，清牛年 8 月．-6 页；19. 1 ×27. 5cm. -线装．-本书从左往右行序，不断句，末 2 页稍残。

316-4

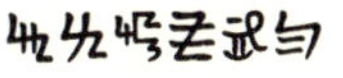

ɬu^{33}tɐ^{33}ɳɯ^{11}ʂɯ^{33}vɔ^{11}su^{33}

禳解鬼魅风邪经/(清)杨正写.-写本.-云南省禄劝县皎西乡法塔村,清光绪13年(1887)猪年9月.-3页;21×28cm.-线装.-本书从左往右行序,断句,完好。

561

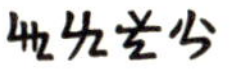

ɬa^{33}ta^{33}di^{11}su^{33}

驱邪恶经-抄本.-云南省红河州,清.-30页;21.5×27cm.-毛装.-本书从右往左行序,断句,完好。

302-2

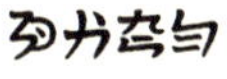

lu^{33}tɕɐ^{33}lɯ^{55}su^{33}

镇压邪恶怪龙经.-抄本.-云南省武定县万德乡万德村,清.-16页;22×20cm.-线装.-本书从左往右行序,断句,首残。

139-4

lu^{33}ȵi^{33}lu^{33}tɕɐ^{33}lɯ^{55}

镇压邪恶怪龙经.-抄本.-云南省武定县万德乡万德村,清.-9页:神座插枝图;23×27.7cm.-线装.-本书从左往右行序,不断句,完好。

304-8

lu^{33}ȵi^{33}lu^{33}tɕɐ^{33}lɯ^{55}su^{33}

镇压邪恶怪龙经/(清)沙夺写.-写本.-云南省禄劝县撒营盘镇贵能村,清牛年8月.-10页;19.1×27.5cm.-线装.-本书从左往右行序,不断句,完好。

547-6

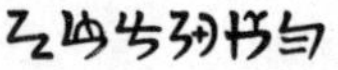

lɯ^{55}ne^{33}ha̠^{2}u^{33}nthɤ^{33}su^{33}

防御鼠入祖灵筒经 . -抄本 . -云南省禄劝县中屏乡昔南办事处巴洪村,清 . -2 页;28 × 36cm. -线装 . -本书从左往右行序,断句,首尾有残。

302-3

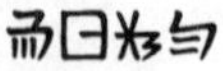

lo^{55}ʈhu^{33}ŋkha̠^{55}su^{33}

驱逐白虎精经 . -抄本 . -云南省武定县万德乡万德村,清 . -7 页; 22 × 20cm. -线装 . -本书从左往右行序,断句,首残。

361-2

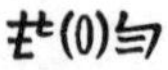

tse^{11}nthɐ^{55}su^{33}

抛替罪偶经 . -抄本 . -云南省武定县万德乡万德村,清 . -8 页;19 × 16cm. -线装 . -本书从左往右行序,断句,完好。

551-1

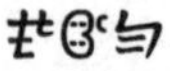

tse^{11}tɕhi^{11}su^{33}

祓除诸污秽经 . -复制本 . -云南省禄劝县中屏乡昔南办事处巴洪村,清 . -27 页;29 × 20cm. -精装 . -本书从左往右行序,断句,完好。

251-2

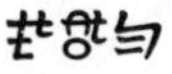

tse^{11}xɐ^{11}su^{33}

祓除诸污秽经 . -抄本 . -云南省武定县万德乡万德村,清 . -6 页; 33 × 26cm. -线装 . -本书从右往左行序,断句,末几页有残。

310

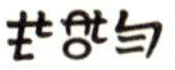

tse^{11}xɐ^{11}su^{33}

祓除诸污秽经.-抄本.-云南省武定县万德乡万德村,清.-18 页:神座插枝图;21×28.2cm.-线装.-本书从左往右行序,不断句,首残缺;本书题名残,题名为拟订题名。

312

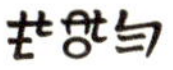

tse^{11}xɐ^{11}su^{33}

祓除诸污秽经.-抄本.-云南省武定县万德乡万德村,清.-17 页;23×19cm.-线装.-本书从右往左行序,断句,完好。

313

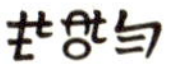

tse^{11}xɐ^{11}su^{33}

祓除诸污秽经.-抄本.-云南省武定县万德乡万德村,清.-15 页;23×13.4cm.-线装.-本书从左往右行序,不断句,完好;本书无题名,题名为拟订题名。

314-1

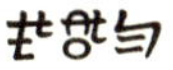

tse^{11}xɐ^{11}su^{33}

祓除诸污秽经.-抄本.-云南省武定县万德乡万德村,清.-28 页;24×18cm.-线装.-本书从左往右行序,断句,首残缺;本书题名残,题名为拟订题名。

318

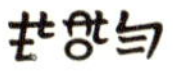

tse^{11}xɐ^{11}su^{33}

祓除诸污秽经.-写本.-云南省武定县万德乡万德村,清.-18 页;26×18cm.-线装.-本书从右往左行序,断句,首残;题名残,题名为拟订题名。

340

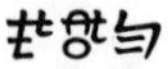

tse^{11}xɐ^{11}su^{33}

祓除诸污秽经．-抄本．-云南省武定县万德乡万德村，清．-22 页；25 ×19cm. -线装．-本书从右往左行序，断句，首尾残；本书题名残，题名为拟订题名。

341

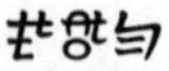

tse^{11}xɐ^{11}su^{33}s

祓除诸污秽经．-写本．-云南省武定县万德乡万德村，清嘉庆 24 年(1819)8 月．-12 页；26 ×20cm. -线装．-本书从左往右行序，断句，首页和末页稍残。

344-1

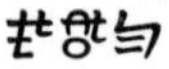

tse^{11}xɐ^{11}su^{33}

祓除诸污秽经．-写本．-云南省禄劝县撒营盘镇，清嘉庆 20 年(1815)．-7 页：神座插枝图；27 ×21cm. -线装．-本书从右往左行序，断句，完好；本书题名残，题名为拟订题名。

345-4

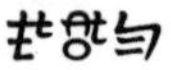

tse^{11}xɐ^{11}su^{33}

祓除诸污秽经．-抄本．-云南省武定县万德乡万德村，清．-16 页；25 ×18cm. -线装．-本书从右往左行序，断句，完好。

348

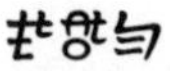

tse^{11}xɐ^{11}su^{33}

祓除诸污秽经．-抄本．-云南省武定县万德乡万德村，清．-4 页；15 ×20. 8cm. -线装．-本书从右往左行序，不断句，完好。

350-1

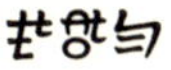

tse^{11}xɐ^{11}su^{33}

祓除诸污秽经.-抄本.-云南省武定县万德乡万德村,清.-22 页; 16.7×18.5cm.-线装.-本书从左往右行序,断句,首残;本书题名残,题名为拟订题名。

369-1

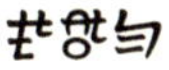

tse^{11}xɐ^{11}su^{33}

祓除诸污秽经/(清)铺左写.-写本.-云南省禄劝县皎西乡法塔村,清虎年 9 月.-13 页:神座插枝图;19×21cm.-线装.-本书从左往右行序,不断句,首残。

371-1

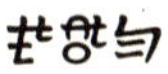

tse^{11}xɐ^{11}su^{33}

祓除诸污秽经.-写本.-云南省武定县万德乡万德村,清同治 10 年(1871)5 月.-14 页; 25×19cm.-线装.-本书从右往左行序,断句,首页有残;有"连山号本衙记"、"青山"朱印。

96-4

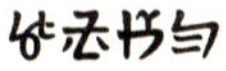

tsɯ^{55}tɕe̠^{2}nthɤ^{33}su^{33}

御口舌祸祟经/(清)期台写.-写本.-云南省禄劝县皎西乡很踏卡村,清.-3 页; 18.3×18cm.-线装.-本书从左往右行序,断句,完好。

27-2

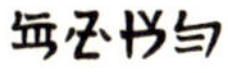

tshi^{33}tɕe^{33}nthɤ^{33}su^{33}

消除克药杂邪经.-抄本.-云南省武定县万德乡万德村,清.-7 页; 22×15cm.-线装.-从左往右行序,断句,完好。

102-5

tshɐ^{11}pha^{33}ʂɯ^{2}su^{33}

缚回声鬼经.-写本.-云南省武定县万德乡万德村,清道光12年(1832)正月.-3页;27×20cm.-线装.-本书从左往右行序,不断句,完好。

304-2

thsɐ^{11}pha̠^{33}dʑe^{11}su^{33}

禳解回声鬼经/(清)沙夺写.-写本.-云南省禄劝县营盘镇贵能村,清牛年8月.-4页;28×19cm.-线装.-本书从左往右行序,不断句,完好。

316-5

thsɐ^{11}pha̠^{33}dʑe^{11}su^{33}

禳解回声鬼经/(清)杨正写.-写本.-云南省禄劝县皎西乡法塔村,清光绪13年(1887)猪年9月.-3页;21×28cm.-线装.-本书从左往右行序,断句,完好。

365-2

thsɐ^{11}pha̠^{33}dʑe^{11}su^{33}

禳解回声鬼经/(清)召格写.-写本.-云南省禄劝县皎西乡酒老阔村,清光绪24年(1898)狗年8月.-7页;14.6×19.8cm.-线装.-本书从左往右行序,断句,完好。

315-1

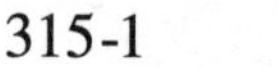

tso̠^{55}tʂhɔ^{55}ɕe^{11}vɔ^{33}su^{33}

禳解火邪经.-写本.-云南省武定县万德乡万德村,清同治8年(1869)7月.-7页;23.5×15.5cm.-线装.-本书从左往右行序,断句,完好。

10-3

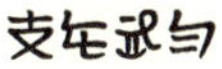

tsho̱^{55}ɕe^{11}vɔ^{33}su^{33}

消除火邪经/（清）沙夺写 . -写本 . -云南省禄劝县撒营盘贵能村,清马年腊月 . -2页; 20 ×27cm. -线装 . -从左往右行序,断句,完好。

178

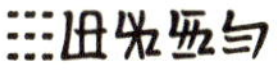

dzi̱^{55}mu^{11}ʂa̱^{55}nthɤ^{33}su^{33}

祭奠亡灵禳祓羞污经 . -抄本 . -云南省武定县万德乡万德村,清 . -7 页; 28 ×23cm. -线装 . -本书从左往右行序,断句,完好。

48-3

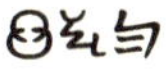

dzɯ^{33}dzɐ^{33}su^{33}

解纠纷冤愆经 . -抄本 . -云南省武定县万德乡万德村,清 . -3 页; 19 ×30cm. -线装 . -从左往右行序,不断句,后残损严重。

85-2

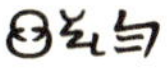

dzɯ^{33}dzɐ^{33}ȵe^{33}

解纠纷冤愆经/（清）阿罗写 . -写本 . -云南省禄劝县云龙乡动康村,清 . -6 页; 28 ×20cm. -线装 . -本书从左往右行序,不断句,完好。

27-4

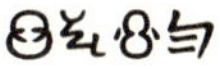

dzɯ^{33}dzɐ^{33}ɬɯ̱^{55}su^{33}

解脱纠纷冤愆经 . -抄本 . -云南省武定县万德乡万德村,清 . -13 页; 22 ×15cm. -线装 . -从左往右行序,不断句,完好。

75

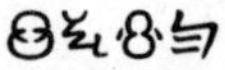

dzɯ^{33} dzɐ^{33} ɬɯ̱^{55} su^{33}

解脱纠纷冤愆经/(清)沙高写,沙尔抄写.-抄本.-云南省武定县万德乡万德村,清.-18 页:神座插枝图;20×26cm.-线装.-本书从左往右行序,不断句,完好。

552

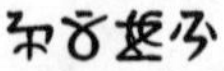

dzo̱^{2} bɯ^{33} pɯ^{33} su^{33}

送鬼经.-抄本.-云南省红河州,清.-87 页;23.5×28.8cm.-毛装.-本书从左往右行序,不断句,全书书页中间烧残一个洞。

64-4

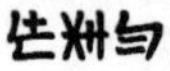

ntsho^{55} bɤ^{11} su^{33}

镇灾星经.-抄本.-云南省武定县万德乡万德村,清道光 4 年(1824)猴年 3 月.-4 页; 22×28cm.-线装.-本书从左往右行序,不断句,完好。

102-3

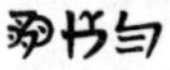

si^{55} nthe^{33} su^{33}

驱鬼经.-写本.-云南省武定县万德乡万德村,清道光 12 年(1832) 正月.-6 页; 27×20cm.-线装.-本书从左往右行序,不断句,完好。

112-4

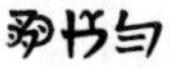

si^{55} nthɤ^{33} su^{33}

驱鬼经.-写本.-云南省武定县万德乡万德村,清光绪 10 年(1884)猴年.-6 页:神座插枝图; 27×19cm.-线装.-本书从左往右行序,不断句,完好。

211-2

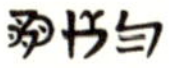

si^{55} nthɤ^{33} su^{33}

驱鬼经．-抄本．-云南省武定县万德乡万德村，清．-5 页；18.8 ×32.5cm. -线装．-本书从右往左行序，断句，完好；本书无题名，题名为拟订题名。

248

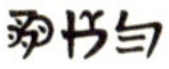

si^{55} nthɤ^{33} su^{33}

驱鬼经．-抄本．-云南省武定县万德乡万德村，清．-11 页；27 ×19cm. -线装．-本书从右往左行序，断句，首尾残；本书题名残，题名为拟订题名。

297-3

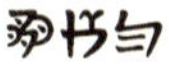

si^{55} nthɤ^{33} su^{33}

驱鬼经．-抄本．-云南省武定县万德乡万德村，清．-13 页；27 ×20cm. -线装．-本书从左往右行序，断句，尾残。

526-1

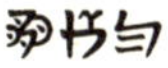

si^{55} nthɤ^{33} su^{33}

驱鬼经．-抄本．-云南省武定县万德乡万德村，清．-19 页：有几图神座插枝图；25 ×21cm. -线装．-本书从右往左行序，断句，完好；本书无题名，题名为拟订题名。

345-3

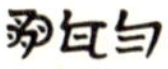

si^{55} tʂɤ$^{55 33}$ su^{33}

招鬼缚鬼经．-抄本．-云南省武定县万德乡万德村，清．-5 页；25 ×18cm. -线装．-本书从右往左行序，断句，完好。

38-1

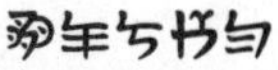

si^{55} ʂo^{33} ve^{33} nthe^{33} su^{33}

寻魔驱鬼经．-抄本．-云南省武定县万德乡万德村，清．-22 页；18 ×13cm. -线装．-从右往左行序，断句，稍残。

55-1

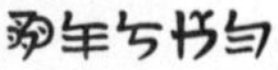

si^{55} ʂo^{33} ve^{33} nthe^{33} su^{33}

寻魔驱鬼经/（清）诺文殊珠写．-云南省武定县已衣乡汤德古办事处诺文村，清乾隆（具体时间已残损）．-8 页：彩色扉图；28 ×22cm. -线装．-从右往左行序，断句，首页半残，中间烧残一个洞均缺三个字；本书著者以“诺文（村名）殊珠（教师）写”来表述。

105-3

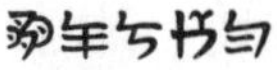

si^{55} ʂo^{33} ve^{33} nthɤ^{33} su^{33}

寻魔驱鬼经．-抄本．-云南省武定县万德乡万德村，清．-7 页；20.2 ×28.5cm. -线装．-本书从左往右行序，不断句，稍残。

106

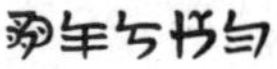

si^{55} ʂo^{33} ve^{33} nthɤ^{33} su^{33}

寻魔驱鬼经．-抄本．-云南省武定县万德乡万德村，清．-21 页；15 ×14cm. -线装．-本书从右往左行序，不断句，首尾稍残。

140-8

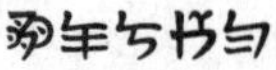

sis^{55} ʂo^{33} ve^{33} nthe^{33} su^{33}

寻魔驱鬼经．-抄本．-云南省武定县万德乡万德村，清．-4 页；21.8 ×27.4cm. -线装．-本书从左往右行序，断句，末页残损。

181

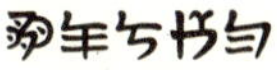

si^{55}ʂo^{33}ve^{33}nthɤ^{33}su^{33}

寻魔驱鬼经.-写本.-云南省武定县万德乡万德村,清咸丰元年(1851)8 月.-15 页;28 ×21cm.-线装.-本书从右往左行序,断句,完好。

108-2

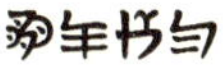

si^{55}ʂo^{33}nthe^{33}su^{33}

寻魔驱鬼经.-抄本.-云南省武定县万德乡万德村,清.-10 页;27 ×20cm.-线装.-本书从左往右行序,不断句,每页均有残。

117-3

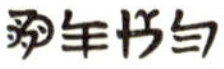

si^{55}ʂo^{33}nthɤ^{33}su^{33}

寻魔驱鬼经.-抄本.-云南省武定县万德乡万德村,清.-24 页;26 ×20cm.-线装.-本书从左往右行序,不断句,完好。

129-6

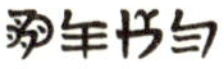

si^{55}ʂo^{33}nthe^{33}su^{33}

寻魔驱鬼经/(清)阿文写.-写本.-云南省武定县万德乡万德村,清乾隆 22 年(1757)牛年 5 月.-11 页;20 ×27cm.-线装.-本书从左往右行序,不断句,每页均有残。

215-3

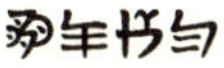

si^{55}ʂo^{33}nthɤ^{33}su^{33}

寻魔驱鬼经.-写本.-云南省武定县万德乡万德村,清乾隆 48 年(1783)兔年 7 月.-8 页;20 ×26.5cm.-线装.-本书从左往右行序,不断句,完好;本书著者姓名已残缺。

234-1

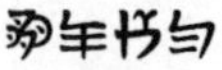

si^{55}ʂo^{33}nthɤ^{33}su^{33}

寻魔驱鬼经.-抄本.-云南省武定县万德乡万德村,清.-13页;28×20cm.-线装.-本书从左往右行序,不断句,首残;本书题名残,题名为拟订题名。

269-1

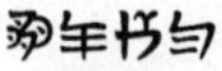

si^{55}ʂo^{33}nthɤ^{33}su^{33}

寻魔驱鬼经/张自新抄写.-抄本.-云南省武定县万德乡万德村,民国16年(1927)7月.-14页;23×16cm.-线装.-本书从右往左行序,不断句,完好。

285-1

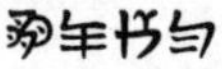

si^{55}ʂo^{33}nthɤ^{33}su^{33}

寻魔驱鬼经.-抄本.-云南省武定县万德乡万德村,清.-25页;19×20cm.-线装.-本书从左往右行序,断句,首残。

215-6

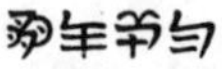

si^{55}ʂo^{33}ju^{11}su^{33}

捉鬼驱鬼经.-写本.-云南省武定县万德乡万德村,清乾隆48年(1783)兔年7月.-4页:神座插枝图;20×26.5cm.-线装.-本书从左往右行序,不断句,完好;本书著者姓名已残缺。

284-3

si^{55}ju^{11}su^{33}

捉鬼驱鬼经.-抄本.-云南省武定县万德乡万德村,清.-3页;17×16cm.-线装.-本书从左往右行序,断句,完好。

285-3

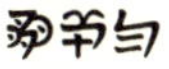

si^{55}ju^{11}su^{33}

捉鬼驱鬼经.-抄本.-云南省武定县万德乡万德村,清.-3页;19×20cm.-线装.-本书从左往右行序,断句,尾残。

18-3

se^{11}çe^{11}vɐ^{33}su^{33}

避利器凶光经/(清)沙久写–写本.-云南省禄劝县云龙乡古尼村,清嘉庆2年(1797)蛇年.-3页;20×27cm.-线装.-从左往右行序,不断句,完好。

25-2

se^{11}çe^{11}vɔ^{33}su^{33}

避利器凶光经/(清)沙合写.-云南省武定县万德乡万德村,清乾隆37年(1772)龙年9月.-4页;19.5×26.8cm.-线装.-从左往右行序,不断句,完好。

50-5

se^{11}çe^{11}vɔ^{33}su^{33}

避利器凶光经.-抄本.-云南省武定县万德乡万德村,清.-6页;25×29cm.-线装.-从左往右行序,不断句,完好。

470-7

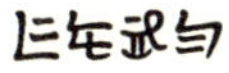

se^{11}çe^{11}vɔ^{33}su^{33}

避利器凶光经/(清)沙高写.-写本.-云南省武定县万德乡万德村,清乾隆11年(1746)虎年3月.-1页:27×41cm.-线装.-本书从左往右行序,不断句,完好。

304-5

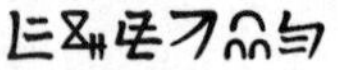

se^{33}kha̠^{2}la̠^{55}du^{11}dʐe^{11}su^{33}

禳解凶手邪污经/(清)沙夺写．-写本．-云南省禄劝县撒营盘镇贵能村,清牛年8月．-4页；19.1×27.5cm.-线装．-本书从左往右行序,不断句,完好。

354-1

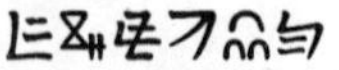

se^{33}kha̠^{2}la̠^{55}du^{11}dʐe^{11}su^{33}

禳解凶手邪污经．-写本．-云南省武定县万德乡万德村,清道光3年(1823)．-9页；18×28.2cm.-线装．-本书从右往左行序,断句,完好。

547-5

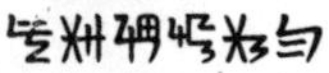

sɯ^{2}bɤ^{11}mɐ^{33}ɳɯ^{33}ŋkha̠^{55}su^{33}

驱邪风经．-抄本．-云南省禄劝县中屏乡昔南办事处巴洪村,清．-1页;28×36cm.-线装．-本书从左往右行序,断句,首尾有残。

547-3

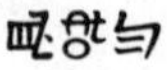

sɯ^{33}xɐ^{11}su^{33}

祓除邪污经．-抄本．-云南省禄劝县中屏乡昔南办事处巴洪村,清．-1页;28×36cm.-线装．-本书从左往右行序,断句,首尾有残。

345-1

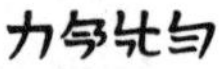

zɔ^{11}mi^{33}tʂɐ^{33}su^{33}

禳解命宫灾难经．-抄本．-云南省武定县万德乡万德村,清．-2页；25×18cm.-线装．-本书从右往左行序,断句,完好。

304-6

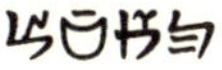

zo^{33}vɐ^{33}nthɤ^{33}su^{33}

御防出生孽子经/(清)沙夺写. -写本. -云南省禄劝县撒营盘镇贵能村,清牛年8月. -3页; 19.1×27.5cm. -线装. -本书从左往右行序,不断句,完好。

256

to̠^{55}tsi^{33}su^{33}

火炬驱邪经. -写本. -云南省武定县万德乡万德村,清道光25年(1845)2月. -16页; 25×17cm. -线装. -本书从右往左行序,断句,尾残;本书无题名,题名根据330号同名校对后拟订。

301-1

to̠^{55}tsi^{33}su^{33}

火炬驱邪经/(清)阿迪图抄写. -抄本. -云南省武定县万德乡万德村,清,. -11页; 22×28cm. -线装. -本书从左往右行序,不断句,完好。

303-1

to̠^{55}tsi^{33}su^{33}

火炬驱邪经. -抄本. -云南省武定县万德乡万德村,清. -14页; 24×19cm. -线装. -本书从左往右行序,断句,首残;本书题名残,题名根据330号同名校对后拟订。

308-1

to̠^{55}tsi^{33}su^{33}

火炬驱邪经/(清)阿枣写. -写本. -云南省武定县万德乡万德村,清. -13页:神座插枝图线装;25×26cm. -线装. -本书从左往右行序,不断句,每页均有残。

330-2

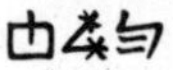

ʈo̠^{55}tsi^{33}su^{33}

火炬驱邪经.-抄本.-云南省武定县万德乡万德村,清.-18 页; 29×23cm.-线装.-本书从右往左行序,断句,尾残。

332-2

ʈo̠^{55}tsi^{33}su^{33}

火炬驱邪经.-抄本.-云南省武定县万德乡万德村,清.-18 页; 25×21cm.-线装.-本书从左往右行序,不断句,第2、4 页残。

336-1

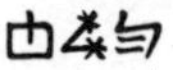

ʈo̠^{55}tsi^{33}su^{33}

火炬驱邪经.-抄本.-云南省武定县万德乡万德村,清.-13 页; 26×19cm.-线装.-本书从左往右行序,断句,残损严重;本书题名残,题名为拟订题名。

357-1

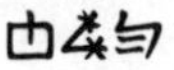

ʈo̠^{55}ts̠i^{33}su^{33}

火炬驱邪经.-抄本.-云南省武定县万德乡万德村,清.-12 页; 19.5×23.5cm.-线装.-本书从右往左行序,断句,完好。

358

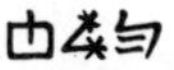

ʈo̠^{55}tsi^{33}su^{33}

火炬驱邪经.-抄本.-云南省武定县万德乡万德村,清.-28 页; 21×14cm.-线装.-本书从右往左行序,断句,完好。

359

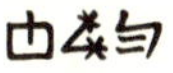

ʈo̱^{55}tsi̱^{33}su^{33}

火炬驱邪经.-抄本.-云南省武定县万德乡万德村,清.-5 页; 16×12cm. -线装.-本书从左往右行序,断句,完好。

363

ʈo̱^{55}tsi̱^{33}su^{33}

火炬驱邪经.-抄本.-云南省武定县万德乡万德村,清.-28 页:神座插枝图;18.5×28.7cm. -线装.-本书从左往右行序,断句,首尾有残。

364-1

ʈo̱^{55}tsi̱^{33}su^{33}

火炬驱邪经.-抄本.-云南省武定县万德乡万德村,清.-20 页; 21×14cm. -线装.-本书从右往左行序,断句,首残;本书题名残,题名根据 301 号同名书校对后拟订。

304-4

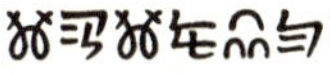

ɖa̱^{2}bo^{11}ɖa̱^{2}ɕe^{11}dʑe^{11}su^{33}

禳解毁坏凶邪经/(清)沙夺写.-写本.-云南省禄劝县撒营盘镇贵能村,清牛年 8 月.-4 页; 19.1×27.5cm. -线装.-本书从左往右行序,不断句,完好。

354-2

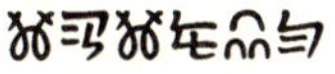

ɖa̱^{2}bo^{11}ɖa̱^{2}ɕe^{11}tʂhɔ^{11}su^{33}

禳解毁坏凶邪经.-写本.-云南省武定县万德乡万德村,清道光 3 年(1823): -2 页; 18×28.2cm. -线装.-本书从右往左行序,断句,完好。

267-2

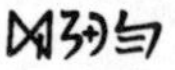

ɖo^{33} ɣu^{11} su^{33}

解蜂入宅经．-抄本．-云南省武定县万德乡万德村，清．-13 页；14.8×24.5cm. -线装．-本书从左往右行序，不断句，每页均有残。

347-2

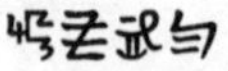

ɳɯ^{11} ʂɯ^{33} vɔ^{11} su^{33}

禳解风邪经．-抄本．-云南省武定县万德乡万德村，清．-7 页；20.5×22.3cm. -线装．-本书从左往右行序，不断句，完好。

30-4

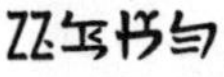

tʂɔ^{55} ɳo̠^{2} nthɤ^{33} su^{33}

超度祖灵御鬼经/（清）沙额写．-云南省禄劝县双化乡坎邓村，清光绪 12 年（1886）狗年 4 月．-2 页；29×37cm. -线装．-从左往右行序，断句，完好。

539-4

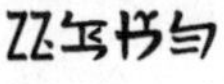

tʂɔ^{55} ɳo̠^{2} nthɤ^{33} su^{33}

超度祖灵御鬼经-抄本．-云南省禄劝县中屏乡昔南办事处巴洪村，清．-1 页；28×37cm. -线装．-本书从左往右行序，断句，完好。

101-1

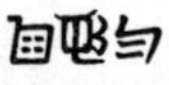

tʂɯ^{55} ȵtɕhe^{11} su^{33}

供奉宗神除祟经/（清）左骂写．-写本．-云南省禄劝县皎西乡很踏卡村，清．-5 页；20.5×27.5cm. -线装．-本书从左往右行序，不断句，完好。

83-5

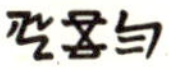

tʂɯ^{11}ʂɯ̱^{2}su^{33}

缚灾难经 . -抄本 . -云南省武定县万德乡万德村,清 . -2 页; 27.5 ×20.9cm. -线装 . -本书从右往左行序,断句,完好。

90-5

tʂhi̱^{55}tɕhi^{11}pa̱^{55}ʈɤ^{55}su^{33}

献羊解症结经/(清)者阿写 . -写本 . -云南省禄劝县茂山乡甲甸办事处甲毛村,清虎年 3 月 . -12 页; 20 ×28.3cm. -线装 . -本书从左往右行序,不断句,完好。

16-2

dʐo^{33}po̱^{2}su^{33}

反咒经/(清)贝夫擦写 . -写本 . -云南省武定县万德乡万德村,清 . -23 页; 19 ×19cm. -线装 . -从左往右行序,不断句,完好。

301-6

dʐo^{33}po̱^{2}su^{33}

反咒经/(清)阿迪图抄写 . -抄本 . -云南省武定县万德乡万德村,清,. -3 页; 22 ×28cm. -线装 . -本书从左往右行序,不断句,完好。

316-2

dʐo^{33}bo̱^{2}su^{33}

反咒经/(清)杨正写 . -写本 . -云南省禄劝县皎西乡法塔村,清光绪 13 年(1887)猪年 9 月 . -6 页; 21 ×28cm. -线装 . -本书从左往右行序,断句,完好。

317-2

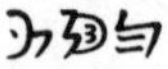

dʐo^{33}po̱^{2}su^{33}

反咒经/(清)者根写.-写本.-云南省武定县万德乡万德村,清.-21 页;25×25cm.-线装.-本书从右往左行序,断句,完好。

319-1

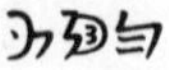

dʐo^{33}po̱^{2}su^{33}

反咒经/(清)乌龙德呗耄写.-写本.-云南省禄劝县云龙乡乌龙德村,清.-11 页;25×15cm.-线装.-本书从右往左行序,不断句,完好;本书著者以“乌龙德(村名)呗耄(祭师)写”来表述的。

321

dʐo^{33}po̱^{2}su^{33}

反咒经.-抄本.-云南省武定县万德乡万德村,清.-14 页;21×14cm.-线装.-本书从右往左行序,断句,尾残。

335-4

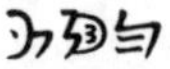

dʐo^{33}po̱^{2}su^{33}

反咒经.-抄本.-云南省武定县万德乡万德村,清.-10 页;27×14cm.-线装.-本书从右往左行序,不断句,完好。

349

dʐo^{33}po̱^{2}su^{33}

反咒经.-抄本.-云南省武定县万德乡万德村,清.-16 页;18.6×28.2cm.-线装.-本书从左往右行序,断句,完好。

360-3

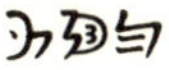

dʐo^{33}po̠^{2}su^{33}

反咒经．-抄本．-云南省武定县万德乡万德村，民国 20 年（1931）．-5 页；18.6 × 28.4cm. -线装．-本书从左往右行序，断句，完好。

367-2

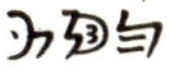

dʐo^{33}po̠^{2}su^{33}

反咒经．-抄本．-云南省武定县万德乡万德村，清．-2 页；14.8 ×24.5cm. -线装．-本书从左往右行序，不断句，完好。

564-1

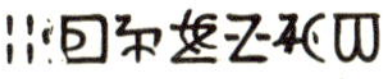

dʐo^{33}bo̠^{11}dzo̠^{2}pɯ^{33}su^{33}de^{55}ŋɯ

回咒经．-抄本．-云南省红河州，清．-10 页；21.8 ×26.8cm. -毛装．-本书从左往右行序，断句，完好。

319-3

dʐo^{33}ȵtɕha̠^{2}lɯ̠^{55}su^{33}

禳解咒怨经/（清）乌龙德呗耄写．-写本．-云南省禄劝县云龙乡乌龙德村，清．-4 页；25 ×15cm. -线装．-本书从右往左行序，不断句，完好；本书著者以“乌龙德（村名）呗耄（祭师）写”来表述的。

174-2

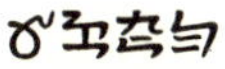

ʂa̠^{2}ɳtʂho̠^{2}lɯ̠^{55}su^{33}

禳解汉族神祇经．-抄本．-云南省武定县万德乡万德村，清．-6 页；18 ×28.7cm. -线装．-本书从左往右行序，不断句，完好。

347-4

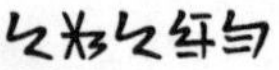

ʂɔ^{33}ŋkha̱^{55}ʂɔ^{33}ʈe^{11}su^{33}

禳解蛇入宅经 . -抄本 . -云南省武定县万德乡万德村,清 . -4 页; 20.5 ×22.3cm. -线装 . -本书从左往右行序,不断句,完好。

301-2

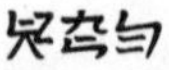

ʂo̱^{2}lɯ̱^{55}su^{33}

禳解灾祸经/(清)阿迪图抄写 . -抄本 . -云南省武定县万德乡万德村,清,. -5 页; 22 ×28cm. -线装 . -本书从左往右行序,不断句,完好。

303-2

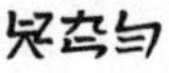

ʂo̱^{2}lɯ̱^{55}su^{33}

禳解灾祸经 . -抄本 . -云南省武定县万德乡万德村,清 . -5 页; 24 ×19cm. -线装 . -本书从左往右行序,断句,完好。

306-7

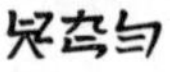

ʂo̱^{2}lɯ̱^{55}su^{33}

禳解灾祸经/(清)阿嫘写 . -写本 . -云南省武定县万德乡万德村,清乾隆 12 年(1747)兔年 4 月 . -3 页; 24 ×23cm. -线装 . -本书从左往右行序,不断句,完好。

308-2

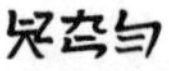

ʂo̱^{2}lɯ̱^{55}su^{33}

禳解灾祸经/(清)阿枣写 . -写本 . -云南省武定县万德乡万德村,清 . -3 页; 25 ×26cm. -线装 . -本书从左往右行序,不断句,稍残。

317-3

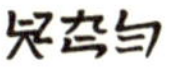

ʂo̠^{2}lɯ^{55}su^{33}

禳解灾祸经/(清)者根写 . -写本 . -云南省武定县万德乡万德村,清 . -2 页; 25 × 25cm. -线装 . -本书从右往左行序,断句,有残。

320

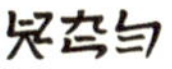

ʂo̠^{2}lɯ^{55}su^{33}

禳解灾祸经/(清)期宗写 . -写本 . -云南省武定县万德乡万德村,清道光 29 年(1849)7 月 . -13 页; 23 ×22cm. -线装 . -本书从左往右行序,断句,完好;本书无题名,题名为拟订题名。

325-2

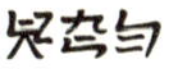

ʂo̠^{2}lɯ^{55}su^{33}

禳解灾祸经 . -抄本 . -云南省武定县万德乡万德村,清 . -9 页; 26.3 ×18.9cm. -线装 . -本书从右往左行序,断句,完好。

329-2

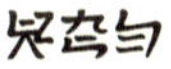

ʂo̠^{2}lɯ^{55}su^{33}

禳解灾祸经 . -抄本 . -云南省武定县万德乡万德村,清 . -12 页; 28 ×19cm. -线装 . -本书从右往左行序,断句,完好。

332-3

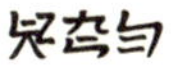

ʂo̠^{2}lɯ^{55}su^{33}

禳解灾祸经 . -抄本 . -云南省武定县万德乡万德村,清 . -9 页; 25 ×21cm. -线装 . -本书从左往右行序,不断句,末几页残损严重。

333-2

[illegible]

ʂo̱^{2}lɯ̱^{55}su^{33}

禳解灾祸经－抄本.-云南省武定县万德乡万德村,清.-7 页; 27 ×22cm. -线装.-本书从右往左行序,断句,尾残。

334-2

[illegible]

ʂo̱^{2}lɯ̱^{55}su^{33}

禳解灾祸经－抄本.-云南省武定县万德乡万德村,清.-3 页; 29 ×23cm. -线装.-本书从右往左行序,断句,稍残。

335-2

[illegible]

ʂo̱^{2}lɯ̱^{55}su^{33}

禳解灾祸经.-抄本.-云南省武定县万德乡万德村,清.-10 页; 27 ×14cm. -线装.-本书从右往左行序,不断句,完好。

336-2

[illegible]

ʂo̱^{2}lɯ̱^{55}su^{33}

禳解灾祸经.-抄本.-云南省武定县万德乡万德村,清.-26 页; 26 ×19cm. -线装.-本书从左往右行序,断句,尾残。

356-2

[illegible]

ʂo̱^{2}lɯ̱^{55}su^{33}

禳解灾祸经.-抄本.-云南省武定县万德乡万德村,清.-9 页; 18.5 ×27.8cm. -线装.-本书从左往右行序,断句,完好。

361-3

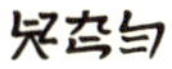

ʂo̱^{2}lɯ̱^{55}su^{33}

禳解灾祸经.-抄本.-云南省武定县万德乡万德村,清.-5 页; 19 ×16cm. -线装.-本书从左往右行序,断句,完好。

362-2

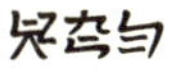

ʂo̱^{2}lɯ̱^{55}su^{33}

禳解灾祸经.-抄本.-云南省武定县万德乡万德村,清.-8 页; 15.2 ×18.5cm. -线装.-本书从左往右行序,断句,尾残;本书无题名,题名为拟订题名。

364-2

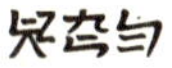

ʂo̱^{2}lɯ̱^{55}su^{33}

禳解灾祸经.-抄本.-云南省武定县万德乡万德村,清.-6 页; 20.5 ×13.5cm. -线装.-本书从右往左行序,断句,完好。

324-2

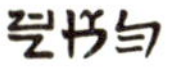

tɕɔ^{33}nthɤ^{33}su^{33}

御死难灾星经.-抄本.-云南省武定县万德乡万德村,清.-3 页; 28 ×19cm. -线装.-本书从右往左行序,断句,完好。

526-2

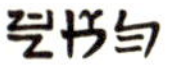

tɕɔ^{33}nthɤ^{33}su^{33}

御死难灾星经.-抄本.-云南省武定县万德乡万德村,清.-2 页;25 ×21cm. -线装.-本书从右往左行序,断句,完好。

304-10

[illegible]

tɕo^{33}tse^{11}xɐ^{11}su^{33}

祓除五谷邪污经/(清)沙夺写.-写本.-云南省禄劝县撒营盘镇贵能村,清牛年8月.-2页;19.1×27.5cm.-线装.-本书从左往右行序,不断句,完好。

548-2

[illegible]

tɕo^{33}tse^{11}xɐ^{11}su^{33}

祓除五谷邪污经.-抄本.-云南省禄劝县中屏乡昔南办事处巴洪村,清.-5页;21×27cm.-线装.-本书从左往右行序,断句,首尾有残。

533

[illegible]

tɕhi^{33}tɕhɤ^{11}ndɤ^{33}

驱精怪经-抄本.-贵州省,清.-70页;25×27cm.-线装.-本书从左往右行序,断句,首尾残;本书题名残,题名为拟订题名。

347-3

[illegible]

tɕhi^{33}ɦər^{11}da̠^{2}za̠^{55}su^{33}

禳解狗上房顶凶兆经.-抄本.-云南省武定县万德乡万德村,清.-4页;20.5×22.3cm.-线装.-本书从左往右行序,不断句,完好。

241

[illegible]

tɕhe^{33}tsi^{33}ȵi^{11}ŋkhɐ^{11}ʂa̠^{55}ɣɯ̠^{2}su^{33}

祝抽牛膀卜卦镇丑遮羞经.-抄本.-云南省武定县万德乡万德村,清.-8页;26×21cm.-线装.-本书从左往右行序,不断句,完好。

13-10

tɕhɯ^{55}tɕi^{11}su^{33}

解各种症结经/（清）贝纳召你写．-写本．-云南省禄劝县撒营盘镇德嘎村，清．-1页；26×28cm. -线装．-从左往右行序，断句，完好。

112-1

dʑi^{33}ɣɯ^{2}su^{33}

镇凶经．-写本．-云南省武定县万德乡万德村，清光绪10年（1884）猴年．-1页；27×19cm. -线装．-本书从左往右行序，不断句，完好；本书无题名，题名为拟订题名。

121-1

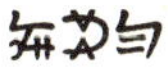

dʑi^{33}ɣɯ^{2}su^{33}

镇凶经/（清）阿颂写．-写本．-云南省武定县万德乡酒老阔村，清猪年冬月．-1页；18×24cm. -线装．-本书从左往右行序，断句，首页有残。

423-2

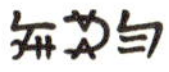

dʑi^{33}ɣɯ^{2}su^{33}

镇凶经/（清）沙似写．-写本．-云南省禄劝县双化乡芝兰办事处万哺古村，清光绪12年（1886）狗年11月．-1页；26.3×37.5cm. -线装．-本书从左往右行序，断句，完好。

27-1

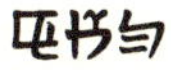

ȵtɕhe^{11}nthɤ^{33}su^{33}

抵御鬼怪经．-抄本．-云南省武定县万德乡万德村，清．-8页；22×15cm. -线装．-从左往右行序，断句，首残；本书题名残，题名根据156号同名书校对后拟订。

105-4

[illegible]

ɳ̥tɕhe^{11} nthɤ^{33} su^{33}

抵御鬼怪经.-抄本.-云南省武定县万德乡万德村,清.-7 页; 20.2×28.5cm.-线装.-本书从左往右行序,不断句,稍残。

112-3

[illegible]

ɳ̥tɕhe^{11} nthɤ^{33} su^{33}

抵御鬼怪经.-写本.-云南省武定县万德乡万德村,清光绪 10 年(1884)猴年.-9 页:神座插枝图; 27×19cm.-线装.-本书从左往右行序,不断句,完好。

156-1

[illegible]

ɳ̥tɕhe^{11} nthɤ^{33} su^{33}

抵御鬼怪经.-抄本.-云南省武定县万德乡万德村,清.-6 页; 29×17cm.-线装.-本书从右往左行序,断句,完好。

240-1

[illegible]

ɳ̥tɕhe^{11} nthɤ^{33} su^{33}

抵御鬼怪经.-抄本.-云南省武定县万德乡万德村,清.-10 页; 20×29.5cm.-线装.-本书从左往右行序,不断句,完好。

360-1

[illegible]

ɳ̥tɕhe^{11} nthɤ^{33} su^{33}

抵御鬼怪经/杨朝动抄写.-抄本.-云南省武定县万德乡万德村,民国 20 年(1931).-5 页; 18.6×28.4cm.-线装.-本书从左往右行序,断句,完好。

29-1

ȵtɕhe^{11}ɬi^{33}nthɤ^{33}su^{33}

抵御四方诸不祥经．-抄本．-云南省武定县万德村，清．-7 页；27×22cm. -线装．-从右往左行序，不断句，首残；本书题名残，题名根据 58 号同名书校对后拟订。

30-5

ȵtɕhe^{11}ɬi^{33}nthɤ^{33}su^{33}

抵御四方诸不祥经/（清）沙额写．-云南省禄劝县双化乡坎邓村，清光绪 12 年（1886）狗年 4 月．-1 页；29×37cm. -线装．-从左往右行序，断句，完好购。

58-1

ȵtɕhe^{11}ɬi^{33}nthe^{33}su^{33}

抵御四方诸不祥经．-抄本．-云南省武定县万德乡万德村，清．-12 页；26×16cm. -线装．-从右往左行序，断句，前五页书角残损几个字。

89-1

ȵtɕhe^{11}ɬi^{33}nthɤ^{33}su^{33}

抵御四方诸不祥经．-抄本．-云南省武定县万德乡万德村，清．-10 页；27×18cm. -线装．-本书从右往左行序，不断句，首页有残。

221-3

ȵtɕhe^{11}ɬi^{33}nthɤ^{33}su^{33}

抵御四方诸不祥经/（清）沙尼写．-写本．-云南省武定县万德乡万德村，清．-8 页：神座插枝图；17.4×27.5cm. -线装．-本书从左往右行序，断句，完好；本书是沙尼写给万德乡万德村额而的。

367-3

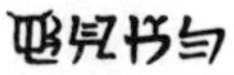

ȵ̥tɕhe^{11} ɬi^{33} nthɤ^{11} su^{33}

抵御四方诸不祥经．-抄本．-云南省武定县万德乡万德村，清．-23 页；14.8 × 24.5cm. -线装．-本书从左往右行序，不断句，尾残。

539-5

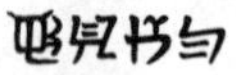

ȵ̥tɕhe^{11} ɬi^{33} nthɤ^{33} su^{33}

抵御四方诸不祥经-抄本．-云南省禄劝县中屏乡昔南办事处巴洪村，清．-3 页；28 ×37cm. -线装．-本书从左往右行序，断句，完好。

89-2

ȵ̥tɕhe^{11} dzi̠^{55} su^{33}

殡葬隔凶死经．-抄本．-云南省武定县万德乡万德村，清．-2 页；27 ×18cm. -线装．-本书从右往左行序，不断句，完好。

221-4

ȵ̥tɕhe^{11} dzi̠^{55} su^{33}

殡葬隔凶死经/（清）沙尼写．-写本．-云南省武定县万德乡万德村，清．-3 页：神座插枝图；17.4 ×27.5cm. -线装．-本书从左往右行序，断句，有残；本书是沙尼写给万德乡万德村额而的。

360-2

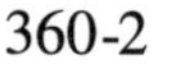

ȵ̥tɕhe^{11} dzi̠^{55} su^{33}

殡葬隔凶死经/任佛写．-抄本．-云南省武定县万德乡万德村，民国 20 年（1931）．-4 页；18.6 ×28.4cm. -线装．-本书从左往右行序，断句，完好。

16-1

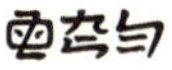

ȵtɕha̱^{2}lɯ^{55}su^{33}

禳解罪过经/(清)贝夫擦写.-写本.-云南省武定县万德乡万德村,清.-10页;19×19cm.-线装.-从左往右行序,断句,完好。

56-1

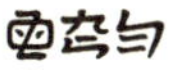

ȵtɕha̱^{2}lɯ^{55}su^{33}

禳解罪过经.-抄本.-云南省武定县万德乡万德村,清.-6页;26×22cm.-线装.-从右往左行序,断句,首残;本书题名残,题名为拟订题名。

223-3

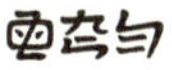

ȵtɕha̱^{2}lɯ^{55}su^{33}

禳解罪过经/(清)呗罗写.-写本.-云南省武定县万德乡万德村,清.-8页:神座插枝图;19.5×16.6cm.-线装.-本书从右往左行序,不断句,完好。

257-6

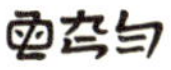

ȵtɕha̱^{2}lɯ^{55}su^{33}

禳解罪过经.-抄本.-云南省武定县万德乡万德村,清.-3页;28×19cm.-线装.-本书从左往右行序,断句,每页均有残;本书题名残,题名为拟订题名。

302-1

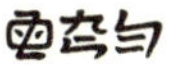

ȵtɕha̱^{2}lɯ^{55}su^{33}

禳解罪过经.-抄本.-云南省武定县万德乡万德,清,.-38页;22×20cm.-线装.-本书从左往右行序,断句,首残;本书题名残,题名为拟订题名。

311

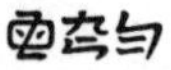

ȵtɕha̱^{2}lɯ^{55}su^{33}

禳解罪过经.-抄本.-云南省武定县万德乡万德村,清.-36 页:神座插枝图; 23 × 15cm. -线装.-本书从右往左行序,不断句,首残缺;本书题名残,题名为拟订题名。

316-1

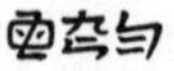

ȵtɕha̱^{2}lɯ^{55}su^{33}

禳解罪过经/(清)杨正写.-写本.-云南省禄劝县皎西乡法塔村,清光绪 13 年(1887)猪年 9 月.-7 页; 21 ×28cm. -线装.-本书从左往右行序,断句,完好。

343

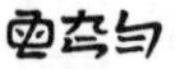

ȵtɕha̱^{2}lɯ^{55}su^{33}

禳解罪过经/(清)沙科写.-写本.-云南省武定县万德乡万德村,清道光 11 年(1831).-19 页:神座插枝图; 26 ×20cm. -线装.-本书从左往右行序,断句,完好。

346

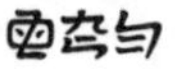

ȵtɕha̱^{2}lɯ^{55}su^{33}

禳解罪过经.-抄本.-云南省武定县万德乡万德村,清.-13 页:神座插枝图; 18 × 21cm. -线装.-本书从左往右行序,断句,完好;本书无题名,题名为拟订题名。

352-1

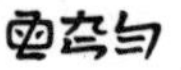

ȵtɕha̱^{2}lɯ^{55}su^{33}

禳解罪过经.-抄本.-云南省武定县万德乡万德村,清.-8 页; 17.5 ×21.2cm. -线装.-本书从右往左行序,断句,首残;本书题名残,题名为拟订题名。

353-1

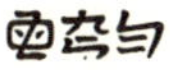

ȵ̥tɕha̠^{2}lɯ^{55}su^{33}

禳解罪过经 . -抄本 . -云南省武定县万德乡万德村,清 . -13 页; 18. 3 ×25. 3cm. -线装 . -本书从左往右行序,不断句,完好。

373

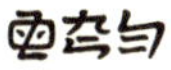

ȵ̥tɕha̠^{2}lɯ^{55}su^{33}

禳解罪过经 . -抄本 . -云南省武定县万德乡万德村,清 . -15 页; 18 ×26. 8cm. -线装 . -本书从左往右行序,不断句,末页稍残。

547-1

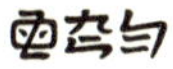

ȵ̥tɕha̠^{2}lɯ^{55}su^{33}

禳解罪过经-抄本 . -云南省禄劝县中屏乡昔南办事处巴洪村,清 . -5 页;28 ×36cm. -线装 . -本书从左往右行序,断句,首尾有残。

30-2

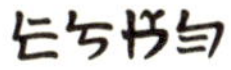

ȵ̥i^{11}ve^{33}nthɤ^{33}su^{33}

家祭御鬼经/(清)沙额写 . -云南省禄劝县双化乡坎邓村,清光绪 12 年 (1886) 狗年 4 月 . -2 页; 29 ×37cm. -线装 . -从左往右行序,断句,完好。

50-4

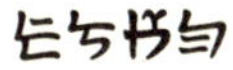

ȵ̥i^{11}ve^{33}nthe^{33}su^{33}

家祭御鬼经 . -抄本 . -云南省武定县万德乡万德村,清 . -19 页; 25 ×29cm. -线装 . -从左往右行序,不断句,完好。

82

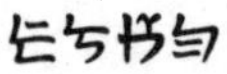

ȵi^{11} ve^{33} nthe^{33} su^{33}

家祭御鬼经．-抄本．-云南省武定县万德乡万德村，清．-27 页；19. 2 ×14. 2cm. -线装．-本书从左往右行序，不断句，完好。

344-2

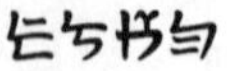

ȵi^{11} ve^{33} nthɤ^{33} su^{33}

家祭御鬼经．-写本．-云南省禄劝县撒营盘镇，清嘉庆 20 年（1815）. -3 页；线装，27 ×21cm. -本书从右往左行序，断句，完好。

539-2

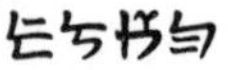

ȵi^{11} ve^{33} nthɤ^{33} su^{33}

家祭御鬼经-抄本．-云南省禄劝县中屏乡昔南办事处巴洪村，清．-2 页；28 ×37cm. -线装．-本书从左往右行序，断句，完好。

304-9

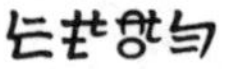

ȵi^{11} tse^{11} xɐ^{11} su^{33}

祓除家宅污秽经/（清）沙夺写．-写本．-云南省禄劝县撒营盘镇贵能村，清牛年 8 月．-5 页；19. 1 ×27. 5cm. -线装．-本书从左往右行序，不断句，完好。

139-2

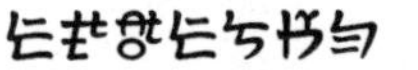

ȵi^{11} tse^{11} xɐ^{11} ȵi^{11} ve^{33} nthe^{33} su^{33}

解宅冤御鬼经．-抄本．-云南省武定县万德乡万德村，清．-6 页；23 ×27. 7cm. -线装．-本书从左往右行序，不断句，完好。

36

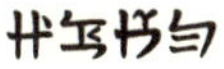

ȵi^{11}ȵo̱^{2}nthɤ^{33}su^{33}

解役牛罪经/(清)期台抄写.-云南省武定县万德乡万德村,清咸丰 11 年(1861)正月-8 页; 24×18cm.-线装.-从左往右行序,断句,完好。

44-2

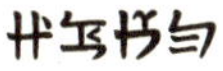

ȵi^{11}ȵo̱^{2}nthe^{33}su^{33}

解役牛罪经.-写本.-云南省武定县万德乡万德村,清道光 7 年(1827).-5 页; 19.7×27.4cm.-线装.-从左往右行序,不断句,完好。

306-8

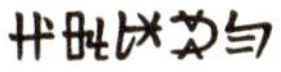

ȵi^{11}ŋkhɐ^{11}ʂa̱^{55}ɣɯ^{2}su^{33}

抽牛膀卜卦镇丑遮羞经/(清)阿嫘写.-写本.-云南省武定县万德乡万德村,清乾隆 12 年(1747)兔年 4 月.-15 页; 24×23cm.-线装.-本书从左往右行序,不断句,每页均有残。

304-1

ȵe̱^{55}sa̱^{33}dʑe^{11}su^{33}

禳解土地邪气经/(清)沙夺写.-写本.-云南省禄劝县撒营盘镇贵能村,清牛年 8 月.-7 页; 19.1×27.5cm.-线装.-本书从左往右行序,不断句,完好。

316-6

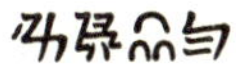

ȵe̱^{55}sa̱^{33}dʑe^{11}su^{33}

禳解土地邪气经/(清)杨正写.-写本.-云南省禄劝县皎西乡法塔村,清光绪 13 年(1887)猪年 9 月.-4 页; 21×28cm.-线装.-本书从左往右行序,断句,尾残。

365-1

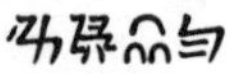

ȵe̠^{55}sa̠^{33}dʑe^{11}su^{33}

禳解土地邪气经/(清)召格写 . -写本 . -云南省禄劝县皎西乡酒老阔村,清光绪 24 年(1889)狗年 8 月 . -7 页; 14.6 ×19.8cm. -线装 . -本书从左往右行序,断句,首残;本书题名残,题名为拟订题名。

368

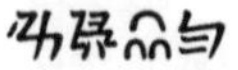

ȵe̠^{55}sa̠^{33}dʑe^{11}su^{33}

禳解土地邪气经/(清)沙本写 . -写本 . -云南省武定县万德乡万德村,清牛年 9 月 . -9 页; 19 ×26cm. -线装 . -本书从左往右行序,断句,首页尾 2 页稍残。

300-2

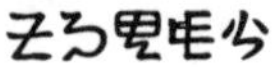

ɕi^{33}du^{55}jɯ^{33}tɕɔ^{33}su^{33}

驱邪污经/(清)立基写 . -写本 . -云南省武定县万德乡万德村,清道光 26 年(1846)正月 . -4 页; 18 ×27cm. -线装 . -本书从左往右行序,断句,完好。

357-2

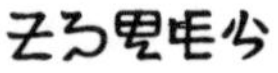

ɕi^{33}du^{55}jɯ^{33}tɕɔ^{33}su^{33}

驱邪污经 . -抄本 . -云南省武定县万德乡万德村,清 . -4 页; 19.5 ×23.5cm. -线装 . -本书从右往左行序,断句,完好。

222-1

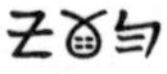

ɕi^{33}tʂɯ^{55}su^{33}

给死者祛邪污经 . -抄本 . -云南省武定县万德乡万德村,清 . -13 页:神座插枝图; 14.8 ×23.2cm. -线装 . -本书从左往右行序,不断句,完好。

102-2

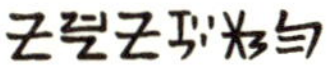

ɕi^{33}tɕɔ^{33}ɕi^{33}tʂhɯ^{2}ŋkha̠^{55}su^{33}

祛死难灾星邪污经．-写本．-云南省武定县万德乡万德村，清道光12年（1832）正月．-4页；27×20cm. -线装．-本书从左往右行序，不断句，完好。

108-4

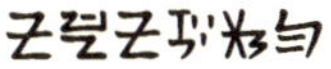

ɕi^{33}tɕɔ^{33}ɕi^{33}tʂhɤ̠^{2}ŋkha̠^{55}su^{33}

祛死难灾星邪污经．-抄本．-云南省武定县万德乡万德村，清．-5页；27×20cm. -线装．-本书从左往右行序，不断句，每页均有残。

55-2

ɕi^{33}tɕɔ^{33}ke̠r^{55}su^{33}

挖死难灾星经/（清）诺文殊珠写．-云南省武定县己衣乡汤德古办事处诺文村，清乾隆年间（具体时间已残损）．-4页；28×22cm. -线装．-从右往左行序，断句，年代半残，中间烧残一个洞均缺三个字；本书著者以“诺文（村名）殊珠（教师）写”来表述。

223-2

ɕi^{33}tɕɔ^{33}kə̠r^{55}su^{33}

挖死难灾星经/（清）呗罗写．-写本．-云南省武定县万德乡万德村，清．-5页：神座插枝图；19.5×16.6cm. -线装．-本书从右往左行序，不断句，完好。

225

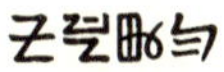

ɕi^{33}tɕɔ^{33}kə̠r^{55}su^{33}

挖死难灾星经．-抄本．-云南省武定县万德乡万德村，清．-6页；20×14cm. -线装．-本书从右往左行序，断句，完好。

345-2

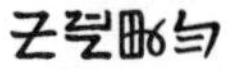

çi^{33}tɕɔ^{33}kə̱r^{55}su^{33}

挖死难灾星经 . -抄本 . -云南省武定县万德乡万德村,清 . -6 页; 25 ×18cm. -线装 . -本书从右往左行序,断句,完好。

105-7

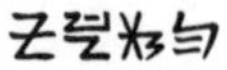

çi^{33}tɕɔ^{33}ŋkha̱^{55}su^{33}

祛死难灾星经 . -抄本 . -云南省武定县万德乡万德村,清 . -3 页; 20. 2 ×28. 5cm. -线装 . -本书从左往右行序,不断句,稍残。

112-6

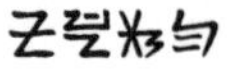

çi^{33}tɕɔ^{33}ŋkha̱^{55}su^{33}

祛死难灾星经 . -写本 . -云南省武定县万德乡万德村,清光绪 10 年(1884)猴年 . -2 页; 27 ×19cm. -线装 . -本书从左往右行序,不断句,完好。

129-8

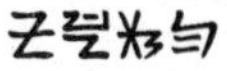

çi^{33}tɕɔ^{33}ŋkha̱^{55}su^{33}

祛死难灾星经/(清)阿文写 . -写本 . -云南省武定县万德乡万德村,清乾隆 22 年(1757)牛年 5 月 . -6 页; 20 ×27cm. -线装 . -本书从左往右行序,不断句,每页均有残。

215-5

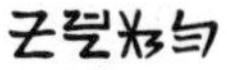

çi^{33}tɕɔ^{33}ŋkha̱^{55}su^{33}

祛死难灾星经 . -写本 . -云南省武定县万德乡万德村,清乾隆 48 年(1783)兔年 7 月 . -5 页; 20 ×26. 5cm. -线装 . -本书从左往右行序,不断句,完好;本书著者姓名已残缺。

234-2

ɕi^{33}tɕɔ^{33}kə̠r^{55}su^{33}

祛死难灾星经 . -抄本 . -云南省武定县万德乡万德村,清 . -5 页; 20. 2 ×28. 2cm. -线装 . -本书从左往右行序,不断句,完好。

257-2

祛死难灾星经 . -抄本 . -云南省武定县万德乡万德村,清 . -1 页; 28 ×19cm. -线装 . -本书从左往右行序,断句,完好。

285-2

ɕi^{33}tɕɔ^{33}ŋkha̠^{55}su^{33}

祛死难灾星经 . -抄本 . -云南省武定县万德乡万德村,清 . -4 页; 21. 7 ×25. 5cm. -线装 . -本书从左往右行序,断句,完好。

297-2

ɕi^{33}tɕɔ^{33}ŋkha̠^{55}su^{55}

祛死难灾星经 . -抄本 . -云南省武定县万德乡万德村,清 . -6 页; 27 ×20cm. -线装 . -本书从左往右行序,断句,完好。

61-6

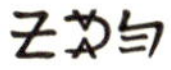

ɕi^{33}ɣɯ̠^{2}su^{33}

镇死神经 . -抄本 . -云南省武定县万德乡万德村,清 . -2 页; 22 ×27cm. -线装 . -从左往右行序,不断句,完好。

5-5

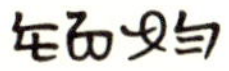

çe^{11} se^{11} vɔ^{33} su^{33}

避利器凶光经 . -抄本 . -云南省武定县万德乡万德村 . -7 页:神座插枝图; 22 × 24cm. -线装 . -从左往右序,完好。

129-7

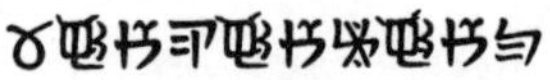

ji^{11} ȵtɕhe^{11} nthɤ^{33} fa̱^{55} ȵtɕhe^{11} nthɤ^{33} zər^{55} ȵtɕhe^{11} nthɤ^{33} su^{33}

抵御洪水摔崖森林迷路经/(清)阿文写 . -写本 . -云南省武定县万德乡万德村,清乾隆 22 年(1757)牛年 5 月 . -5 页; 20 ×27cm. -线装 . -本书从左往右行序,不断句,每页均有残。

215-4

ji^{11} ȵtɕhe^{11} nthɤ^{33} zər^{55} ȵtɕhe^{11} nthɤ^{33} su^{33}

抵御洪水森林迷路经 . -写本 . -云南省武定县万德乡万德村,清乾隆 48 年(1783)兔年 7 月 . -11 页; 20 ×26.5cm. -线装 . -本书从左往右行序,不断句,完好;本书著者姓名已残缺。

221-2

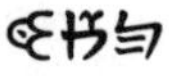

jɯ^{33} nthɤ^{33} su^{33}

禳解污秽经/(清)沙尼写 . -写本 . -云南省武定县万德乡万德村,清 . -2 页:神座插枝图; 17.4 ×27.5cm. -线装 . -本书从左往右行序,断句,完好;本书是沙尼写给万德乡万德村额而的。

5-3

jɯ^{33} lɐ^{33} nthɤ^{33} su^{33}

禳解污秽经 . -抄本 . -云南省武定县万德乡万德村,清 . -10 页; 22 ×24cm. -线装 . -从左往右行序,完好。

18-5

jɯ^{33}lɐ^{33}nthɤ^{33}su^{33}

禳解污秽经/（清）沙久写 – 写本 . -云南省禄劝县云龙乡古尼村，清嘉庆 2 年（1797）蛇年 . -11 页；20 ×27cm. -线装 . -从左往右行序，不断句，完好。

30-3

jɯ^{33}lɐ^{33}nthɤ^{33}su^{33}

禳解污秽经/（清）沙额写 . -云南省禄劝县双化乡坎邓村，清光绪 12 年（1886）狗年 4 月 . -2 页；29 ×37cm. -线装 . -从左往右行序，断句，完好。

166

jɯ^{33}lɐ^{33}nthe^{33}su^{33}

禳解污秽经/（清）和木卡呗耄写 . -抄本 . -云南省禄劝县云龙乡和木卡村，清 . -21 页；23 ×27m. -线装 . -本书从左往右行序，不断句，完好；本书著者以“和木卡（村名）呗耄（祭师）写”来表述的。

174-1

jɯ^{33}lɐ^{33}nthɤ^{33}su^{33}

禳解污秽经 . -抄本 . -云南省武定县万德乡万德村，清 . -18 页；18 ×28. 7cm. -线装 . -本书从左往右行序，不断句，完好。

470-6

jɯ^{33}lɐ^{33}hɤ^{33}su^{33}

禳解污秽经/（清）沙高写 . -写本 . -云南省武定县万德乡万德村，清乾隆 11 年（1746）虎年 3 月 . -7 页；27 ×41cm. -线装 . -本书从左往右行序，不断句，完好。

539-3

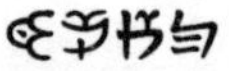

jɯ^{33}lɐ^{33}nthɤ^{33}su^{33}

禳解污秽经-抄本 . -云南省禄劝县中屏乡昔南办事处巴洪村,清 . -2 页;28 × 37cm. -线装 . -本书从左往右行序,断句,完好。

212

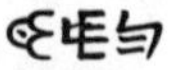

jɯ^{33}tɕhɔ^{33}su^{33}

驱邪污经 . -抄本 . -云南省武定县万德乡万德村,清 . -4 页; 17. 7 × 30. 5cm. -线装 . -本书从右往左行序,断句,完好。

258-2

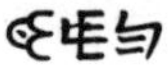

jɯ^{33}tɕhɔ^{33}su^{33}

驱邪污经 . -写本 . -云南省武定县万德乡万德村,清光绪年间(1875). -3 页; 21. 7 × 25. 5cm. -线装 . -本书从左往右行序,断句,末页稍残,著者和年代残缺。

439-3

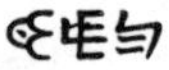

jɯ^{33}tɕhɔ^{33}su^{33}

驱邪污经 . -抄本 . -云南省武定县万德乡万德村,清 . -6 页; 17 × 28cm. -线装 . -本书从左往右行序,断句,完好。

315-3

ka̱^{55}mphə̱r^{2}su^{33}

禳解精怪经 . -写本 . -云南省武定县万德乡万德村,清同治 8 年(1869)7 月 . -5 页; 23. 5 × 15. 5cm. -线装 . -本书从左往右行序,断句,完好。

301-3

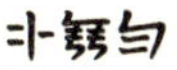

kɐ^{33}ɬɔ^{55}su^{33}

赎命经/(清)阿迪图抄写.-抄本.-云南省武定县万德乡万德村,清,.-4 页;22×28cm.-线装.-本书从左往右行序,不断句,完好。

303-3

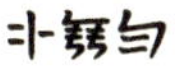

kɐ^{33}ɬɔ^{55}su^{33}

赎命经.-抄本.-云南省武定县万德乡万德村,清.-2 页;24×19cm.-线装.-本书从左往右行序,断句,完好。

306-5

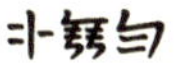

kɐ^{33}ɬɔ^{55}su^{33}

赎命经/(清)阿嫘写.-写本.-云南省武定县万德乡万德村,清乾隆 12 年(1747)兔年 4 月.-1 页;24×23cm.-线装.-本书从左往右行序,不断句,完好。

308-3

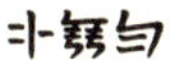

kɐ^{33}ɬɔ^{55}su^{33}

赎命经/(清)阿枣写.-写本.-云南省武定县万德乡万德村,清.-1 页;25×26cm.-线装.-本书从左往右行序,不断句,完好。

335-3

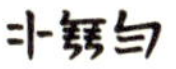

kɔ^{33}ɬɔ^{55}su^{33}

赎命经–抄本.-云南省武定县万德乡万德村,清.-10 页;27×14cm.-线装.-本书从右往左行序,不断句,完好。

361-4

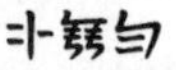

kɐ^{33}ɬɔ^{55}su^{33}

赎命经.-抄本.-云南省武定县万德乡万德村,清.-3 页; 19 ×16cm. -线装.-本书从左往右行序,断句,尾残。

364-3

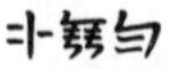

kɐ^{33}ɬɔ^{55}su^{33}

赎命经.-抄本.-云南省武定县万德乡万德村,清.-5 页; 20.5 ×13.5cm. -线装.-本书从右往左行序,断句,完好。

5-6

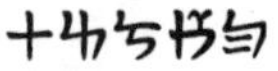

kɔ^{55}fe^{33}ve^{33}nthɤ^{33}su^{33}

祭生育神驱鬼经.-抄本.-云南省武定县万德乡万德村.-7 页:神座插枝图; 22 ×24cm. -线装.-从左往右行序,尾残。

541-2

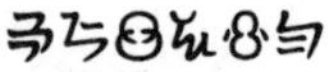

ko^{33}bu^{11}dzɯ^{33}dzɐ^{33}ɬɯ̱^{55}su^{33}

解脱纠纷冤愆经-写本.-云南省禄劝县中屏乡昔南办事处巴洪村,民国 6 年(1917).-6 页;29 ×38cm. -线装.-本书从左往右行序,断句,完好。

110-2

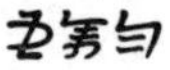

ku^{33}tɕhi^{11}su^{33}

解脱纠缠经/(清)沙特写.-写本.-云南省武定县发窝乡老施多村,清.-2 页; 23.7 ×25.5cm. -线装.-本书从左往右行序,断句,完好。

113-2

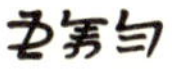

ku^{33}tɕhi^{11}su^{33}

解脱纠缠经．-抄本．-云南省武定县万德乡万德村，清．-1 页；23.8 ×28.9cm. -线装．-本书从左往右行序，不断句，完好。

120-2

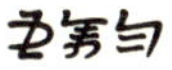

ku^{33}tɕhi^{11}su^{33}

解脱纠缠经．-抄本．-云南省武定县万德乡万德村，清．-1 页；19.5 ×28.7cm. -线装．-本书从左往右行序，断句，完好。

153-1

ku^{33}tɕh^{11}su^{33}

解脱纠缠经．-写本．-云南省武定县万德乡万德村，清．-8 页；25 ×19cm. -线装．-本书从左往右行序，断句，完好；本书题名残，题名为拟订题名。

182-1

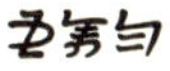

ku^{33}tɕhi^{11}su^{33}

解脱纠缠经．-抄本．-云南省武定县万德乡万德村，清．-4 页；28 ×17cm. -线装．-本书从右往左行序，断句，完好。

203-6

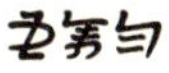

ku^{33}tɕi^{11}su^{33}

解脱纠缠经．-抄本．-云南省武定县万德乡万德村，清．-7 页；24 ×20cm. -线装．-本书从左往右行序，不断句，完好。

210-5

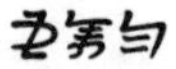

ku^{33}tɕhi^{11}su^{33}

解脱纠缠经/(清)阿老写.-写本.-云南省武定县万德乡万德村,清道光21年(1841)牛年7月.-3页;19×28cm.-线装.-本书从左往右行序,不断句,完好。

235-4

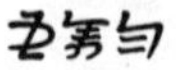

ku^{33}tɕi^{11}su^{33}

解脱纠缠经.-抄本.-云南省武定县万德乡万德村,清.-3页;19.8×26cm.-线装.-本书从左往右行序,不断句,有残;本书题名残,题名为拟订题名。

304-11

gɯ^{11}phɤ^{33}kho^{11}no^{11}nthɤ^{33}su^{33}

禳解缠身病殃经/(清)沙夺写.-写本.-云南省禄劝县撒营盘镇贵能村,清牛年8月.-2页;19.1×27.5cm.-线装.-本书从左往右行序,不断句,完好。

304-7

gɯ^{11}dʐɐ^{11}lo^{55}ʈhu^{33}ŋkha̠^{55}su^{33}

驱逐缠身白虎精经/(清)沙夺写.-写本.-云南省禄劝县撒营盘镇贵能村,清牛年8月.-4页;19.1×27.5cm.-线装.-本书从左往右行序,不断句,完好。

5-2

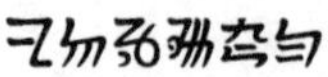

gɯ^{33}no^{33}va̠^{55}tʂha̠^{2}lɯ̠^{55}su^{33}

祭格努神解淫乱冤愆经.-抄本.-云南省武定县万德乡万德村.-6页;22×24cm.-线装.-从左往右行序,首残。

10-2

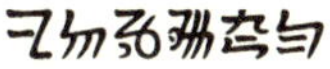

gɯ^{33}no^{33}va̱^{55}tʂha̱^{2}lɯ̱^{55}su^{33}

祭格努神解淫乱冤愆经/（清）沙夺写．-写本．-云南省禄劝县撒营盘贵能村，清马年腊月．-2 页；20 ×27cm. -线装．-从左往右行序，断句，完好。

46-2

gɯ^{33}no^{33}va̱^{55}tʂha̱^{2}ɣa̱^{2}tʂha̱^{2}lɯ̱^{55}su^{33}

祭格努神解淫乱冤愆经．-抄本．-云南省武定县万德乡万德村，清．-7 页；20 ×20cm. -线装．-从左往右行序，断句，完好。

547-2

gɯ^{33}no^{33}va̱^{55}tʂha̱^{2}lɯ̱^{55}su^{33}

祭格努神解淫乱冤愆经．-抄本．-云南省禄劝县中屏乡昔南办事处巴洪村，清．-2 页;28 ×36cm. -线装．-本书从左往右行序，断句，首尾有残。

559

gɯ^{33}xɯ^{11}dʑɤ^{11}su^{33}dzu^{33}

驱祟经．-抄本．-云南省红河州，清．-18 页;23 ×32. 5cm. -毛装．-本书从左往右行序，断句，完好。

308-10

mkhu^{11}mɔ^{33}dʐo^{33}bo̱^{2}su^{33}

反咒经/（清）阿枣写．-写本．-云南省武定县万德乡万德村，清．-7 页：神座插枝图；25 ×26cm. -线装．-本书从左往右行序，不断句，完好。

309-2

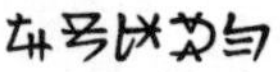

mkhu^{11}tɕhi^{33}tʂa̱^{55}ɣɤ^{2}su^{33}

祭坛镇丑遮羞经.-抄本.-云南省武定县万德乡万德村,清.-12 页:神座插枝图;24×18cm.-线装.-本书从右往左行序,断句,完好。

381-4

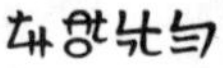

ŋkhu^{11}xɐ^{11}tʂɐ^{33}su^{33}

清净神座转场经/(清)发窝呗耄写.-写本.-云南省武定县发窝乡发窝村,清蛇年2 月.-4 页; 20×26cm.-线装.-本书从右往左行序,断句,完好;本书著者以“发窝(村名)呗耄(祭师)写”来表述的。

40-1

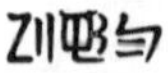

ɣa̱^{2}ɳtɕhe^{11}su^{33}

阻隔瘟疫经/(清)钟沙洁写.-云南省武定县万德乡万德,清同治 13 年(1874) 2 月.-4 页; 24×19cm.-线装.-从左往右行序,断句,完好;本书由钟沙洁写给莫作库(村名)杨政的。

70-1

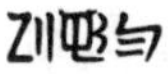

ɣa̱^{2}ɳtɕhe^{11}su^{33}

阻隔瘟疫经.-抄本.-云南省武定县万德乡万德村,清.-5 页; 24.7×19cm.-线装.-本书从左往右行序,不断句,完好。

470-5

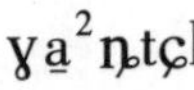

ɣa̱^{2}ɳtɕhe^{11}su^{33}

阻隔瘟疫经/(清)沙高写.-写本.-云南省武定县万德乡万德村,清乾隆 11 年(1746)虎年 3 月.-3 页;27×41cm.-线装.-本书从左往右行序,不断句,完好。

15-5

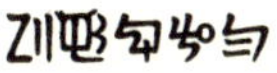

ɣa̠^{2}ȵtɕhe^{11}tɕhe^{33}ɖo̠^{2}su^{33}

诵阻隔瘟疫经．-抄本．-云南省武定县万德乡万德村，清．-5 页；19 ×28cm. -线装．-从左往右行序，断句，完好。

17-1

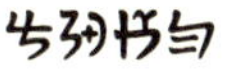

ha̠^{2}ɣu^{33}nthɤ^{33}su^{33}

防御鼠入祖灵筒经/（清）沙夺写．-写本．-云南省武定县万德乡万德村，清道光 27 年（1847）．-6 页；21 ×15cm. -线装．-从左往右行序，断句，完好。

后　记

《国家图书馆藏彝文典籍目录》(附图录)系统全面地反映国家图书馆馆藏彝文典籍的基本面貌,尽可能揭示这批典籍文献的文化内涵,并为可持续性开发利用古彝文典籍资源创造有利条件。与此同时,为学术研究和古彝文典籍爱好者提供更好的服务,不仅给能够直接到国家图书馆的读者提供检索方便,还可以方便数千里之外的读者,足不出户就能了解国家图书馆所藏古彝文典籍资料的信息。

图录所选书影七十七幅,按汉文译名的汉语拼音排序。图录具有彝文古籍种类代表性、书法观赏性、文字文献多方言性的特点,书影均为首次发表,其文献价值极高。

本书得以出版,得到张志清馆长的指导和帮助,古籍馆领导苏品红和林世田的关怀,组长全桂花的支持,在此表示最诚挚的谢意! 中华书局编辑同志为出版本书,做了大量工作,付出颇多,谨在此表示衷心的感谢!

杨怀珍

2010 年 1 月 15 日

彝文书名索引

汉文书名索引